国家社科基金项目成果

光明社科文库
GUANGMING DAILY PRESS:
A SOCIAL SCIENCE SERIES

·政治与哲学书系·

社会悖境的逻辑机制与出路研究

赵楠楠 | 著

光明日报出版社

图书在版编目（CIP）数据

社会悖境的逻辑机制与出路研究 ／ 赵楠楠著 . ﹣﹣北京：光明日报出版社，2024.4

ISBN 978﹣7﹣5194﹣7929﹣9

Ⅰ.①社… Ⅱ.①赵… Ⅲ.①社会哲学—研究 Ⅳ.①B0

中国国家版本馆 CIP 数据核字（2024）第 086991 号

社会悖境的逻辑机制与出路研究

SHEHUI BEIJING DE LUOJI JIZHI YU CHULU YANJIU

著　　者：赵楠楠

责任编辑：杨　茹　　　　　　　责任校对：杨　娜　董小花

封面设计：中联华文　　　　　　责任印制：曹　诤

出版发行：光明日报出版社

地　　址：北京市西城区永安路 106 号，100050

电　　话：010-63169890（咨询），010-63131930（邮购）

传　　真：010-63131930

网　　址：http：//book.gmw.cn

E﹣mail：gmrbcbs@gmw.cn

法律顾问：北京市兰台律师事务所龚柳方律师

印　　刷：三河市华东印刷有限公司

装　　订：三河市华东印刷有限公司

本书如有破损、缺页、装订错误，请与本社联系调换，电话：010-63131930

开　　本：170mm×240mm

字　　数：279 千字　　　　　　印　　张：16.5

版　　次：2024 年 4 月第 1 版　　印　　次：2024 年 4 月第 1 次印刷

书　　号：ISBN 978﹣7﹣5194﹣7929﹣9

定　　价：95.00 元

目 录
CONTENTS

导言

从逻辑悖论到社会悖境研究

历经历史的千锤百炼，逻辑科学的发展已经相对成熟，不仅自身形成了系统的学科群，而且开始渗透于其他相关的学科和领域。策应于现代科学与当代社会的发展需要，逻辑科学的研究正在发生应用转向。这种"应用转向"大致分为两个路向：其一，逻辑科学研究开始积极参与应用科技领域的工作，特别是在人工智能领域的应用和攻关工作；其二，逻辑科学研究开始面向社会生活实践，逐步发挥其社会文化功能，参与现代民主法治社会的理性建构工作。① 与第二个转向相呼应的一个学术动向是，涉及多学科的边缘性、交叉性的逻辑悖论领域也在发生着研究取向的变化，其研究对象不再局限于严格逻辑悖论本身，外延在不断扩大。随着广义逻辑悖论和泛悖论研究的逐渐兴起，学界希冀可以把逻辑悖论研究的理论成果推广到社会事实或现实事态领域，为社会生活实践中所遭遇的"类悖论"问题的化解提供思想资源。

第一节　悖论研究对现实的关切

自古以来，悖论就是哲学家们非常关注的问题。在西方哲学史上，悖论的开创者可追溯至埃利亚的芝诺，尽管芝诺本人并未使用"悖论"一词来称呼他所提出的关于运动不可分性的哲学怪论。柏拉图和亚里士多德曾用"诡辩"来刻画自己所遭遇的论证疑难，在《辩谬篇》中，亚里士多德更是将这些相关难题作为思考的重要主题。之后，斯多葛学派和一些怀疑论者也对悖论表现出极大兴趣，中世纪的经院学者亦为之着迷，康德对"谬论"或"二律背反"的分析也涉及悖论。可以说，在哲学发展的历史长河中，每个时代都有对"悖

---

① 王习胜. 泛悖论与科学理论创新机制研究[M]. 北京：北京师范大学出版社，2014：2.

论性论证"及其相似问题的讨论。尽管不同哲学家对这些疑难的称谓不同，但所研究的问题在内涵和外延上是一致的。直到 19 世纪，"悖论"这个词才被确立下来。

一、严格的逻辑悖论

"悖论"一词来源于希腊语"para（超出、超越、与……相反等）"和"doxa（信念、意见、看法等）"，从字面上看，悖论就是一个或一组与公共认可的信念相反的或难以置信的、超出信念的论点（命题或理论）。尼古拉斯·雷歇尔（Nicholas Rescher）认为，在这种根本的意义上，悖论涉及的问题是牵强的意见、古怪的思想、稀奇的事件，以及一般说来与日常期待相反的诸如此类的异常现象。① 根据雷歇尔的观点，在悖论这个概念的外延下，有必要对逻辑悖论和修辞悖论做出区分。逻辑悖论是交流困境，也就是主体断言、接受或相信的东西之间的冲突。修辞悖论是修辞比喻，是主体为了得到令人瞩目的效果或意料之外的洞见而将不协调的思想进行反常地并置。修辞悖论作为一种表达艺术，常常为逻辑悖论"铺路"。例如，我们通常认为汽车是交通工具，司机是有目的的主体，但如果换一种考虑方式，司机只是把汽车转移到其他地方的工具，司机与汽车之间的工具和目的关系就与通常的意思出现了冲突。修辞悖论的反常设置区别于逻辑悖论之"悖"，逻辑悖论则是人类理智真正需要解决的难题。

当下，"悖论"是个多义词，也是使用频率较高的一个词。在"悖论"的多数使用中，使用者是在何种意义上使用它，大家并不十分关心，除非因为某些特殊的需要才会去界定它的内涵和外延。在逻辑学的用法中，"悖论"通常指代逻辑悖论，是一种理智的困境。雷歇尔认为，按照日常话语中的习惯用法，逻辑悖论与通常的意见或常识相反的判断或意见，是明显的反常论点。在逻辑学家那里，逻辑悖论有更加明确的含义。从似然的（plausibility）前提推出其否定也似然的某个结论时，就产生了逻辑悖论。例如，当一组各自似然的论题 $\{\Phi_1, \cdots, \Phi_n\}$ 有效地推出某个结论 C，而其否定 $\neg C$ 本身也是似然的时，就得到一个逻辑悖论。这意味着 $\{\Phi_1, \cdots, \Phi_n, \neg C\}$ 中每个成员各自都是似然的，但整个集合在逻辑上是不一致的。于是，逻辑悖论的一种等

---

① 尼古拉斯·雷歇尔. 悖论：根源、范围及其消解 [M]. 赵震，徐绍清，译. 北京：中国人民大学出版社，2021：3.

价定义为：当一组单独似然的命题联合起来不一致时就产生了悖论。逻辑悖论不只是表面看起来不一致，其存在实质上的缺陷。逻辑悖论不是推理错误的结果，而是认可对象的不一致。另一种看待逻辑悖论的方式是将其看作一种产生冲突的论证，即得出矛盾结论的演绎推理。构成悖论的若干论题是其前提，而其结论一律是如下形式的陈述：前提 X 与前提 Y 不相容。

由以上界定可以看出，对逻辑悖论的界说关键在于对"悖"的注解。雷歇尔为一般性的逻辑悖论做出了一个明确阐释，并用形式化的语言说明了逻辑悖论的实质内核是所认可对象之间的不一致。英国逻辑学家苏珊·哈克（Susan Haack）认为："悖论在于从表面上无懈可击的前提，通过表面上无可争议的推理，推到了矛盾的结论。"①理查德·塞恩斯伯里（Richard Sainsbury）认为："悖论是从明显合理的前提，经过明显可以接受的推理，得到明显不可接受的结论。"②与雷歇尔的观点相似，哈克和塞恩斯伯里也是用"矛盾的结论""不可接受的推理"等来描述悖论之悖，指明了悖论的存在，揭示出人的理性思维中包含着某种不容易识别的缺陷。

对于逻辑悖论的根源，雷歇尔认为是过度承诺造就了它的产生。在他看来，既然悖论产生于主体承诺之间的抵触或冲突，它们就是主体在认知上过度承诺的产物。如果被人们当成似然的东西超过了事实和实在能够承受的范围，就会陷入矛盾。因此，悖论的根源在于信息过载，让人应接不暇。③ 对于悖论的解决，雷歇尔的依据是命题的"认知优先性"。在两个均具有高度可接受性从而均具有似然性的命题之间，具有更高似然性的命题具有认知优先性。倘若两个命题发生冲突必须放弃一个时，应该保留具有认知优先性的命题。两个以上的似然命题可组成一个认知优先化序列，倘若出于悖论的发生必须放弃某个命题时，应该放弃优先性较低的命题。

雷歇尔关于悖论的研究具有重要的价值，他在 2001 年出版的《悖论：根源、范围及其消解》一书中对 130 个悖论进行研究，为逻辑悖论的发现提供了普遍的方法论指南。他提出根据优先性等级来解决悖论，为逻辑悖论的解

① HAACK S. Philosophy of Logics［M］. Cambridge：Cambridge University Press，1978：138-139.
② 理查德·塞恩斯伯里. 悖论［M］. 刘叶涛，骆自新，冯立荣，译. 北京：中国人民大学出版社，2020：1.
③ 尼古拉斯·雷歇尔. 悖论：根源、范围及其消解［M］. 赵震，徐绍清，译. 北京：中国人民大学出版社，2021：7.

决做出了开拓性工作。尤其是，他还明确引入了具有强弱程度之分的"悖论性（paradoxicality）"概念。尽管他的研究尚处于初步阶段，这种"悖论具有强弱程度之分"的说法为逻辑悖论研究对象的界定和拓展奠定了基础，也为广义逻辑悖论和泛悖论的提出创造了条件。

二、广义逻辑悖论

目前，悖论有程度之分的说法已然成为共识，一个悖论归属于哪个层次，取决于表象对实际掩盖的程度。也就是说，对于每个悖论的悖谬性程度，可以赋予它一个量级。量级越高的悖论，悖谬程度越高，人们对怎么回应它的争议也就会越大。在国内对悖论深有研究的学者中，陈波接受"悖论有程度之分"的说法，他对"悖论"秉持广义理解：如果从看起来合理的前提出发，通过看起来有效的逻辑推导，得出了两个自相矛盾的命题或者这样两个命题的等价式，则称得出了悖论。① 可以把这个过程形式化为 $(\varphi \to (\psi \wedge \neg \psi) \vee (\psi \leftrightarrow \neg \psi))$。$\varphi$ 表示一个悖论性语句，从 φ 中推得了矛盾，这个推理过程便形成了一个悖论。根据陈波的观点，悖论表征着主体思想中深层次的难以化解的矛盾。悖论的存在说明主体思维的基本原则隐含着风险，表面上合理的"共识"或有效的"推理规则"中存在着问题。正是因此，悖论是对主体理智的一种挑战。

按照悖谬性从高到低的程度，陈波建议将悖论分为六种类型：

（一）悖谬，直接地说，就是谬误。例如，墨家谈到的"以言为尽悖"。

（二）一段可得到矛盾的推理，但易于发现究竟是哪一个前提为假。例如，理发师悖论。

（三）违背常识，隐含着深刻思想的"怪"命题。例如，芝诺悖论。

（四）有深广理论背景，挑战性很大的难题，它们对相应科学理论的发展有重大启示或促进作用。例如，休谟问题。

（五）一组信念或科学原理的相互冲突或矛盾，它们中的每一个都得到很强的支持，放弃其中任何一个都会导致很大的麻烦。例如，绝大多数道德悖论。

（六）由一个或一些命题导致的矛盾等价式：假定它们是真（成立）可得到

---

① 罗伯特·孔斯. 信念悖论与策略合理性[M]. 张建军，译. 北京：中国人民大学出版社，2020：总序.

它们是假(不成立),假定它们是假(不成立)可得到它们是真(成立)。例如,罗素悖论。

陈波对悖论的划分很有代表性,国内学者张建军、王习胜等人也赞同悖论有强弱程度之分。张建军认为:"所谓悖论指谓这样一种理论事实或状况,在某些公认正确的背景知识之下,可以合乎逻辑地建立两个矛盾语句相互推出的矛盾等价式。"①由此定义可知悖论实质上蕴含三个要素:一是公认正确的背景知识,即悖论涉及认知主体;二是正确无误的逻辑推理,即合乎逻辑的推理;三是能够建立矛盾等价式,即能够推出矛盾。同时满足三个要素,才是严格的逻辑悖论。关于悖论的分类问题,弗兰克·莱姆塞(Frank Ramsey)给出了第一个有影响力的理论。在试图解决以罗素悖论为代表的集合论悖论时,他将悖论分为逻辑-数学悖论和语义悖论。国内学者最初也采用这种分类,但是,随着新型悖论的出现和悖论研究的不断深入,莱姆塞的分类方式已经不能满足需要,有必要对悖论进行更加细致的考察。

明确了悖论的完整定义,张建军以悖论的三个要素为基础,区分了悖论、悖论性语句以及悖论的拟化形式:悖论是包含三个要素的系统性存在;悖论性语句是在悖论建构中能够作为矛盾等价式前件或后件的语句,不可视为悖论本身;悖论的拟化形式是具有悖论的结构特征的情况,但其推导所依据的前提或假定并非公认正确的背景知识,著名的"理发师悖论"就是一个典型的拟化形式。对于悖论的类型,张建军认为,集合论-语形悖论、语义悖论和语用悖论(可统称为"狭义逻辑悖论")是20世纪西方哲学界在逻辑悖论研究方面主要关注的对象。导出这些悖论的背景知识都是理性主体公认的信念,它们是运用逻辑语形学、语义学和语用学严格塑述的结果。

悖论是一个理论事实或理论状况,存在于主体特定的思想领域而不存在于客观对象世界中。悖论所揭示的矛盾状况在被主体发现之前就已存在,其被揭示是因主体以逻辑推导的方式将其构造出来。可见,悖论是一个语用学概念,它的产生与认知共同体密切相关,说明主体公认正确的知识系统存在缺陷,公认的背景知识只是背景信念。但是,"公认"概念具有模糊性,可将公认正确的背景知识拓展至哲学和具体科学领域,进一步引入"哲学悖论"和"具体理论悖论"。哲学悖论以"芝诺悖论"为典型代表,具体理论悖论以"光速悖论"为典型代表。依据公认正确的背景知识这一构成悖论的前提之不同,

---

① 张建军. 逻辑悖论研究引论[M]. 北京:人民出版社,2014:7.

哲学悖论可区分为本体论悖论、认识论悖论和语言性悖论等。具体理论悖论是相对一个系统的科学理论而言的，其所涉及的认知主体是该领域的科学家共同体。张建军对纷繁复杂的悖论进行厘清，将悖论概括为狭义逻辑悖论、哲学悖论和具体理论悖论（科学悖论）三种基本类型，统称为"广义逻辑悖论"。其中，导出狭义逻辑悖论的背景知识是认知共同体普遍承认的公共信念或预设，导出哲学悖论和具体理论悖论的背景知识的公认度则弱于前者。由此，作为"公认"主体的认知共同体由逻辑学领域向其他领域进行了拓展，得到了关于其他领域的悖论的认识，模糊悖论、归纳悖论、道义悖论都可容纳至广义逻辑悖论的范畴。

由公认背景知识的"公认度"，还可以引出悖论的"悖论度"概念。在悖论的三要素中，如果能够建立矛盾等价式的逻辑推理精准无误，即在悖论的后两个要素精准无误的前提下，能够推得悖论的背景知识的公认度就决定了悖论的悖论度。对于不同的背景知识，理性主体对它们的公认程度并不相同。主体对背景知识的认可度愈高，由它所推得的悖论之悖论度就愈高。广义逻辑悖论是对狭义逻辑悖论的延展，其理论依据便是主体对背景知识的不同公认度。就广义逻辑悖论而言，其悖谬程度同样可区分出不同等级，狭义逻辑悖论的悖论度自然最高。"悖论度"这一概念的提出，为广义逻辑悖论的整合提供了新的视角。对于广义逻辑悖论而言，对"悖论度"的把握至关重要。

三、悖论研究向实践领域拓展

张建军对严格的逻辑悖论概念作出了定义，并通过对当代悖论研究的历史和现状进行全面考察，明确提出了界定悖论之悖谬性程度的标准，将悖论由狭义逻辑悖论延展至广义逻辑悖论。与广义逻辑悖论研究的开展相对，王习胜通过对张建军提出的悖论三要素展开拓广性研究，进一步提出了"泛悖论"的概念。此后，泛悖论的研究逐步进入学术视野。王习胜也以"公认度"和"悖论度"为理据来划分严格悖论和泛悖论，主体对背景知识的公认度越高，悖论的严格性越高，其悖论度就越高，泛化程度就越低。反之，主体对背景知识的公认度越低，悖论的严格性越低，其泛化程度就越高。

根据王习胜的观点，泛悖论既出现于纯粹理性领域，也出现于实践理性领域。与严格的逻辑悖论相比较，纯粹理性领域的泛悖论依然是理论事实，其结论可以不推出矛盾等价式，与前提相悖即可，但亦是对前提进行了颠覆性否定。① 与纯粹理性领域的泛悖论相区别，纯粹实践领域的泛悖论出现于主体的实践之中，因行动主体持有的信念等因素演化出与其意向相悖反的现实结果，或是由现实结果的合理性逆推出主体信念不合理。对于实践性泛悖论的矛盾属性，王习胜将其界定为现实矛盾。也就是说，实践理性领域的泛悖论客观存在，是与实践者所持有的背景知识和背景信念相悖反的交往情况。实践性泛悖论包含两个层次，既指代理性思维主体面临的认知困境，也指代实践活动主体遭遇的现实困境。

基于上述理念，王习胜指出广义逻辑悖论的视域还不够宽广。在他看来，纯粹实践领域也是理性主体所要面对的领域，其中不可能总是和谐一致，在主体的交往实践中也会出现悖论，广义逻辑悖论却没有涵盖这一领域。实际上，在对广义逻辑悖论研究的社会文化功能进行阐述时，张建军曾提出"类悖论困境"的概念。在他看来，社会生活中经常会出现"进退维谷"的"类悖论困境"，可简称"悖境"。② "悖境"是个多义词，也是一个使用频率较高的词汇，例如，发展悖境、生存悖境、现实悖境等。与"悖论"概念的日常使用相似，大多数使用者也并不去考究各种"悖境"之内涵的可能性与外延的恰当性。

广义逻辑悖论研究中所使用的"类悖论困境"，借用了情境语义学中的"情境"概念。情境产生于主体与其环境的相互作用中，③ 悖境也就是一种悖谬式的情境。将"泛悖论"与"悖境"进行对比，能够看到，若承认主体置信是一种行动，实践性泛悖论的两个维度都是悖境。若否认主体置信是一种行动，实践性泛悖论的第一个维度是一种语用事实，可归于广义逻辑悖论，第二个维度则与悖境相等价，归属于广义逻辑悖论的应用范畴。基于悖境视域来看，广义逻辑悖论尚不够宽广的说法有待商榷。对比之下，使用类悖论困境的界定，可以更直接地指向悖论研究与主体行动之关联，凸出悖论研究在社会学维度上的应用价值，彰显其社会文化功能。

目前，张建军对悖论的定义已经成为国内学界认可度较高的一种界说。正是通过张建军对悖论语用学性质的明确指认，悖论的基本概念和层次都得

---

① 王习胜. 泛悖论与科学理论创新机制研究[M]. 北京：北京师范大学出版社，2014：23.

② 张建军. 广义逻辑悖论研究及其社会文化功能论纲[J]. 哲学动态，2005(11)：47-51.

③ BARWISE J. The Situation in Logic[M]. Stanford：CSLI Publication，1989：232.

到了清晰的界定。按照悖论度的不同，悖论研究由狭义至广义延展。悖论不再局限于纯粹思维领域，逐渐拓展至实践理性领域，开始关注主体行动、社会实践和现实生活。逻辑学界也致力于将严格悖论研究的成果推广到广义逻辑悖论领域之中，并试图将其进一步推广，去解决当代社会在政治、经济和文化生活等领域中的类悖论问题。因为社会主体在现实的生活和实践中经常会遭遇悖境的困扰，揭示主体行动背后的逻辑奥秘很有必要，"社会悖境"开始受到学界的关注。

何为"社会"，在不同的语境下，其内涵亦不相同，但其核心指向是个体以及与个体相对而言的群体。根据美国生物学家爱德华·威尔逊（Edward Wilson）的观点，社会是以相互协作的方式组织起来的一群同类个体。在一般化意义上，社会可界说为个体以及个体之间具有互动行为和相互依赖的群体。① 著名社会理论家乔恩·埃尔斯特（Jon Elster）甚至直接断言，社会并不存在，存在着的只有彼此互动的个人。② 社会主体的互动行为，决定了人的社会属性。威尔逊和埃尔斯特对社会的理解，建立在个体及其互动与博弈的基础上。埃里克·马斯金（Eric Maskin）在肯尼斯·阿罗（Kenneth Arrow）的《社会选择与个人价值》第三版序言中提到，阿罗首先讨论了一个社会和一组社会备选项③，它们表现在不同的情境中，这样的设置几乎可以讨论任何事情。④ 根据马斯金的例证，一个小镇思考是否在河流上铺设一座桥梁，在这个情境中，"社会"就是小镇的公民，而社会备选项包括"修桥"和"不修桥"。在纯粹的分配情境下，在一群孩子中间分配零食，孩子们就是社会，社会备选项集合包括各种不同的分配方案。再如，在委员会的选举中，社会就是委员会，社会备选项就是所有候选人。

在此"社会"界说前提下，"社会悖境"可理解为主体行动中的悖谬式情境：在个体行动或群体互动中，主体面临着相悖的行动选择，因为相悖的行动备选项各有特定的合理性理由所支持，主体陷入一种类悖论困境。例如，基于某种理由，主体期望选择 A，基于另一种理由，主体期望选择 B，但是

---

① 张维迎. 博弈与社会[M]. 北京：北京大学出版社，2013：2.
② 乔恩·埃尔斯特. 社会黏合剂：社会秩序的研究[M]. 高鹏程，译. 北京：中国人民大学出版社，2009：266.
③ 即社会必须从中做出选择的各种不同的可能选项。
④ 肯尼斯·阿罗. 社会选择与个体价值[M]. 丁建峰，译. 上海：格致出版社，上海人民出版社，2020：序言.

A 和 B 是矛盾或对立关系，不能同时被选择。于是，主体应该选择 A，又应该选择¬ A，这是一个包含相互冲突的选择的情况，主体陷入类悖论困境。在类悖论困境发生之前，主体对其行动选择有一个意向结果，但在实际的互动中，行动结果可能与行动参与者最初的心智意向不一致。与逻辑悖论相比较，形成悖境的一系列假设前提或行动原则并不能建立起严格的矛盾等价式。主体决策所依赖的前提或原则之间存在冲突而无法实现主体利益最大化，从而形成了选择上的两难。因为个人总是在处理自身与外部世界的关系，社会悖境也是人在处理与外部世界的关系时所遭遇的两难情境。例如，在战略决策中，我们追求人与自然、经济与社会的和谐，既要绿水青山，又要金山银山。假使"金山银山"与"绿水青山"不可兼得，是要"金山银山"还是"绿水青山"的抉择就是一种悖境。找准方向，创造条件，把绿水青山转变为金山银山时，悖境消解。

社会悖境是理性的、明智的个体或群体之间选择冲突的悖谬式情境，不同学科领域探讨过一些与社会悖境相似的问题。约翰·普拉特(John Platt)在有关社会陷阱(social trap)的论述中，为此类问题的研究做出了开创性工作。普拉特认为，社会陷阱可以分为三种不同的类型。第一种是公众陷阱，是对单一的个体有利却使集体受到损害的陷阱。在公众陷阱中，每一个参与者的破坏行动对整个决策过程的影响都不大，但是，如果群体中所有人都如此行动，将会导致灾难性结果。第二种是个人陷阱，指的是会给个人带来灾难性后果的陷阱，例如对毒品的沉溺。公众陷阱和个人陷阱都是人们的不合宜行动。第三种是失落英雄陷阱，指代主体没有采取某种行动。

与社会陷阱的界定相似，在对个体决策的相关研究中，斯科特·普劳斯(Scott Plous)定义了一种"行为陷阱"(behavioral trap)。普劳斯认为陷阱可能是非社会性的也可能是社会性的，所以他界定了比"社会陷阱"更宽泛的"行为陷阱"的概念。按照普劳斯的理念，行为陷阱也是与主体行动相关的情境。个人或者群体从事一项很有前景的工作，最后却变得不尽如人意并且难以脱身。① 普劳斯描述了五种行为陷阱：延期陷阱指代暂时的满足与长期的后果相冲突；无知陷阱源于行动的后果不被理解或者开始时并没有被注意到；投入陷阱是因前期的时间、金钱等资源投入使个体做出了一个原本不打算做出

---

① 斯科特·普劳斯. 决策与判断[M]. 施俊琦，王星，译. 北京：人民邮电出版社，2004：200.

的选择；恶化陷阱则说明原本高回报的行动收益减少甚至变为惩罚；集体陷阱则是出于对个人利益的追逐导致了对集体不利的后果。

社会陷阱和行为陷阱都是现实中普遍存在的境况，常常会产生自毁的结果。普拉特曾极端地认为，陷阱代表了人们可能面对的几乎所有难以驾驭的问题，尤其是大规模的城市、国家以及国际难以解决的问题。除社会陷阱和行为陷阱之外，博弈论领域中的终极博弈①、心理学视域下的社会两难行为都是与社会悖境相近的概念。社会悖境与它们有相似之处，也有重大差别。尽管它们都涉及社会行动中的困难情境，但是，社会悖境所描述的"社会"属性建立在个体与群体的行动选择基础上，是基于悖论研究的视角，对行动主体意向态度指导下的行动选择所面临的悖谬式情境进行描述。区别于社会陷阱、行为陷阱等描述行动障碍的概念，社会悖境更强调的是在合理性原则指导下主体的意向之"悖"、选择之"悖"、行动之"悖"，是主体"理性选择的不合理性"问题，而且其"悖"可以与行动者的信念之悖联系起来。

社会悖境是一种现实的客观矛盾，是对社会实践领域出现的"悖性矛盾"的一种指认，体现了当前国内的悖论研究对现实问题的关切。主体的社会实践诸领域都可能出现悖境，按照涉及具体内容的不同，社会悖境可划分为道德悖境、法律悖境、审美悖境、文化悖境等。此外，还可以按照行动主体的不同、形式的不同等对社会悖境进行划分。依据不同的标准，社会悖境可划分为不同的类型。本书基于行动的视角对社会悖境进行解读，刻画社会悖境的逻辑机制。以个体选择和群体选择为划分标准，将社会悖境划分为个体悖境和群体悖境。

因为人都是社会中的个人，个体悖境的形成并不孤立于社会，个体悖境即是社会悖境的个体形式。个体在行动中应该选择 φ 又应该选择 $\neg\varphi$ 的情境便是一种简单的个体悖境。在群体行动中，基于个体利益的决策常常与集体利益相冲突，由此所引发的系列社会问题是群体悖境的表现。社会悖境是战略决策的羁绊，也是社会治理的障碍，"社会悖境度"的反面正是"社会和谐度"。悖境难以摆脱，却不会永远持续。处置好社会实践中的悖境，社会才能够良性运作。要实现协调发展、共享发展，就要破解社会悖境的难题，实现个体与整体、双方或多方的和谐共赢。

---

① 国内学者在博弈逻辑研究中所使用的概念。终极博弈指代这样一类博弈：博弈中的参与者看似理性的决策却导致参与者最终陷入了困境，或者直接导致了非理性的结果。更有甚者，面对利益不去争取，甚至选择放弃。

第二节 关于社会悖境的研究

社会悖境是一个具有实在性的话题，与主体的行动选择密切相关。近些年来，伴随着行动理论和行动哲学的不断发展，悖境问题的重要性逐渐显现出来，成为学界备受关注的话题。社会悖境的形成原因具有复杂性，不同主体利益博弈引发的理性错位是社会悖境产生的认知和心理基础，而现实中利益协调机制的缺位以及政策设计上的脱节，诱发不同领域的悖境由"隐迹"走向"高发"，从"隐性"走向"显性"。社会悖境具有复杂性、破坏性等特征，但也具有可解性。可以利用逻辑哲学中悖论研究的成果，从主体意向行动的维度来对社会悖境的逻辑机制进行探究，进而探讨其化解路径。这是发挥逻辑思维科学之解题功能的重要体现，在国内外相关领域的研究中，取得了一定的成果。

一、关于个体悖境的研究

在个体的选择行动中，经常会出现悖境。个体的欲望、激情、无知等因素，都可能导致主体的行动选择面临困境和冲突。因为意向态度对个体实践活动的影响，个体悖境的一个重要表现即是心智层面的悖境。许多表面呈现为利益的冲突，在实际上都是理念的冲突。个体的心智层面出现悖境，实际的行动选择也将会面临悖境。在认知逻辑中，心智层面的矛盾或悖境是需要解决的一个基本问题。在根本上，个体的心智悖境与逻辑全知的佯谬直接相关。尽管没有直接提出"心智悖境"的概念，对个体悖境尤其是心智悖境的探讨是认知逻辑领域研究隐性的副产品。

对于社会悖境相关问题的研究，分析马克思主义思潮的代表人物之一埃尔斯特做出了重要的贡献。埃尔斯特对现实中的矛盾问题进行系统性分析，建构出极具创新性的现实矛盾理论。在《逻辑与社会》一书中，埃尔斯特提出了"现实矛盾"的概念，并把现实矛盾区分为个体矛盾和社会矛盾。实际上，个体矛盾就是对个体悖境的一种界说。根据埃尔斯特的观点，个体矛盾主要是一种心智矛盾，影响主体战略决策的期望和信念之间会出现矛盾，使得决策者陷入困境之中。在《逻辑与社会》中，埃尔斯特将心智矛盾划分为矛盾信念和矛盾期望。① 雅克·辛提卡(Jaakko Hintikka)提出的认知矛盾以及里昂·费斯汀格(Leon Festinger)揭示的认知失调都是矛盾信念的典型范例。辛提卡在《知识和信念》中对违反"相容性标准"的主体信念进行了解析，费斯汀格对认知失调进行考察，他所著的《认知失调理论》专题探讨了不相容信念。

此后，学界开始从不同视角来考察主体的认知与信念。尤金·埃金顿(Eugene Edgington)分析理性个体可能出现的不相容信念，② 格雷厄姆·普利斯特(Graham Priest)站在双重真理论立场，认为信念矛盾是一种真矛盾，具有客观存在性。③ 牛顿·达科斯塔(Newton da Costa)反对普利斯特的观点，他聚焦不相容信念所引发的现象，提出置信逻辑能够消解这种矛盾信念。④ 赫克特·莱温斯基(Hector Levesque)对主体的矛盾信念做出了两种区分，一种是显性矛盾信念，另一种是隐性矛盾信念，其目标是诠释逻辑全知问题。⑤ 这些关于信念矛盾的探讨，都与个体悖境尤其是个体的心智悖境密切相关。

主体的不同信念之间会出现矛盾，诸多期望之间也可能产生不一致。从心智层面上讲，承认、认同等涉及双重约束的主体行动容易面临悖境的困扰，黑格尔所提出的主人与奴隶辩证法就可以视为一种期望悖境。此外，非传递偏好亦是期望悖境的典型范例。⑥ 蔡斯·雷恩(Chase Wrenn)同样对期望悖境存在志趣，他提出了四条主体接受信念和期望应该遵循的假定原则，并且发现，倘若主体同时采纳这些原则，在此基础上进行推理，可能会得到一个不被认可的结论。因其蕴涵着矛盾信念或期望，不能为理性主体所接受。⑦ 在实在的情境中，主体总是会期望彼此矛盾的事件。在信念与期望之间相互矛盾的心智状态下，个体会陷入悖境。

---

① 乔恩·埃尔斯特. 逻辑与社会[M]. 贾国恒，张建军，译. 南京：南京大学出版社，2015：94.

② EDGINGTON E. On the Possibility of Rational Inconsistent Beliefs [J]. Mind, 1968 (308)：582-583.

③ PRIEST G. Contradiction, Belief and Rationality[J]. Proceedings of the Aristotelian Society, 1985(86)：99-116.

④ COSTA N D, FRENCH S. Belief, Contradiction and the Logic of Self-Deception[J]. American Philosophical Quarterly, 1990, 27(3)：179-197.

⑤ LEVESQUE H. A Logic of Implicit and Explicit Belief[J]. Proceedings of the National Conference on Artificial Intelligence, 1984：198-202.

⑥ 乔恩·埃尔斯特. 逻辑与社会[M]. 贾国恒，张建军，译. 南京：南京大学出版社，2015：103.

⑦ WRENN C. A puzzle about Desire[J]. Erkenntnis, 2010, 73(2)：185-209.

　　在国内逻辑学领域，在认知逻辑和逻辑应用的相关研究中，作为个体悖境的心智悖境是一个重要的话题。从行动立场看，心智悖境是与个体行动相关的悖境，然而心智行动能否被看作行动的一种类型，本身就饱受争议。在逻辑行动主义方法论中，张建军将"期望""信念"等区分为两个层面，其一是主体的心智行动，其二是心智行动的产品。按照逻辑行动主义方法论所区分的行动维度，心智悖境也就是主体心智行动的悖谬式情境。在国内学界，赞成逻辑行动主义方法论的学者认同这一划分。然而，大多数研究并未对心智行动及其产品之间的逻辑关系进行澄清，而是将它们统一视为心智意向或命题态度。由于对心智行动与行动之间的种属关系没有达成共识，国内学界直接对心智行动及其困境的探究相对单薄。一些青年学者基于逻辑行动主义方法论的立场展开工作，取得了极具价值的研究成果。陈晓华、张志丹、雒自新、李莉等人关于信念悖论、道德悖论、认知悖论和合理行动悖论的研究都涉及个体悖境，他们从不同角度描述了主体选择的两难困境。

　　曾庆福曾专门针对心智矛盾进行研究，他遵循埃尔斯特在《逻辑与社会》中的论证理路，对心智矛盾进行了系统梳理。但其重心在于文本解读，尚未引入逻辑行动主义方法论的视角，说明心智矛盾其实是与主体心智行动相关的悖境。王习胜也对此进行关注，他承认心智矛盾与行动有关，但不认同类悖论困境的说法，而是将心智矛盾视为泛悖论的一种类型。心智悖境是行动困境，个体意向选择的两难境况可能导致直接相关的行动产品不相容，逻辑全知问题对此十分关注。周昌乐对认知逻辑进行专题研究，关注莱温斯基对隐式和显式信念的逻辑划分。陈晓华也区分了主体的弱矛盾信念和强矛盾信念，并加以诠释。实际上，心智悖境反映了主体信念系统中存在隐性的弱矛盾信念。对信念修正理论的相关研究也关注主体信念库中的不相容性问题。

　　在认知心理学领域，费斯汀格最早在理论中提及"认知失调"的概念。之后，认知失调现象开始成为学界研究的焦点。许多学者运用实验方法来考察认知失调现象，并逐步关注认知失调对主体决策和行动产生的影响。至今，认知失调理论经历了几十年的发展。约珥·库珀（Joel Cooper）曾对学术史上关于认知失调理论的研究进行系统整合，其著作《认知失调》专题研究这一挑战性难题。他对认知失调的根源进行探究，概括理论在发展历程中招致的质疑，梳理认知失调的特性与模型，归纳认知失调和社会文化的联系，并对认知失调理论在当时的最新发展做出总结。① 与库珀的研究视角相似，伯纳德·威廉斯（Bernard Williams）等人也从认知失调视域出发去诠释个人基于合理考虑去行动，却可能面临彼此冲突的选择。

除认知失调之外，社会中的两难决策问题也与心智悖境密切相关。社会两难问题关注风险和不确定因素下的主体决策，在两难情境中，个体的选择常会面临悖境。美国学者巴里·施瓦茨（Barry Schwartz）从心理学的视角来解读人的经济行为，对选择的悖论进行专门解析。在他看来，自由、自主和自决并不总是好的，他努力揭示自由的"黑暗面"，提出主体进行明智选择的方法。② 国内学者马剑虹、胡华敏等人关于社会两难行为的研究实际上也涉及个体的选择悖境，他们对两难行为之改进的分析，可以为社会悖境的化解提供重要参考。③

除对心智悖境的直接研究之外，关于心智与行动关系问题的探讨也是与心智悖境研究密切相关的主题。从行动视域来看，心智悖境作为一种个体心智行动维度的悖境，其形成机制与心智的意向性密切相关。对于行动个体而言，意向态度影响客观的行动选择，矛盾心智的出现导致主体在实际的行动选择中陷入两难，个体悖境由此产生。因此，对个体悖境的研究要关注心智意向态度与客观行动的关系。对意向态度与客观行动问题的关注，不仅是在决策论、博弈理论和认知逻辑的交叉领域，对二者之关联的研究已然成为推动行动理论发展的有效力量。而今，博弈理论与逻辑学尤其是认知逻辑相结合所形成的博弈逻辑已经有数十年历史，充分展现了正规模态逻辑在博弈论领域的解题功能。在决策论和博弈理论的传统方法不足以描述问题时，认知逻辑也能够作为问题说明的有效补充。博弈论与认知逻辑的联姻，对处理群体行动中的交互认知十分有效，在迭代知识、分布知识、公共知识等问题上都取得了丰富的研究成果。例如，菲利浦·蒙然（Philippe Mongin）和卢克·里斯姆（Luc Lismon）就从逻辑视域对多主体互动中的公共知识展开研究，韦伯·范德霍克（Wiebe van der Hoek）也用逻辑理论来描述主体认知，迈克尔·巴哈拉赫（Michael Bacharach）亦为主体的行动博弈提供认知说明，巴顿·利

① COOPER J. Cognitive Dissonance：50 Years of a Classic Theory［M］. Thousand Oaks：Sage Publications Ltd，2008：42.
② 巴里·施瓦茨. 选择的悖论：用心理学解释人的经济行为［M］. 梁嘉歆，黄子威，彭珊怡，译. 杭州：浙江人民出版社，2013：187.
③ 胡华敏. 两难情景中合作行为的社会理性研究［D］. 杭州：浙江大学，2008.

普曼(Barton Lipman)则用形式化、公理化的方法建构非全知行动主体的认知系统。①

过往数十年,当代行动哲学蓬勃兴起,现已进入一个多角度深化发展的时期。按照行动主体的不同,行动不仅包括单主体行动,还包括群体行动。对行动哲学而言,如何为行动提供有效解释是一个核心问题。对行动的解释有不同的视角,诉诸意向态度是方向之一。按照艾福萨那·哈达迪(Afsaneh Haddadi)的观点,主体在特定情境中的目标和信念是他们对行动进行推理的重要根据,这个依据在理性行动相关的解释哲学中是成立的。也就是说,心智意向对主体的客观行动产生重要影响。② 丹尼尔·丹尼特(Daniel Dennett)把这一路径界定为意向诠释,迈克尔·布莱特曼(Michael Bratman)也有相似的观点。罗伯特·欧迪(Robert Audi)等人也提出,应该关注影响主体实践的意向因素。③ 布莱特曼对主体的心智意向进行专门分析,进一步提出行动意图理论即BDI(Belief-Desire-Intention)理论。乔治·基什(George Kiss)把主体的意向态度三分为认知态度、意动态度和情感态度。在他看来,认知态度包括意识、信念和知识等,意动态度包括意图、计划和承诺等,情感态度包括偏好、期望和目标等。④ 史蒂夫·卡曾斯(Steve Cousins)和约阿夫·肖汉姆(Yoav Shoham)对意向态度的划分区别于基什,他们提出信息态度、动机态度和社会态度的分类方式。其中,信息态度包括意识、信念和知识,动机态度包含承诺、偏好、意图、目标、期望等,社会态度包含义务、许可等。⑤

主体的心智具有意向性,对于此观点,国内学界基本达成了共识。潘天

① LIPMAN B. Logics for Nonomniscient Agent:An Axiomatic Approach[G]//BACHARACH M, VARET L G, MONGIN P, et al. Epistemic Logic and the Theory of Games and Decisions. Boston:Kluwer Academic Publishers, 1997:193-216.

② HADDADI A. Communication and Cooperation in Agent Systems[M]. Berlin:Springer, 1995:vii-viii.

③ AUDI R. Intending and Its Place in the Theory of Action[G]//HOLMSTRÖM G, TUOMELA R. Contemporary Action Theory Volume 1:Individual Action. Berlin:Springer Netherlands, 1997:177-196.

④ KISS G. Variable Coupling of Agents to Their Environment:Combining Situated and Symbolic Automata [G]//DEMAZEAN Y, MULLER J P. Decentralized AI. Amsterdam:North-Holland, 1992:231-248.

⑤ SHOHAM Y, COUSINS S. Logics of Mental Attitudes in AI [G]//LAKEMEYER G, NEBEL B. Foundations of Knowledge Representation and Reasoning. Lecture Notes in AL Springer Verlag, 1994:296-306.

群利用模态逻辑来对个体的意向态度进行探讨，从而提出一种心智模态。他把心智模态区分为意志模态、情感模态和认知模态三种类型，分别用心智模态词对它们进行描述。① 在他看来，"相信"这一心智模态词至关重要。然而，群体的不同信念之间却可能存在分歧。为了分析博弈论中的信念分歧，潘天群提出了信念分歧模态词，建构出一个与信念分歧相关的逻辑系统。② 陈嘉明从知识论和方法论的角度对认知分歧问题进行分析，他主编的专著《当代知识论中的认知分歧问题》对认知分歧进行了全面、系统的解析。

实际上，信念和认知的分歧在主体的信念系统中经常出现。任何主体的认知与信念都会出现分歧，即便是理性程度极高的主体。从个体层面看，信念分歧可以和个体的心智悖境关联起来。某一个体独立相信彼此对立或矛盾的两个对象或命题，他便将自己推至了行动困境的边缘。相比之下，群体在认知领域的分歧产生的影响比个体更为严重。因为意向态度与实践行动密切关联，如果不同个体的信念和认知产生分歧，会导致多主体在客观选择情境中遭遇悖境。

主体的意向态度影响客观行动，主要原因在于意向态度具备关指能力。对于这一点，国内哲学界已然进行了丰富的研究，倪梁康、刘景钊等学者都在这一领域做出了贡献。心智与意向性的关系不只是现象学领域的核心问题，分析哲学领域同样关注。因为分析哲学与欧陆哲学长期"隔绝"，各自独立发展，两种哲学都遭遇了困境。许多学者注意到两者可以相互借鉴，甚至融合。另外，关于心智意向性的研究也表现出一种自然化趋势，人们对集体意向性的关注逐渐增强，对它与社会建构问题之关联的研究也日渐深入。③

意向态度影响主体的客观行动，其重要表现就是它会影响主体的实际决策，刘奋荣、任晓明、陈晓平、吴树仙等对此问题都有研究。刘奋荣立足认知逻辑、动态偏好逻辑的视角研究该问题，在她看来，心智概念与命题态度相联系，它与博弈论、决策理论密切相关，对于行动哲学和理性选择理论来说也至关重要。主体的意向态度不只是停留在主体维度，还能够拓展至命题

---

① 潘天群. 意向性、心智模态与心智逻辑[J]. 浙江大学学报，2010，40(6)：125-133.

② PAN T Q. On Belief-Disagreement among Agents[G]//DITMARSCH H V, JÉRÔME L, SHIER Ju. Logic, Rationality, and Interaction. Third International Conference on Logic, 2011(6953)：392-393.

③ 刘景钊. 意向性：心智关指世界的能力[M]. 北京：中国社会科学出版社，2005：21.

维度。需要关注个体的心智问题，也需要研究群体的心智问题。根据刘奋荣的观点，逻辑系统又可以划分为动态系统和静态系统两种类型，由于动态信息的影响，主体的认知在持续变化。① 偏好是心智行动的一个重要表现，刘奋荣运用动态认知逻辑，试图为偏好变化提供一个量化模型。② 任晓明和陈晓平利用归纳逻辑，对认知、博弈、决策之间的相关性做出了系统研究。根据两位学者的观点，归纳逻辑与主体的理性决策存在深层次联系。③ 归纳逻辑可以用于对多主体行动的研究，从而促进博弈论和决策理论的进一步发展。

在群体互动的选择情境中，集体意向性是促进多主体决策实现的一个必须前提。要促进博弈从非合作情境转向合作情境，必然考察行动者的心智意向。吴树仙聚焦心智意向和主体决策的关系问题，根植于"人-语言-世界"的关联，为主体决策提供注解，提出了基于心智意向的决策结构模型，即感知、愿望、信念、意向、行动。④ 张巍、黄妍等人也关注主体的意向性问题，他们对此问题进行系统分析。张巍研究的问题聚焦于集体意向理论与合作行动理论的关系。⑤ 黄妍研究的问题偏向一般层面，根据她的观点，在实在社会中，行动者并不只是单一个体，群体行动同样经常出现，需要去关注意向与行动的关系问题。⑥

综合而言，国内外对意向态度与实践行动的关系问题非常关注。在现有的研究成果中，主要集中于哲学层面的分析。行动相关理论的研究者认为，心智意向的相容性构成了群体协同行动的重要基础，他们充分认同意向态度在行动领域发挥的影响作用。然而，多数学者所言说的行动主要指代主体的客观行动，上述众多的研究成果都蕴含着这一基本假设，他们并没有把心智行动视为主体行动的一种类型。对心智行动及其产品的层次划分自然无从涉及，对个体的心智悖境也鲜有关注。

① 刘奋荣. 基于命题的信念偏好逻辑[J]. 哲学研究，2010(3)：103-109.
② 刘奋荣. 信念偏好逻辑：从单主体到多主体[J]. 学术研究，2010(5)：27-32.
③ 任晓明，陈晓平. 决策、博弈与认知：归纳逻辑的理论与应用[M]. 北京：北京师范大学出版社，2014：5.
④ 吴树仙. 意向性与决策：可能的融合[M]. 北京：清华大学出版社，2012：前言.
⑤ 张巍. 集体意向与合作行动[D]. 武汉：武汉大学，2010.
⑥ 黄妍. 论集体意向的本性[D]. 武汉：武汉大学，2011.

二、关于群体悖境的研究

对于群体行动的最早论述，从哲学史上考察，可溯源至柏拉图在《理想国》中的说明。但是，群体行动困境的最早关注者却是亚里士多德。在《政治学》中，亚里士多德敏锐地意识到，成群的奴仆可能还不如少数几个更得力。[①] 在 20 世纪 50 年代末至 60 年代初，专门研究多主体选择的公共选择理论发展起来。曼瑟尔·奥尔森（Mancur Olson）在《集体行动的逻辑》一书中提出了著名的"搭便车"难题。之后，这一问题引起了众多研究者的关注。埃尔斯特以奥尔森对集体行动困境的分析为基础，建构了关于主体行动非意图后果的系统理论。他把类似的困境集中称为"社会矛盾"，并对社会矛盾的基本情况进行了解析。事实上，埃尔斯特的社会矛盾就是对群体困境的一种界说。在埃尔斯特的现实矛盾理论中，心智矛盾重点分析个体维度的矛盾心智结构，社会矛盾则关注关于多主体行动引发的群体行动困境，与人际互动密切相关。根据埃尔斯特的观点，社会矛盾即群体困境，阿罗的"不可能定理"和阿玛蒂亚·森（Amartya Sen）的"帕累托自由不可能定理"都可归属于他所研究的社会矛盾。因为埃尔斯特的影响，国外关于群体悖境的研究主要在社会学、博弈论和分析马克思主义思潮等领域。

与埃尔斯特对个体矛盾和社会矛盾的划界相似，英马尔·庞恩（Ingmar Pörn）同样按照主体的不同，区分了个体的内省矛盾与群体的人际矛盾。斯蒂芬·康纳尔（Stephan Körner）则按照属性的不同，划分出理论矛盾与实践矛盾。[②] 以上分类存在着相同的理念，即个体行动与群体行动、心智意向与主体实践之间存在着明显的界线，但它们又密切相关。个体内源性偏好会引发群体意向的不一致，而个体的实践与人际活动又以主体的思想内省为基础。然而，作为一名推崇分析马克思主义的社会理论家，埃尔斯特运用现代逻辑的形式化方法对社会矛盾展开分析，其基本出发点是马克思主义领域和社会学领域研究的需要。在《逻辑与社会》之后，他本人对社会矛盾进行形式化研究的兴趣逐渐退却，只是尽力将已有的成果运用至政治心理学等相关主题的研究之中。

实际上，在埃尔斯特的现实矛盾理论之前，就已经有关于群体悖境问题的研究成果。弗里德里希·哈耶克（Friedrich Hayek）就已经注意到多主体之

---

① 亚里士多德. 政治学[M]. 高书文，译. 北京：中国社会科学出版社，2009：44.
② 乔恩·埃尔斯特. 逻辑与社会[M]. 贾国恒，张建军，译. 南京：南京大学出版社，2015：86.

间的交互行动会产生意图之外的后果，卡尔·波普尔（Karl Popper）对相似的话题进行过谈论，保罗·萨缪尔森（Paul Samuelson）也注意到了这一问题。与他们相区别，托马斯·谢林（Thomas Schelling）等人创新性地利用博弈理论对这一话题进行研究。雷蒙德·布东（Raymond Boudon）也利用方法论个体主义去探究群体选择的非意图结果，他试图从主体的意向视角出发去建构群体行动的研究基础。布东用互动行动者的研究模型来取代决定论的研究模型，提出了一个与"社会矛盾"非常接近的"反常结果"概念。① 菲利普·范·帕里斯（Philippe van Parijs）意识到了两个概念在内涵上的相似性，对它们进行比较。② 托马斯·威尔逊（Thomas Wilson）也意识到了现实矛盾理论的核心理念，认同逻辑分析方法与社会理论之间的同频共振。③ 与上述社会理论家的研究类似，艾伦·布坎南（Allen Buchanan）同样关注群体行动中可能遭遇的困境。根据布坎南的观点，个体在行动选择中坚守自身的理性反而可能妨碍群体理性的实现。④ 在《分析的和辩证的马克思主义》一书中，伊安·亨特（Ian Hunt）也对主体意向行动及行动条件之间的关系做出了解析，他还分析了手段与目的之间、个体利益与集体利益之间的辩证关系。⑤

约瑟夫·麦克卡尼（Joseph McCarney）、欧内斯特·曼德尔（Ernest Mande）等人基于分析马克思主义思潮的方法论视域来评价现实矛盾理论。但是，他们并不认可现实困境研究的这种分析性路径。埃尔斯特认为现实矛盾理论是马克思的一个重要贡献，麦克卡尼则持否定性态度。他认为埃尔斯特深受经验实用性的影响，其分析已经脱离了逻辑的精准性和严密性。⑥ 曼德

① PARIJS P V. Perverse Effects and Social Contradictions：Analytical Vindication of Dialectics[J]. The British Journal of Sociology，1982，33(4)：589-603.
② PARIJS P V. Perverse Effects and Social Contradictions：Analytical Vindication of Dialectics[J]. The British Journal of Sociology，1982，33(4)：589-603.
③ WILSON T. Review：Social Theory and Modern Logic：Reflections on Elster's Logic and Society[J]. Acta Sociologica，1982，25(4)：431-441.
④ BUCHNAN A. Revolutionary Motivation and Rationality [G]//COHEN M，NAGEL T，SCANLON T. Marx，Justice，and History. Princeton：Princeton University Press，1980：270.
⑤ 伊安·亨特. 分析的和辩证的马克思主义[M]. 徐长福，刘宇，译. 重庆：重庆大学出版社，2010：53.
⑥ 约瑟夫·麦克卡尼. 埃尔斯特、马克思和方法论[G]//罗伯特·韦尔，凯·尼尔森. 分析马克思主义新论. 鲁克俭，王来金，杨洁，等，译. 北京：中国人民大学出版社，2002：127.

尔认为埃尔斯特对马克思有所误解，其理念与马克思的思想不一致，思想理论中的一些悖论性假设难以经受证实。① 尽管麦克卡尼和曼德尔对埃尔斯特的批评具有一定合理性，然而，他们认为埃尔斯特对合成谬误的解释依据的是某种并不正规的方式。究其根源，他们没有精准理解索尔·克里普克（Saul Kripke）针对模态逻辑系统而提出的可能世界语义学，也没有认识到埃尔斯特对其中的"可及关系"概念所做出的相对化分层诠释。实际上，现实生活中的许多情境都是"模态合成谬误"所表征的群体悖境。

在以上直接的研究之外，还有其他学者的研究也与群体悖境存在关联。理查德·格拉斯夫（Richard Grathoff）基于博弈与群体行动的关系立场对现实中的不一致现象进行解析。格拉斯夫认为，竞争的博弈关系发生于主体之间存有歧义的交互行动中。现有的行动模式解析理论在前提中都预设了主体行动在群体互动中总是相容一致的，但实际上，他们的意向和行动在逻辑或情境上经常不一致。正是因此，他尽力去描述和分析主体互动中的情境不一致，并努力化解这种情境不一致。根据格拉斯夫的观点，认知失调也可以被描述为情境失调在主体意向层面的反映。欧文·高夫曼（Erving Goffman）同样基于博弈和竞争的角度来理解情境不一致。他还指出，主体可以依靠对未来的意向来理解当下的行动。格拉斯夫对这种观点进行质疑，他认为单一的个体行动者能够展现出参与群体互动的动机，但并不能展示未来应该是何真假境况。根据他的理念，社会对象在群体的交往互动中产生，群体互动的相容性既依赖行动者的前在经验，也取决于他们于当下产生的共鸣。② 可以看到，格拉斯夫对社会行动情境的解析非常精细，他剖析了情境中的不相容现象，并对社会形态做出区分。

再者，罗希特·帕瑞克（Rohit Parikh）于 2002 年提出了"社会软件（social software）"的概念，从主体选择和行动的视域出发，社会软件理论也关注群体悖境。③ 杨·冯·艾克（Jan van Eijck）和雷内克·维尔布鲁（Rineke Verbrugge）在关于博弈、行动与社会软件的讨论中，涉及与投票决策相关的

---

① 欧内斯特·曼德尔. 何以误解马克思[G]//罗伯特·韦尔，凯·尼尔森. 分析马克思主义新论. 鲁克俭，王来金，杨洁，等，译. 北京：中国人民大学出版社，2002：87.

② GRATHOFF R. The Structure of Social Inconsistencies[M]. Netherlands，1970：10.

③ PARIKH R. Social Software[J]. Synthese，2002，132（3）：187-211.

群体困境。① 施瓦茨对选择悖论的解析囊括了群体选择，他从心理学视域分析选择悖论产生的原因，并试图寻找解决路径。普劳斯在对决策和判断的研究中，专门讨论了决策与判断中的社会性一面。他明确群体决策也会和个体一样出现误差和偏差，并通过对"群体极化（group polarization）"现象的描述，说明了群体讨论在两难选择情境中的重要作用。② 此外，普劳斯还考察了普拉特、约翰·克罗斯（John Cross）和梅尔文·盖耶（Melvin Guyer）等人关于社会陷阱的论述，在此基础上，专门论述了主体在行动中可能遭遇的陷阱。在他看来，生活中存在着典型的陷阱，延期陷阱、无知陷阱、投入陷阱、恶化陷阱和集体陷阱，甚至这些陷阱结合在一起形成的混合陷阱，集中构成了主体有效行动的障碍。

国内学者也对群体悖境有诸多研究。意向态度指导主体的客观实践活动，当行动主体由单一个体发展为群体时，也可能在群体行动中遭遇悖境。在博弈论领域，群体悖境的一个重要表现是博弈的两难选择或博弈困境。潘天群曾对博弈论当中的理性人假设进行分析，指出这一假设前提下的博弈行动会出现困境。在他看来，个体理性原则与集体理性原则之间的冲突、占优策略原则与最大期望效用原则之间的冲突、过程理性原则和结果理性原则之间的冲突、个体偏好加总为群体偏好的理性规则存在的缺陷，都是多主体博弈可能面临的困境。③ 曾庆福也曾对主体博弈行动中的选择困境进行研究，他对埃尔斯特建构的现实矛盾理论做出了系统解读。④ 他的主要工作是对埃尔斯特在《逻辑与社会》中的整体论证思路进行梳理，尚未从广义逻辑悖论视角来拓展分析现实矛盾理论。在之后的相关探究中，他论证行动困境的存在表明主体的互动博弈中包含着辩证法思想。⑤ 朱富强从博弈的角度来探讨社会困局，并进一步探讨实现社会协调的行动机理。⑥ 在新近的研究中，马永

---

① EIJCK J V，VERBRUGGE R. Discourses on Social Software［M］. Amsterdam：Amsterdam University Press，2009：32.

② 斯科特·普劳斯. 决策与判断［M］. 施俊琦，王星，译. 北京：人民邮电出版社，2004：183.

③ 潘天群. 博弈论中理性人假设的困境［J］. 经济学家，2003（4）：99-104.

④ 曾庆福. 必然、可能与矛盾：乔恩·埃尔斯特《逻辑与社会》解析［D］. 南京：南京大学，2010.

⑤ 曾庆福. 博弈论中的辩证思维思想［J］. 河南社会科学，2014（7）：89-91.

⑥ 朱富强. 社会协调的行为机理及其实验证据：兼对杜宁华先生批判的回应之二［J］. 上海财经大学学报，2018，20（3）：110-124.

娟针对博弈中的两难困境，运用博弈实验的方法来研究主体的合作行动。①

在国内逻辑学界，因为张建军等知名学者的影响，群体悖境成为逻辑哲学领域关于悖论研究的重要话题。与博弈论的立场不同，李莉和王习胜独立地从逻辑悖论的角度展开研究，讨论行动中的困境问题。在对合理行动悖论的研究中，李莉分析了主体在实际行动中的两难情境。② 王习胜则从泛悖论的视角出发，将主体客观行动的困境纳入实践型泛悖论的范畴。③ 在博弈逻辑研究领域，关于终极博弈的讨论也涉及群体行动理性与结果非理性之间的错位。

在应用心理学领域对社会两难问题的研究中，马剑虹、刘满霞等人运用心理实验表明，社会两难行为的基础既包括分析理性的成分，也包含社会理性的成分。试验中的参与者采用被动应对的策略，但也能引导选择策略，通过认知分析手段来考虑对手的特点，建立胜过对方的决策方案。④ 胡华敏研究社会两难行为的合作问题，对以往的社会两难问题研究进行了总结，分析影响合作行为的因素，提出了两难情景中影响合作行为的社会理性模型。⑤

在关于群体悖境的研究中，除与主体的行动悖境或选择悖境直接相关的成果之外，还有与具体领域的悖境相关的研究。例如，关于法治精神视域下公平正义的现实悖境的研究，关于世界范围内媒介伦理悖境的分析，关于教育悖境、文化悖境的研究，等等。与道德悖论相关的研究在实质上也涉及悖境。目前，对于"道德悖论"是属于"悖论"领域还是"悖境"领域仍然存在观点的争鸣。尽管争议存在，道德悖论和道德悖境均指向了主体可能面临的进退两难的道德困境。钱广荣、王习胜、王艳等人对道德悖论进行解读。钱广荣对道德悖论现象进行研究，认为道德价值的选择与实现会出现悖论。⑥ 王习胜从泛悖论的视角出发，将"实践理性领域的泛悖论"与伦理领域的悖论研究相贯通，做出了具有开拓性和前瞻性的工作。王艳从"悖理""悖境"和"悖情"三个核心概念出发，利用情境语义学理论对道德悖论进行解读。她赞同

---

①　马永娟. 基于博弈实验的合作行为研究[D]. 昆明：云南财经大学，2022.

②　李莉. 合理行动悖论研究[D]. 南京：南京大学，2010.

③　王习胜. 泛悖论与科学理论创新机制研究[M]. 北京：北京师范大学出版社，2014：41-46.

④　马剑虹，刘满霞. 社会两难行为理性特点的实验分析[J]. 心理科学，2006（2）：290-293.

⑤　胡华敏. 两难情景中合作行为的社会理性研究[D]. 杭州：浙江大学，2008.

⑥　钱广荣. 道德悖论现象研究[M]. 芜湖：安徽师范大学出版社，2013：16.

王习胜对"纯粹理性领域的泛悖论"和"实践理性领域的泛悖论"做出的划分，认为道德悖论本质上是实践理性领域出现的悖论。所以，道德悖论的表征并不是一种理论事实，而是道德价值在自我实现的过程中出现的悖性社会事态。① 她利用情境理论对道德悖论重新进行解读，分析矛盾焦点，探讨消悖之道。

综合可见，国内学界与群体悖境关联度较高的研究集中于博弈论和悖论两个学科领域。当然，主体的博弈困境、合理行动的悖论与群体悖境之间存在差异，尽管群体悖境与前述两个概念密切相关。除此之外，在政治经济学、法学等领域，也有关于具体领域之悖境的描述。在对分析马克思主义思潮的关注中，齐艳红在对该思潮的主要代表人物集中使用的分析方法论进行解析时，也注意到埃尔斯特实际上建构了现实矛盾理论来对辩证法进行诠释。② 当然，因为学科的限制，她并没有采用现代逻辑的分析工具。

梳理国内外关于个体悖境和群体悖境的研究成果，可以看出，国内外研究动态展现了学界对相关问题的若干认识，为基于逻辑视角的社会悖境研究初步奠定了基础。但是，此项研究仍有较大拓展空间。在内容上，国内外对悖境的关注多在具体学科领域，例如，道德悖境、伦理悖境、文化悖境、法律悖境、审美悖境等都得到了一定程度的诠释。但是，在现有的研究中，缺少对社会悖境之共性或一般性层面的研究，也并未分析悖境的逻辑和哲学基础。在方法上，国内外研究多是以理性选择理论为基础，将问题症结诉诸规范性层面出现了悖论。但是，悖论属于纯粹理性范畴，悖境属于实践理性范畴，两者在机理上的关联需要展开跨学科研究。而在逻辑哲学领域，随着悖论研究的不断推进，研究对象已从理论层面的悖论逐渐拓展至实践层面的悖境。由于学科差异性，跨学科的研究并未得到充分开展。

事实上，社会科学视域与逻辑学视域的研究存在相结合的可能性。现代逻辑和逻辑哲学的发展可为社会问题的研究提供新工具和新视角，关于社会悖境的逻辑机制与出路的研究由此析出。社会悖境的形成有其内在的逻辑机理，在现实主体的意向互动中，博弈参与进来。在战略理性中，博

① 王艳."悖理""悖境"与"悖情"：道德悖论的情境理论解读[J].江海学刊，2015(1)：229-233.

② 齐艳红.辩证法：在"拒斥"与"拯救"之间：分析马克思主义方法论的内在张力及其根源[J].学术交流，2011(3)：10-14.

弈中的任何参与者都无法享受特权，任何主体眼中的他人都是变量。在个体合成的群体行动中，每个参与者的意向选择都取决于其他所有参与者的心智意向。因为群体理性的错位，最后产生与参与者意向相悖的结果。对社会悖境的逻辑机制进行解析，有利于探究悖境的化解对策，为走出社会悖境奠定基础。

第三节 本书的主要内容与创新之处

社会悖境是与主体行动相关的两难困境，当主体所面对的矛盾或对立选择都有合理的理由或原则作为支持时，主体陷入悖境之中。本书以"社会悖境"作为研究对象，主要从理性选择、博弈论、逻辑学等综合视角展开对社会悖境的分析，刻画社会悖境的逻辑机制。在现实的交往互动中，策略行动者的任一战略选择都有意向层面的决策结构作为支撑，因为对优先策略选择集合中的 φ 与 $\neg\,\varphi$ 无法取舍，主体陷入悖境之中。因此，本书以个体决策背后的意向态度作为研究切入点，基于逻辑行动主义方法论，对社会悖境的逻辑机制进行探讨，试图在复杂的战略互动背后揭示其悖因，寻求走出社会悖境的有效路径，为现实中社会悖境问题的处理提供方法论启示。

一、主要内容

研究社会悖境的逻辑机制与走出路径，首先要做的工作便是理清社会悖境的逻辑构成。对社会悖境逻辑机制的揭示，建立在明确主体的意向态度与其选择行动之逻辑关联的基础之上。在实际的行动中，主体不会无理由地进行选择，主体的客观选择与自身先在的信念和期望等意向态度密切相关。因为任何决策背后都有特定的决策结构，客观行动解释必然要与主体的意向态度关联起来。个体在其心智行动中，总是尽力做出对自身最有利的期望或置信选择。然而，主体的行动候选项之间却可能相互冲突。尤其是，当行动主体是多主体组成的群体时，群体的决策选择是多主体意向态度的合成，更容易出现悖境。因为个体的行动选择受自身的意向态度所驱使，个体层面的悖境首先就表现于意向态度之间的分歧。群体行动则更加复杂，群体的交互行动是个体与群体中其他参与者之间的博弈过程，因为彼此的心智意向都基于个体自我的利益，群体可能同时陷入悖境。

本书以现有的研究成果为基础，根据逻辑行动主义方法论，对主体行动的不同层面及其相互之间的关联进行解析，说明社会悖境是与个体行动和群体行动相关的悖谬情境，并将对悖谬情境的关注嫁接至对社会实在中的困境的研究，利用取得的研究成果对社会中的悖谬现象做出分析。首先，揭示社会悖境的逻辑构成与提出背景，并在澄清矛盾概念的家族相似之前提下，对社会悖境的矛盾属性进行界说。从选择行动的研究视域来描述社会悖境，分析个体悖境与个体选择的联系，群体悖境与群体选择的关系。之后，从社会悖境的个体形式展开论述，澄清个体悖境的逻辑机理。然后，研究个体选择与群体选择的逻辑关系，从个体悖境过渡至群体悖境，分析群体悖境的逻辑结构。在解析不同形式的群体悖境的基础上，为相似现实问题的研究提供参考范式。最后，本书从言语行动的宣告、交流机制切入，分析修正主体心智意向与客观行动的可能路向，研究群体达成协同意向的共识生产，探索社会悖境的化解路径。并结合对社会悖境研究的相关成果，挖掘其在社会现实中的解题功能和价值意义。

在研究过程中，本书采用了多种研究方法：其一是逻辑分析法，通过对逻辑矛盾及其相近概念进行系统澄清，对"社会悖境"的矛盾属性进行定性，明确"社会悖境"提出的理论基础及其矛盾的归属问题。其二是矛盾分析法，以个体选择和群体选择为依据，对个体悖境和群体悖境进行划分，并将作为客观辩证矛盾情境的一般性社会悖境与具体领域中的悖境区分开来。其三是比较研究法，为明确社会悖境的特殊性所在，运用逻辑公式来解释社会悖境的形成机理。本书将社会悖境与现实矛盾、合成谬误、反常结果等与行动困境直接相关的概念和理论进行对比，更深层次地解析社会悖境建构的内在逻辑。其四是跨学科研究法，社会悖境作为主体行动在现实中遭遇的悖谬式情境，可应用于其他学科的研究。例如，在《理解马克思》和《政治心理学》两部著作中，都可看到现实矛盾理论的相关应用。所以，对社会悖境的研究必然涉及不同的学科领域，可以利用政治学、博弈论、逻辑学和分析马克思主义思潮等相关理论，将对社会悖境的解析与不同领域中的相关问题结合起来。在研究过程中，本书在文献分析的基础上，辅之以案例分析，综合运用了不同学科的研究方法。

根据以上研究思路，本书第一章系统梳理"社会悖境"的逻辑构成，从理性选择理论关于选择困境的阐述、分析马克思主义思潮之埃尔斯特方向关于现实矛盾的研究以及逻辑哲学领域对"悖论研究的社会文化功能"的分析着手，架构起三者对接的桥梁。明确社会悖境提出的学理背景、理论基础以及出场语境，澄清社会悖境的概念界定及其在现实社会中的表现，将社会悖境与现实矛盾理论、理性选择的困境进行对比。

第二章分析社会悖境的逻辑性质。矛盾有许多内涵相近的概念，"社会悖境"也处于矛盾的家族相似之中。通过对逻辑矛盾、辩证矛盾、悖论等相接近的概念进行对比，明确社会悖境的特殊性所在，对社会悖境的逻辑属性做出界说。明确社会悖境作为一种现实社会中客观存在的悖谬情境，是一种特殊的辩证矛盾情境。在此基础上，以个体选择和群体选择为基础，描述社会悖境的行动悖因，澄清社会悖境与主体的心智意向、选择行动之间的关系。

第三章分析个体悖境的逻辑机理。个体悖境是社会悖境的个体形式，个体悖境的一个重要呈现形态就是个体心智行动层面的悖境。本章描述"心智悖境"的析出过程，揭示个体悖境的逻辑形式，进而过渡至个体的心智行动悖境。明确心智悖境的程度区分，说明个体悖境尤其是个体的心智悖境常常表现为期望悖境和置信悖境。更进一步，利用主体行动的层面划分，揭示心智行动中何以产生悖境，并对个体的客观行动产生影响。进而从行动悖境视域对心智悖境的案例进行解析，指出它们何以表征主体的心智两难悖境。最后从逻辑学视域出发，利用认知逻辑中的逻辑全知佯谬来解释个体悖境的形成机理。

第四章探讨群体悖境的逻辑形成，试图从心智意向、决策结构等多层次去解释群体悖境的形成机制。除个体行动之外，人们还要参与群体行动和社会实践，也会在社会生活实践中遭遇困境。从个体选择到群体选择，伴随着理性选择的合成过程，悖境也可以从个体层面拓展至群体层面。这就需要对群体意向的不同形式进行划分，明确在不同群体行动意向下，群体行动的模式也并不相同。通过对二者之间关系的说明，可以澄清在何种群体行动模式中，主体会遭遇悖境。本章首先从社会学、经济学视域的相关解释理论出发，对主体决策的解释理论进行说明。然后解释个体选择与群体选择的关系，进而对群体意向的不同形式进行区分，明确群体态度与群体行动之间的关联。最后，利用偏好的聚合悖论和选择的模态合成谬误来揭示群体悖境的形成机理。

第五章分析群体悖境的逻辑结构，试图运用博弈模型来分析群体悖境。首先指出群体悖境是多主体的行动悖境，刻画群体悖境的不同形式，描述群体理性的错位。以多主体行动的发生时序为划分标准,区分群体的同时行动悖境和序贯行动悖境。明确反终极悖境、次优态悖境、相机行动悖境、连续行动悖境等。基于博弈的视角集中再现了意向与结果、可能与现实、过程与结果、当下与长远等之间的间隙与矛盾,说明了指导群体选择的不同合理性原则之间存在冲突,导致群体陷入悖境。特别是,本章最后提及当下流行的"内卷化"概念,并分析了社会内卷化的一些典型案例,利用模态合成谬误和博弈理论说明现实中的内卷化何以表征群体悖境。

第六章探索社会悖境的化解路向。对于社会悖境的解决,可以从悖论研究的理论成果中寻得思想资源,关于广义逻辑悖论和泛悖论的研究也可为社会悖境的化解提供方法论启示。悖论是理论事实,解决悖论的出发点在于对主体公认正确而实际存在矛盾的背景信念进行修正。由此得到启发,在其他因素保持衡量的情况下,对于社会悖境化解路向的探讨,也可以从改变个体实际心智和客观行动的情境入手,对个体的心智意向进行修正,进而改变个体实际的选择情境。在此基础上,从个体悖境的消解拓展至群体悖境的消解,指出群体悖境的化解也需要对多主体或群体的心智意向进行修正。基于言语行动的交流机制,在宣告、协商的信息流动中,促进主体意向态度的转变,使主体由博弈思维转向合作思维,达成行动共识,协同行事。

第七章揭示关于社会悖境研究的现实启示。对社会悖境的逻辑构成、逻辑性质、逻辑形成、逻辑结构以及走出路向进行探讨,具有重要的现实意义。社会悖境的存在揭示了主体自由选择可能产生自毁的结果,在现实社会中,发展中的许多疑难问题本质上都与悖境相关,对疑难问题的处理就是在化解悖境。要走出现实的社会悖境,个体应尽可能地提升自身的理性能力,培养高阶认知。要保障社会的和谐运作,更需要依赖群体理性化水平的提高。社会良序对行动主体的个体理性、公共理性、协商理性均提出了要求。社会悖境之化解,也是一个现实性工程。

二、创新之处

系统诠释社会悖境的形成机理与逻辑机制,并分析其走出路径,能够树立一个逻辑发挥其应用功能以解决现实问题的典范。实际上,逻辑科学需要与其他学科相融合,并参与至对社会现实问题的研究。但是,由于学术生态和学科壁垒的限制,这一创新性理念并未得到应有的重视,关于逻辑及其社会文化功能的研究依然是学术研究中的贫瘠之地。本书从逻辑学、理性选择理论等综合视域出发，对社会悖境进行系统的专题研究，具体的创新之处表现在以下几个方面：

首先，本书的研究主题紧扣现实中的悖谬问题，具有理论和现实意义。本书采用了综合性的研究视角，将理性选择理论的研究成果、分析马克思主义思潮的研究成果与逻辑哲学界对悖论、广义逻辑悖论、泛悖论的研究成果进行有效综合，提出了"社会悖境"的概念。通过对社会悖境之逻辑构成进行梳理，界定社会悖境与其他矛盾之间的关系。在"悖境辩证法"理念的指导下，明确社会悖境与辩证矛盾情境之间的联系，对社会悖境的逻辑属性进行界定，并分别刻画个体悖境和群体悖境所表征的悖谬式情境的具体逻辑形式。

其次，在内容方面，本书利用广义逻辑悖论、泛悖论的新近研究成果来分析社会悖境，是关于实在中的类悖论困境的专题性研究。秉持"澄清概念、分清层面"的理念，对矛盾、悖论、悖境等在内涵上相接近的概念进行澄清，并对它们之间的逻辑关联进行梳理，揭示个体悖境和群体悖境的本质都是主体在个体或群体的选择行动中常会遭遇的悖谬情境。以逻辑行动主义方法论为根据，对社会悖境与心智行动、客观行动之间的关联做出分析。聚焦心智行动悖境来对个体悖境进行诠释，明确个体悖境作为社会悖境的个体模式，其形成机制可以通过理性认知的逻辑全知问题得到厘清。进而以群体选择为基础展开对群体悖境的研究，揭示个体互动中所包含的辩证矛盾情境。

再次，在研究路向上，本书立足不同理论的融合性视角。对社会悖境问题的系统研究借鉴了其他学科领域的研究成果，尤其是关于现实矛盾理论的研究成果。但是，现有的关于现实矛盾的研究主要是在分析马克思主义思潮领域，因学科的限制，现实矛盾理论背后的技术支撑即模态逻辑工具未受到应有的关注。实际上，社会问题的逻辑研究能够成为可能，正是通过对克里普克可能世界语义学中的"可及关系"这一核心概念进行相对化解读，使得逻辑科学对现实可能性的刻画得以实现，模态逻辑对政治可能性和社会可能性的分析成为现实。也正是基于此，才可以通过模态合成谬误来揭示群体悖境的形成机理。

更进一步，本书立足理论与实际的互动，探索社会悖境的走出路径。首先明确理论性悖论和行动性悖境之间的联系与区别，以两者的相关性为基础，借鉴悖论消解的一般方法论，从中寻求化解社会悖境的方法论启示。利用逻辑行动主义方法论来解析社会悖境的逻辑症结，在此基础上引入言语行动的交流机制，指出这是理性主体从参量或策略行动者向协同行动者转变的关键环节。以此作为解决问题的切口，探讨主体协同行动与公共合作实现的可能路径。并将对社会悖境的研究与社会现实相结合，明确唯有降低社会的悖境度，才能提升社会的和谐度。

第一章

社会悖境的逻辑构成

　　理性人在互动的环境下决策，总是要遵循一致性原则。但是，支撑选择行动的合理性原则可能会出现冲突，主体面临相互矛盾或对立的策略选择。因为相互冲突的赋值，主体的可选择行动相互悖反，从而陷入类悖论的悖谬情境。在某种程度上，社会悖境的产生往往与行动者之间的利益冲突相关。在现有的关于主体行动的研究中，有一些与社会悖境直接相关的理论成果。例如，奥尔森提出的集体行动难题就可以重塑为一种社会悖境，埃尔斯特提出的现实矛盾也是对社会悖境的一种刻画。在实在的客观世界中，不允许有逻辑矛盾存在。然而，与逻辑矛盾密切相关的悖境却现实存在。因此，"社会悖境"的提出有其特定的学理背景。本章首先对理性选择的困境以及现实矛盾理论进行考察，并将它们与实践理性领域悖论和泛悖论的研究所取得的成果进行资源整合，对"社会悖境"的概念和学理基础进行界说。

第一节　理性选择的困境

　　选择行动是现实中个体或群体最基本的社会行动之一，如何做出理性选择是哲学、政治学、经济学、社会学、心理学等不同学科领域共同关注的话题。理性选择是最优方案的选择，理性选择的困境与社会悖境直接相关。主体的行动选择受诸多因素的影响，当一个人从所有可行的行动中做出选择时，他的实际选择结果通常受他做选择时的世界状态所决定。一个人以理性的方式进行选择时，总是意图得到一个最优的结果。但是，理性的选择行动可能出现困境。

一、理性选择

选择理论的起源可追溯至古希腊，在亚里士多德、伊壁鸠鲁的理论中已有理性选择思想的萌芽。在选择理论之后的发展中，托马斯·霍布斯（Thomas Hobbes）、大卫·休谟（David Hume）和杰里米·边沁（Jeremy Bentham）等人都做出了理论贡献。根据亚里士多德的观点，选择是行动的本原。任何有生命的个体都可以进行选择，但是，区别于无意识的自然选择，人的选择是具有意向性的行动。主体的选择行动受多方面因素的影响，例如欲望、智力、性格等都是影响主体选择的重要因素，它们共同决定了主体选择结果的质量好坏。其中，进行选择的理由和根据对主体的选择起主导作用。亚里士多德也曾指出选择与理由之间的联系，他认为选择不可能脱离理由而单独存在，一个理性的选择一定是依照了最合理的理由。如果没有合适的理由支撑主体进行选择的可行性，这个选择就不是理性的。因此，"理性"这个概念所基于的信息是主体做出选择之前，而不是在做出选择之后。判断一个选择是否正确，依据是这个选择所产生的实际效果，当选择产生的实际效果至少和其他可能的结果一样好时，这个选择是正确的。① 一个选择是理性的，并不一定是正确的。

"理性"一词最早起源于文艺复兴时期的意大利，吉罗拉莫·卡尔达诺（Girolamo Cardano）等学者在分析赌博行为时提到了"理性"这一概念。至今，对于理性概念的理解，仍然存在不同的版本。拉斯·尤德恩（Lars Udehn）认为，"理性选择"的理论或方法论假定人们为达到喜欢或偏好的目的而选择手段时总是理性的。在理性选择理论家尤其是经济学家的理论中，通常都假定人类的"终极目的"是利益最大化，但是也有少部分人假定了人们还具有一致的偏好。② 实际上，对于"理性选择"的界定，不存在一种单独的能够被所有理性选择理论家共同接受的定论，而存在一个建立于不同理性概念基础之上的家族相似。

在理性选择理论的发展中，约翰·冯·诺伊曼（John van Neumann）和奥斯卡·摩根斯坦（Oskar Morgenstern）共同在《博弈论与经济行为》中做出了重

---

① 蒋军利. 决策、理性与博弈——理性决策的基本问题研究［M］. 重庆：西南师范大学出版社，2020：4.

② 拉斯·尤德恩. 理性选择的方法论［G］//斯蒂芬·特纳，保罗·罗思. 社会科学哲学. 杨富斌，译. 北京：中国人民大学出版社，2009：158.

要贡献。① 主体在进行选择时，经常会面临两个或两个以上数量的选项，太多备选项的存在造就了选择的困难，而每一个备选项通常又包含了许多重要的属性。当主体需要在多维属性的不同备选项中做出选择的时候，主体并不仅仅是依据一个因素的单一维度进行本能的反应或推理，也不完全依赖自己的记忆，而是会在不同备选项之间进行反复比较，最终做出慎重的选择。所以，主体的选择需要参考必要的理性原则。

迈克尔·阿林厄姆（Michael Allingham）认为，主体在从备选项中进行选择时，总是以一定的方式先对所有的备选项进行排序，当主体选择了备选序列中位于第一位的选项时，他做出了一个理性的选择。② 更进一步，他描述了从备选项中进行选择的一系列原则，并借此来界定"理性"概念。在他看来，如果主体从备选项中选择了某个选项，那么，当备选项集合收缩，可供选择的备选项变少但其中仍然包含该选项时，主体在收缩的备选项中也必须选择该事项，这是主体选择的缩约条件（contraction condition）。这个条件意味着，在策略选择集合｛A，B，C｝中，如果 A 被选择，那么在集合｛A，B｝中，A 也应该被选择。与之相应的是扩展条件（expansion condition），如果主体在某个选项与完整备选项集合中的其他任一选项做出比较后，主体都选择了该选项，那么当主体在它们共同存在的完整备选项集合中进行选择时，主体也应该选择该事项。这个条件意味着在策略选择集合｛A，B｝和｛A，C｝中，A 都被选择，那么在｛A，B，C｝中，A 也应该被选择。缩约条件和扩展条件是一致的，并且相互独立。两个条件能够同时成立时，一个选择才可能是理性的。

一个理性的选择也可以由主体对备选项的偏好关系来加以诠释。比较之下，如果主体对一个选项的偏好至少和备选项集合中的其他任何一个选项一样大，主体应该选择该选项。如果主体对其他任何一个选项的偏好大于该选项，主体就不应该去选择它。如果一个选择不能同时满足缩约条件和扩展条件，这个选择就不是合理的，不能用主体对备选项的偏好关系来诠释它。当且仅当某个选择能够用主体对备选项之间的偏好关系来诠释时，它才可能是合理的。但是，这些条件还不够充分，理性选择的过程还要满足显性条件

---

① 雷德·海斯蒂，罗宾·道斯. 不确定世界的理性选择［M］. 谢晓非，李纾，等，译. 北京：人民邮电出版社，2013：8.

② 迈克尔·阿林厄姆. 选择理论［M］. 陆赟，译. 南京：译林出版社，2013：13-15.

（revelation condition），如果在有 A 存在时，主体选择了 B，那么在任何时候主体选择 A 时，如果 B 也同时存在，主体应该同时选择 B。显性条件涵盖了缩略条件和扩展条件，任何一个能够保证显性条件成立的选择，必然也能够保证缩略条件和扩展条件成立，反之则不成立。只要满足显性条件，主体的某个选择就能够通过偏好关系得到诠释。偏好序列是一种特殊的偏好关系，它满足传递性条件，主体对 X 的偏好大于 Y，对 Y 的偏好大于 Z，由此能够得到主体对 X 的偏好大于 Z。如果选择是理性的，那么选择和偏好序列是一致的。

偏好序列可以由效用来表示，可以为所有的备选项附加一个效用值，如果某一个选项比其他更好，它被附加的效用值将更高。按照阿林厄姆的观点，如果存在某种效用指派方式，使得主体所选择的选项恰好就是那些至少和其他选项具有一样高效用的选项，那么他的选择是效用最大化的。[①] 根据著名经济学家罗伯特·奥曼（Robert Aumann）的观点，如果主体在既定的信息条件下能够最大化其效用，他所做出的选择就是理性的。综合而言，判断一个主体是理性的，首先，要求他有能力针对备选项给出自己的偏好，并且偏好排序应满足传递性原则，以避免不一致的偏好；其次，主体能最大化地实现其最大偏好或效用。[②]

根据选择行动的个体性和集体性，选择行动的理性可以分为个体选择的理性与集体选择的理性。一般来说，单人从最大效用出发的角度做出一种理性选择易于满足，但是当选择行动的主体由个体合成为群体，众多理性人的选择加总为集体选择时，集体选择的理性却难以实现。集体中的个人即便有共同的价值取向和利益需求，偏好的差异在所难免，公共选择和集体决策的实现，不可避免要遭遇一些难题。

二、理性选择难题

如何根据既定群体中成员的偏好得出该集体的偏好，这是理性选择理论必须面对的问题。对理性选择难题的关注和研究由来已久，自亚里士多德起，就有关于相关问题的讨论。二战之后经济学、政治学和社会学的融合以及近代功利主义思想的影响，促进了理性选择理论的兴起和发展。亚当·斯

---

① 迈克尔·阿林厄姆. 选择理论［M］. 陆赟，译. 南京：译林出版社，2013：29.
② 蒋军利. 决策、理性与博弈——理性决策的基本问题研究［M］. 重庆：西南师范大学出版社，2020：5.

密(Adam Smith)的"经济人"假设提出之后，理性选择理论就一直存在激烈的争议。加里·贝克尔(Gary Becker)将理性选择理论应用于经济学之外的领域。乔治·霍曼斯(George Homans)等人在社会学领域对理性选择理论进行了扩展，詹姆斯·科尔曼(James Coleman)的《社会理论的基础》更进一步，建立了一个更为系统的理论体系。社会学理性选择理论不再局限于分析个体行动者的选择行动，而是从对微观行动的分析上升到对宏观社会结构的解析，理性选择的对象和范围也从经济利益拓展至社会组织和制度。科尔曼等人的研究成果将理性选择理论推向了一个新的高度，学界对理性选择困境的关注也随之高涨。

与社会学引进理性选择理论几乎同步，阿罗将理性选择理论应用于福利经济学，阿罗的学生安东尼·唐斯(Anthony Downs)将其应用于政治科学，布坎南、奥尔森等经济学家也开始关注理性选择理论在社会科学中的应用。这些研究吸引了众多的社会理论家，也产生了大量的研究成果。也就是说，研究刻画政治市场上的主体行动和政治市场运行的公共选择理论①以及研究如何将个人偏好加总成集体选择的社会选择理论②，都关注社会群体的理性选择。

在传统经济学理论中，市场均衡、偏好稳定和利益最大化等是基本的假设，理性选择理论采纳了经济学中主体是自身最大化利益追求者的基本假设。在马克斯·韦伯(Max Weber)的理性化思想中，社会行动被分为目的理性行动、价值理性行动、情感行动和传统行动四种类型。目的理性是工具理性，个体经过计算来获取目标，价值理性考虑正义等价值因素，情感行动考虑感觉、激情以及心理因素，传统行动基于习惯。理性选择理论采纳的"理性"就是解释个人有目的行动与其所可能达到的结果之间的联系的工具性理性，行动主体具有充分的计算能力和完全意志能力。在理性选择理论中，选择主体在特定的情境中有不同的行动策略可供选择，主体相信不同的选择会

---

① 公共选择理论将经济学方法和工具应用于集体或非市场决策，公共选择理论提出的主要公式之一是理性选择理论。布坎南把经济学的理性选择原则用于对政府行为的研究，创立了公共选择理论。公共选择可以分为两个分支：(1)弗吉尼亚学派，成员是经济学家；(2)罗彻斯特学派，由政治学家组成。这两个分支都明确地应用了理性选择，并以方法论的个体主义为基础。

② 社会学家倾向于认为，人们是各种规则的追随者，而不是工具意义上的理性行动者。科尔曼在20世纪60年代提出一种以理性选择为基础的交换理论，以之取代当时占统治地位的结构-功能主义的研究方法，成为理性选择社会学的真正先驱者。

导致不同的结果，对它们有不同的偏好排序。理性选择理论之建构所依赖的这些基本预设，使它不可避免地遭遇困境。

按照公共选择理论奠基人布坎南的思路，作为选择行动的主体不管是在经济市场还是在政治市场上，都是追求自身利益最大化的主体，"经济人"的范式可以用于对政治行为的分析。在公共选择理论中，18世纪的法国著名数学家尼古拉·孔多塞（Nicolas de Condorcet）明确提出依据投票规则的理性选择会出现悖论，① 揭示了在个体选择依据"多数原则"实现向集体选择的转化过程中会遭遇障碍，总和个人偏好的结果不相容，会产生循环的结果。投票循环的存在，导致了投票结果不可预见，没有一个候选项能够取得多数。② 彼得·奥德舒克（Peter Ordeshook）曾说："我们不能低估孔多塞悖论的重要性，因为它从根本上摧毁了像对待人一样对待公共机构和集体的任何方法。"③投票悖论被提出之后，理性选择悖论正式进入人们的视野，直接民主制中的公共选择问题成为众多学者关注的话题。理性悖论的存在直接表明，由理性个人组成的群体在行动中反而会陷入困境。

在投票问题中，主体的公共选择假定政治领域中的个人与市场中的个人一样，都会理性地为自身利益而行动。理性选民的假设最早是由唐斯提出的，后来戈登·塔洛克（Gordon Tullock）等人也对此进行了论述。在理性投票理论中，投票纯粹是工具性行为，一个人投票是为了其偏爱的候选人取得胜利。一个人的投票不可能决定选举的结果，但是，如果每一个理性的选民都因为其选票影响结果的机会太小而决定不去投票，并且所有选民都是理性的，那么没有一个人会去投票，在此前提下，任何一个选民都可以通过投票来影响选举的结果。④ 投票循环揭示了如何在公平、公正的前提下将全体成员的偏好聚合为一个社会偏好的难题。

除了孔多塞悖论之外，奥尔森的集体行动的困境也是与理性选择难题相关的发现，《集体行动的逻辑》便是理性选择在政治科学研究领域广泛应用的例证。当个体选择加总为集体选择时，对集体如何行动、选择何种行动以及

---

① 投票悖论或投票循环，由法国著名社会学家孔多塞发现，也叫作孔多塞悖论。

② 在对群体悖境的论述中，对孔多塞悖论有详细的介绍。

③ 安·卡德. 偏好、理性和民主理论［G］//罗伯特·西蒙. 社会政治哲学. 陈喜贵，译. 北京：中国人民大学出版社，2009：109.

④ 丹尼斯·缪勒. 公共选择理论［M］. 韩旭，杨春学，等，译. 北京：中国社会科学出版社，2010：336.

与利益集团相关的研究自然成为学者们关注的对象。在奥尔森之前，大卫·鲁特曼（David Truman）和罗伯特·道尔（Robert Dahl）等社会学家和政治学家认为，集团的存在是为了增进成员的利益，有共同利益的集团通常有进一步增进这种共同利益的倾向，个人可以通过代表其利益的集团来实现其自身的利益。① 传统理论者认为集体中的成员能够为实现共同利益而选择一致行动，但是依据理性选择的社会实践对这一结论构成了质疑。奥尔森对这种观点提出了批判，在他看来，集团的理性成员都想分享由他人提供的集体利益，但是尽可能地避免承担集体行动的成本。在这种考虑下，集体行动不容易实现，"集体不行动"才是自然的结果，集体行动的逻辑应该关注的首要问题便是集体行动陷入的困境。

奥尔森对集体行动逻辑的研究，为公共选择理论做出了奠基性工作。1951年阿罗发表《社会选择与个人价值》，成为现代社会选择理论体系真正形成的标志。在这本书中，阿罗通过对个体选择和社会选择的分析，得到了不可能从个人偏好顺序推导出群体偏好顺序的结论，提出了著名的阿罗不可能性定理。威廉姆·里克（William Riker）和杰罗姆·罗森伯格（Jerome Rothenberg）也对个体选择到社会选择的加总问题进行总结，并强调其在政治和经济方面的含义。1970年，阿马蒂亚·森在《集体选择与社会福利》中建构了自由悖论，凭借逻辑的演绎力量证明了基于理性选择理论的社会选择不可能存在。他在《理性与自由》中对社会选择理论做出进一步研究，对新古典经济学的理性观进行了批判，将理性的内涵从工具理性拓展至价值理性，并将理性选择的"自由"尺度作为评价基础，揭示理性选择中的感性因素，对理性选择理论的传统范式进行了转换。阿马蒂亚·森从理性的内容层面建构了一种新的理性观，使得理性的社会选择成为可能。

集体行动难题、投票悖论、自由悖论等都是社会的反常状态，它们反映着各种失效或失常。这些理性选择难题的存在表明，不仅理性选择本身会面临困境，在以理性选择理论为基础的经济学和政治学、社会学的视界融合中也可能出现困境，理性选择不能完全平等地适用于所有社会生活领域。理性选择困境的出现，与博弈思维密不可分。在主体的单独行动中，主体根据自己的意向进行选择。在面对非人格化的市场力量时，主体的策略选择也不需要考虑他人的反应。但是，在加总的群体行动中，面对相互牵制和影响的决

---

① 刘少杰. 社会学理性选择理论研究[M]. 北京：中国人民大学出版社，2012：99.

策者时，主体的策略选择必须考虑他者的反应，博弈思维由此而生。在群体选择中，因为竞争的存在，行动主体计算相互依存条件下的理性行动及其结果。通过运用最小最大化策略（minmax strategy）①，主体尽可能降低他人的机会主义行动对自己造成的损害，试图通过功利理性的选择行动，在多主体的对抗冲突中寻找最优解。

在理性选择难题产生的机制中，人与人之间的互动行为基于工具理性，每个行动主体都是标准理性人，致力于选择理性策略来增进自身利益。如果群体决策的联合理性是单纯把工具理性简单聚合起来，主体的理性行动便同时具备内在的先验性和实质的单向性。一方面，行动者实施的理性行动普遍而静态，和实在的社会环境与文化心理相隔断，这是其内在的先验性。另一方面，行动者机械地把握其他行动者的反应，限制了理性在主体交互中的演化和成熟，这是其实质的单向性。② 在纯粹的理性选择行动中，正是由于联合理性的先验性与单向性，行动主体无法实质推进行动的协调发展，反而陷入困境和冲突之中。理性选择难题的存在，引发了不同领域学者的关注，其中之一就是埃尔斯特。

第二节 现实矛盾理论

埃尔斯特是当今研究社会科学方法论的领军人物之一，他在理性选择理论、政治学、社会学和马克思主义哲学领域都做出了重要贡献。埃尔斯特对理性选择的难题进行研究，以博弈论和方法论个体主义为基础，建构了一种现实矛盾理论，并将其应用于对马克思主义理论的分析。埃尔斯特首先预设个体为达到偏好的目的总是理性地选择手段，进而分析在人们的理性选择行动中可能出现的矛盾。从本质上看，埃尔斯特极力去分析的现实矛盾正是对社会实践中可能出现的悖境的一种形式刻画。在《逻辑与社会》的导言中，埃尔斯特直接提及："黑格尔式逻辑或辩证逻辑与形式逻辑的长期论争，是我

---

① 也称之为最大最小策略（maximin strategy），指的是博弈中的参与者使得自身能够获得的最小收益最大化的策略。
② 朱富强．构建协作策略的博弈思维：基于理论和实践的二维分析[J]．经济纵横，2019（4）：1-11，37.

最重要的灵感来源。"①正如埃尔斯特所言，"现实矛盾"的出场与主体行动中蕴含的辩证思维理念密切相关。但是，埃尔斯特对辩证法的态度却招致了许多研究者的误解，他们认定埃尔斯特拒斥辩证法，并将"反辩证法"看作分析马克思主义的本质特征。本节将对"现实矛盾"提出的背景进行介绍，梳理"现实矛盾"的出场语境，揭示埃尔斯特刻画现实矛盾理论的真实目的。

一、辩证矛盾的形式重塑

在西方文化尤其是英美文化中，具有非常浓厚的分析传统。由于现代逻辑和分析哲学的影响，分析性思维方式深入人心。在20世纪，随着分析哲学的发展，英美国家的哲学逐渐步入一个"分析性时代"。但是欧洲大陆的境况则与之不同，欧陆哲学一直占据其哲学的主导性地位。两种不同哲学形态的一个重要区别体现在方法论上，分析哲学强调分析性方法，强烈排斥思辨性的方法。反之，欧陆哲学所坚持的方法论则与欧陆长期传承的思辨性传统相关。因为方法论理念的互不相容，两种哲学长期"隔绝"，互不交流。自20世纪70年代末期开始，一种新型的分析马克思主义思潮形成并逐步发展起来。它既与分析哲学的方法论有所关联，又在内容上与马克思主义相关，试图去调和西方两种主流哲学持续已久的对峙状态。然而，分析马克思主义思潮自身也面临着一些问题，例如，它是否拒斥辩证法就是一个饱受争议的问题。

埃尔斯特是分析马克思主义思潮的重要创始人之一，他接受了欧洲大陆的哲学教育，又在美国开启了分析哲学和经济学的思路。这一双重学术背景，使得他能够利用分析哲学和社会科学的方法论，创立出一种独特的学术范式。埃尔斯特的《逻辑与社会》和杰拉德·科恩（Gerald Cohen）的《卡尔·马克思的历史理论：一种辩护》共同被视为分析马克思主义思潮的奠基性著作。由于国内哲学界对科恩著作的译介，分析马克思主义思潮之"科恩方向"的研究日益受到学界的关注。科恩曾对分析马克思主义所使用的分析性方法做出概括，按照科恩的观点，分析马克思主义的研究者主要采用了三种类型的分析方法，即逻辑和语言分析方法、经济分析方法和描述选择、行动和策略的方法。这三种方法可以被统一看作广义的分析方法，埃尔斯特、科恩和约

---

① 乔恩·埃尔斯特. 逻辑与社会[M]. 贾国恒，张建军，译. 南京：南京大学出版社，2015：3.

翰·罗默(John Roemer)等人综合利用这些方法对马克思主义进行解析。按照罗默的说法,他们做出了"非教条式"的解读,取得了诸多富含创新性的理论成果。但是,也是由于方法论的限制,学界形成了分析性方法论与思辨性方法论互不相容的认知,许多分析马克思主义者自称他们拒斥辩证法。

例如,科恩就认为传统的与马克思主义结合在一起的思想方法和思维方式没有任何价值,在他看来,要成为分析的就要反对这种传统的思维方式。① 在对具体分析方法的选择和使用中,罗默②与科恩的偏好大相径庭,但是,在反对思辨方法这一理念上,罗默与科恩秉持相同的态度。由于科恩和罗默在学界的影响力,许多对分析马克思主义思潮进行研究的学者把"拒斥辩证法"视为该思潮在方法论上的一个显性特征。加拿大学者罗伯特·韦尔(Robert Ware)就直接表明:"除了把辩证法看作讨论相互联系和变化的抽象方法外,分析马克思主义者几乎没有给辩证法以任何重要地位。"③在他看来,对于辩证方法论,分析马克思主义者都持批判和否定的态度。部分辩证马克思主义的研究者所持有的看法与之相似,根据肖恩·塞耶斯(Sean Sayers)④和曼德尔⑤等人的观点,分析马克思主义与辩证马克思主义相对立的一个体现就是在方法论领域,两种进路对待辩证法的态度存在根本差异。

然而,事实却并非如此。尽管大部分的分析马克思主义者都基于分析的方法论立场,对思辨方法持拒斥的态度,埃尔斯特却是一个例外。与科恩的认识恰好相反,埃尔斯特肯定辩证法的重要价值。但是,埃尔斯特的理论涉及不同的学科领域,因为学科之间的限域,分析马克思主义思潮之"埃尔斯特方向"没有获得应有的学术地位。受科恩对分析马克思主义"反辩证法"特征概括的影响,埃尔斯特对待辩证法所持的真实意图常常招致他人的误解。曼德尔甚至认为,因为拒斥唯物辩证法,埃尔斯特未能成为一个革命的社会

---

① 杰拉德·科恩. 卡尔·马克思的历史理论:一种辩护[M]. 段忠桥,译. 北京:高等教育出版社,2008:2.

② 罗默主要使用了数学和模型分析方法。

③ 罗伯特·韦尔. 马克思主义是如何被分析的[G]//罗伯特·韦尔,凯·尼尔森. 分析马克思主义新论. 鲁克俭,王来金,杨洁,等,译. 北京:中国人民大学出版社,2002:6.

④ 塞耶斯在《马克思主义与人性》中曾对分析马克思主义拒斥辩证法的态度进行批判,在他看来,分析马克思主义者往往是非辩证法,或者是反对辩证法的,他们以分析哲学的方法论构架为基础,重新去诠释马克思的思想,拒斥马克思主义中的辩证法色彩。

⑤ 比利时学者曼德尔也在方法论上批判了分析马克思主义的非辩证性。

主义者。事实上，埃尔斯特并不反对辩证法，还为辩证法做出了分析性辩护，这是分析马克思主义思潮之"埃尔斯特方向"与"科恩方向"的一个明显差异。

与科恩选择语言分析的方法来进行理论诠释的进路相区别，埃尔斯特创新性地运用了逻辑学的分析方法与技术，他的意图并不是反对辩证法，而是要为辩证法进行分析性辩护，这一辩护和重建工作集中体现在其现实矛盾理论中。首先，埃尔斯特对西方哲学思想发展史上形式逻辑与辩证法长期对峙的情况进行了描述。很多赞同辩证方法的学者们认为，形式逻辑是静态的，只能够刻画不足道的低级理性，而无法描述对象的动态变化，辩证法则是一种高级理性，能够刻画形而上的、动态性的论证。赞同形式逻辑的学者们的观点与之相反，在他们看来，为了能够描述所谓的高级理性，辩证法付出了巨大的代价。区别于上述两种观点，埃尔斯特极力去探寻一个中间立场，一方面，他认同辩证法在解决部分关键问题方面具有独特的价值；另一方面，他也认为辩证法在作为一种独立的方法上存在着问题。在此，埃尔斯特针对传统的辩证法做出了有意的"分割"，将思辨方法的维度与辩证法的维度从根源上进行了隔离。

按照埃尔斯特的观点，分析哲学之所以反对辩证法，可溯源至辩证法的源头，即黑格尔的矛盾理论。在埃尔斯特看来，马克思常常利用黑格尔的辩证方法去解析社会现象，但是他并没有对黑格尔所提出的辩证法的合理内核进行澄清。① 人们对黑格尔式辩证法的运用，常会导致混乱的状态。根据埃尔斯特的观点："黑格尔和马克思那里不能用日常语言和形式逻辑加以形塑（formulate）的东西，不具有真正的重要性。"②应该为辩证法建立起一个逻辑标准，它所内含的与逻辑标准不相容的理念，可以直接被拒斥掉。而另一部分并不违反逻辑标准甚至可以用逻辑论证来重新加以形塑的辩证推理，不仅不能被拒斥，还需要得到辩护。如果能够利用分析哲学家接受和认可的分析性语言，对辩证法进行合乎逻辑的重构，对辩证法的辩护就能够实现。在这一理念指导下，埃尔斯特通过对现代逻辑中"模态逻辑""模态谓词逻辑"和"可能世界语义学"的有效使用，引入了"现实矛盾"概念，并将其与逻辑的矛

---

① 乔恩·埃尔斯特. 理解马克思[M]. 何怀远，译. 北京：中国人民大学出版社，2008：31.

② 乔恩·埃尔斯特. 逻辑与社会[M]. 贾国恒，张建军，译. 南京：南京大学出版社，2015：4.

盾概念联系起来，利用现实矛盾理论表征的辩证矛盾情境重塑了辩证法。

二、现实矛盾的分析理路

根据埃尔斯特的观点，科学通过抽象而发展，剥离掉某些具体的信息，集中研究对象的某种一般特征，而逻辑模型把这种抽象过程发挥到了极致，可以把逻辑理论的语言视为科学研究的一种工具。在埃尔斯特看来，逻辑不考察以整个自然数集合为变域的个体的数量，而只认识三个度量：没有（none）、有些（some）和所有（all），这种抽象是量化逻辑的基础。逻辑不处理从 0 到 1 的区间的量化概率，只处理可能性、不可能性和必然性，这种抽象是模态逻辑的基础。如果两种抽象同时进行，可以得到量化模态逻辑的完整结构。埃尔斯特将此作为理论研究的基础框架，通过精准地运用量化模态逻辑，提出了现实矛盾理论来"重建"辩证法。然而，因为对逻辑方法的忽视，埃尔斯特的研究没有受到应有的关注，他在《逻辑与社会》等著作中极力进行的"辩护"与"重建"工作受到了冷落。

也就是说，对辩证法辩护工作的开展，埃尔斯特采用的是一种间接策略。他针对西方语境，利用逻辑推理的有效步骤，建构出"现实矛盾"。埃尔斯特认为，没有必要去澄清黑格尔或者马克思所言说的辩证法到底是何内涵，而需要去弄清的是它的辩证结构。如果可以用逻辑的分析语言对辩证法的内在结构进行描述，形式逻辑与辩证法之间的间隙与张力便可得到调和。正是因此，埃尔斯特竭尽全力向他者澄清，辩证矛盾可以加以形塑。埃尔斯特认为，利用形式逻辑对辩证法进行重释的关键，便在于对"矛盾"范畴的理解。根据埃尔斯特的说法，黑格尔在其《逻辑学》一书中所诠释的"矛盾"概念不具有重要的价值，其矛盾观在本质上只是对埃利亚悖论（Eleatic Paradoxes）进行了重新塑述。但是，他在《精神现象学》中对矛盾概念的阐释能够成为重建辩证法的理论依据。所以，埃尔斯特以源自《精神现象学》的矛盾范畴为切入点，开启对辩证法的具体辩护工作。

埃尔斯特利用形式逻辑加以形塑的辩证法，从批判黑格尔对埃利亚悖论的解析入手。第一步，他对黑格尔所揭示的矛盾理论进行了梳理。与黑格尔惯用的方法相区别，埃尔斯特通过透析逻辑矛盾和变化的相关研究之间的内在关联，为矛盾这一概念赋予了新的内涵。换句话说，埃尔斯特利用矛盾语词界定了一个全新的概念。埃尔斯特认为，黑格尔对矛盾观的诠释本质上只是对芝诺悖论特别是飞矢悖论的再现。总体而言，在飞矢悖论中，有三个直接关联的条件：其一是现实运动的可能性；其二是现实矛盾的可能性；其三是悖论论证的有效性。在埃利亚学派的芝诺看来，三个相关条件中，此悖论性的论证是成立的，实在中存在矛盾是不可接受的，唯一的可能便是运动不存在。这是芝诺否定运动存在的经典论证。

埃尔斯特并不赞同芝诺的观点，在他看来，黑格尔的本意是要对三个要素都做出肯定，悖论性论证的可靠性成立，运动的存在性成立，现实矛盾的可能性成立。这就表明，黑格尔在根本上承认了两个论题：第一，在现实中存在着矛盾；第二，对现实的充分描述必定包含自相矛盾的命题。埃尔斯特认为，理解这两个论题的核心在于精准把握其中所内含的"矛盾"概念。倘若论题中的"矛盾"概念指代逻辑矛盾，因为范畴谬误，第一个论题无意义，第二个论题则为假，原因在于其违反了矛盾律，矛盾不可同世而立。倘若论题中"矛盾"意指对立或冲突，第一个论题是平庸的，因为实在世界的形态到处充斥着矛盾与对立，任何人都无法否认这些冲突的实在性，例如，潜在与实现、外在与内在、多样与同一等都是冲突性概念，它们共同描述了现实世界的内在属性。第二个论题则不成立，任何命题都不允许自身有矛盾存在。

埃尔斯特在黑格尔所承认的两个论题基础上，提出了第三个论题：实在中存在着只有借助于"逻辑矛盾"概念才能描述的情境。① 埃尔斯特认为，如果黑格尔所承认的两个论题皆成立，第三个论题也必然成立，反之则不然。在埃尔斯特看来，第三个论题所论述的是一种现实的矛盾。为了能够明确"现实矛盾"与辩证法之间的关系，实现自身为辩证法辩护的意图，埃尔斯特对现实矛盾做出了进一步阐释。根据定义，现实矛盾与"逻辑矛盾"相关的概念，具有相当的精准性和可操作性。而且，"现实矛盾"符合黑格尔和马克思的某些著述，还与个体或社会的变化理论相关。在《理解马克思》中，埃尔斯特对现实矛盾所满足的条件进行了整合。他提到，现实矛盾理论是他所要讨论的马克思著作之中的黑格尔式推理的一个重要线索。这条线索在很大程度上源于《精神现象学》，又是作为社会变迁理论的一个重要工具。② 按照埃尔斯特的思路，同时满足以上条件的"现实矛盾"在现实中是真实存在的，尽管并不明显，但它完全符合分析哲学家所要求的标准。

---

① 乔恩·埃尔斯特. 逻辑与社会[M]. 贾国恒，张建军，译. 南京：南京大学出版社，2015：92.

② 乔恩·埃尔斯特. 理解马克思[M]. 何怀远，译. 北京：中国人民大学出版社，2008：31.

埃尔斯特指出："尽管大多数科学哲学家认为，矛盾概念处于元层次，即在科学理论的逻辑形式分析之中。明晰地谈论'现实矛盾'，即某种可以与逻辑的矛盾概念联系起来的心智或社会现象，是可能的。"①根据埃尔斯特的定义，现实矛盾是特定的心智现象或社会现象。在对"现实矛盾"概念进行澄清的基础上，埃尔斯特对"现实矛盾"做出进一步区分。在他看来，现实矛盾包括个体矛盾和社会矛盾。"个体矛盾"也是"心智矛盾"，即个体同时接受了矛盾的期望或信念，这些期望或信念在逻辑上不可能同时为真。"社会矛盾"是多主体矛盾，是多主体同时面临各有一定理由所支持的矛盾选择而产生的困难情境，或者是多个主体同时接受了一些都认为应该如此的期望或信念，并据此来开展行动时而产生的矛盾情境。心智矛盾是现实矛盾的简单模式，社会矛盾是现实矛盾的复杂模式，其中也有心智矛盾的参与。社会矛盾与多主体的理性选择行动相关，并通过合成谬误来进行界定。至此，埃尔斯特的"现实矛盾理论"被正式提出。

在埃尔斯特看来，马克思事实上也曾使用过现实矛盾的概念，在他的哲学论证中，作为现实矛盾之多主体限定的社会矛盾经常会出现。即使不能直接认为马克思明确地接受了"现实矛盾"，但是这种思维方式是其理智背景的组成部分。埃尔斯特认为，黑格尔和马克思的哲学思想中所包含的辩证法观点，能够依照现实矛盾做出重新诠释。如果可以将辩证哲学家普遍承认的辩证法范例形塑为分析哲学家能够接受的现实矛盾，对它们的辩护性工作就可以实现。

根据埃尔斯特的观点，现实矛盾能够为分析哲学家所接受的关键就在于它与逻辑矛盾的范畴密切相关，能够为辩证法辩护的关键在于它被视为一种真正的矛盾。② 埃尔斯特也清晰表明，在他所要做出讨论的理论中，所要涉及的辩证方法都能够用分析哲学家认可的分析性语言来进行阐述。埃尔斯特认为，他所建构的现实矛盾理论既可以用于分析社会科学中的辩证范例，也能够揭示出辩证法之背后潜藏的奥秘。③ 所以，埃尔斯特对现实矛盾尤其是社会矛盾进行阐释和解析的同时，也在对辩证法做出能够为分析性理论家所

---

① 乔恩·埃尔斯特. 逻辑与社会[M]. 贾国恒，张建军，译. 南京：南京大学出版社，2015：2.

② 约瑟夫·麦克卡尼. 埃尔斯特、马克思和方法论[G]//罗伯特·韦尔，凯·尼尔森. 分析马克思主义新论. 鲁克俭，王来金，杨洁，等，译. 北京：中国人民大学出版社，2002：112.

③ 乔恩·埃尔斯特. 逻辑与社会[M]. 贾国恒，张建军，译. 南京：南京大学出版社，2015：92.

接受的辩护。也就是说，在埃尔斯特的现实矛盾中，对现实矛盾情境的解析和辩证法的辩护浑然天成地融为一体。他对现实中矛盾情境的揭示，为现实困境的逻辑解析提供了思路。

查尔斯·泰勒(Charles Taylor)曾对埃尔斯特将辩证矛盾范例形式化的论证理论进行了精准的总结："当代社会科学都在错误地招致数学或博弈理论公式的形式化尝试，但是埃尔斯特的《逻辑与社会》真正指出了一些可能非常相关的形式化，尤其是在'社会矛盾'一章中。他试图去描述行动之中令人沮丧的困境的特性，并将它们与黑格尔-马克思的矛盾概念联系起来。"①实际上，埃尔斯特的这一理念不仅具有理论性价值，也具有重要的现实性意义。在理论维度，理论理性和实践理性都是重要的哲学范畴。理论理性与逻辑学、认识论、科学哲学中的许多深层次问题联系在一起，实践理性在道德哲学、经济学等哲学和社会科学领域中都起着重要作用。② 理论理性和实践理性都是主体行动研究中的核心概念，对主体实践中的悖谬情境进行逻辑解析，促进了两者的关联与融合。在现实维度，决策由人们必须选择的行动备选项、这些备选项的可能结果或后果以及将结果与行动联系起来的偶发事件所定义。主体尤其是多主体行动和决策的互动过程十分复杂，正是因为主体在现实行动中所体现出的辩证法理念，主体对实在的认知才能够突破静态分析的界线。也正因此，才可以清晰地剖析现实社会的具体问题，进而采取积极行动推动社会的有序变革和良性发展。③

第三节　"社会悖境"的提出

理性选择理论中的理性悖论和埃尔斯特的现实矛盾理论都是对现实困境的刻画，尤其是，埃尔斯特将现代逻辑和理性选择理论应用于对集体行动、集体决策和社会现象的解析，成为马克思主义研究中系统运用现代哲学逻辑工具的开拓者。埃尔斯特对现实矛盾的分析性重塑工作，不仅为现代逻辑应

---

① TAYLOR C. Formal Theory in Social Science[J]. Inquiry, 1980, 23(2)：139-144.

② HARSANYI J. Advances in Understanding Rational Behavior [G]//ELSTER J. Rational Choice. New York：New York University Press，1986：82-107.

③ 朱富强. 否定性理性与辩证法思维特质：兼论辩证法用于经济分析的限度[J]. 财经问题研究，2021(2)：13-24.

用于社会科学的研究提供了一个难得范本，也为现实中矛盾情境的分析与化解提供了新的思路。埃尔斯特的方法论应用之所以能够成功，是因为现实矛盾之"悖"可以通过逻辑矛盾之"悖"得到解释。因此，可以把理性选择困境的相关研究成果、埃尔斯特对于现实矛盾的分析与逻辑哲学中关于实践领域悖论的研究进行整合，架构起三者对接的桥梁，"社会悖境"由此析出。本节将明晰"理性选择困境""现实矛盾"与"社会悖境"之间的关系。进而表明，本质上，现实矛盾理论的核心理念与"悖境辩证法"的精神相契合。

一、现实困境之悖

在社会科学研究中，基于斯密和埃米尔·涂尔干（Emile Durkheim）的理论，"经济人"和"社会人"之间长期对立。经济人假定主体行动为工具理性所指引，被未来的利益所驱使。社会人假定主体行动为社会规范所指引，由其背后类似惯性的力量所推动。经济人适应变化的环境，关注改进的前景。社会人对于环境不敏感，即便是在有新的和明显可行的更好选择时，也仍然坚持所规定的行为。埃尔斯特在其前期的思想理论研究中，认为基于经济人假设的理性选择理论是解释社会行动的有效钥匙，但其后来的研究又极力去揭示理性选择的局限，认为没有任何非意向性的总体机制可以模仿理性。埃尔斯特的思想转变，与其对理性选择中的现实困境的揭示与应用密不可分。

起初，理性选择理论只局限于经济学领域，后来逐渐拓展至政治学、社会学甚至是人类学领域，在社会科学中得到了广泛的应用。斯密最早将理性选择理论应用于经济学研究，他的市场理论中确实包含着"参与经济交换的个体都是在以理性方式寻求自身利益"的思想。但是，斯密没有明确地界定理性选择，真正将经济学中的理性选择假设给以澄清归功于约翰·穆勒（John Mill）。根据穆勒的看法，作为经济存在物，人们的目的是财富最大化，并且这一目的是通过计算达到这一目的的不同手段或以理性方式获得的。①此后，理性选择的经济学观念得到了真正的拥护。

随着博弈论的产生，主体互动情境中的理性选择开始进入研究视野。博弈论所研究的理性选择区别于传统经济学，博弈论假定个体的行动选择建立在个体对他人行动选择的期望之上，考察理性个体之间的相互作用。古典经

---

① 拉斯·尤德恩. 理性选择的方法论［G］//斯蒂芬·特纳，保罗·罗思. 社会科学哲学. 杨富斌，译. 北京：中国人民大学出版社，2009：161.

济学领域的理性概念是参量理性，而在博弈论当中，行动者的理性被预设为策略理性，基于完全信息，理性主体之间的心智意向相互透明，彼此在互知的行动情境中决策。所以，策略行动是集体自由的选择行动。根据布坎南的观点，理性只是行动个体的属性，并不是集合性概念。理性从个体属性到社会属性的加总是不合法的移植，如果强制迁移，集体自由的选择行动会出现困境。阿罗不认可布坎南的观点，在他看来，社会选择中的集体理性是民主体制的重要特征。但是，集体理性的行动也可能会陷入困境。

埃尔斯特敏锐地关注到个体理性并不是实现公共理性的充分条件，在他的现实矛盾理论中，社会矛盾便是因个体参与至群体行动而产生困境，个体根据自身的期望或信念而做出的行动选择，对于群体中的任何个体来说皆是理性的，但是因为合成谬误，对所有行动个体来说不可能理性。也就是说，个体理性并不能保证公共理性。在有互动参与的群体行动中，行动结果往往是达至均衡。均衡理念通常要在两个或更多个体的相互作用的理性选择模式中达到确定性。① 然而，博弈均衡的结果却可能不是主体期望的结果，行动困局往往成为博弈均衡的基本特征。主体行动依据一定的理性原则，但是行动结果却常常违背这些原则。以用餐者困境为例：

> 若干人一起出去用餐，他们在点餐前约定：买单的钱由所有人平摊。在所有人同意之后开始点餐，此时所有人都面对两种选择：或者选价格高的菜，或者选价格低的菜。一方面，价格高的菜虽然比价格低的好，但若只有一个人食用，为价格高的菜付更多的钱不一定物有所值。如果在场所有人都有这种理念，大家将会选价格低的菜。另一方面，选价格高的菜由大家平摊额外的钱，每个人另外付的钱并不多，菜的口感就能得到改善，额外付钱是值得的。如果在场所有人都有这种理念，结局便是都选了价格高的菜。然而一开始，大家都认为选价格低的菜比选价格高的对所有人更好。

用餐者困境呈现出的是一个多行动者的选择困境。现在，假定从价格高的菜中获得的快乐为 b，从价格低的菜中获得的快乐为 p，为价格高的菜所付

---

① 拉斯·尤德恩. 理性选择的方法论[G]//斯蒂芬·特纳，保罗·罗思. 社会科学哲学. 杨富斌，译. 北京：中国人民大学出版社，2009：161.

的成本为 m，为价格低的菜所付的成本为 n，用餐者的人数为 i。根据案例中的陈述可以得到 $m>b>p>n$。假设，在所有人都会一起平摊费用的条件下，用餐者都选价格高的菜，那么 $b-m/i>p-n/i$。用 z 表示其他用餐者所付出的总成本，那么，选价格低的菜的成本为 $z/i+n/i$，选价格高的菜的成本为 $z/i+m/i$。如果选价格高的菜，单个用餐者获得的效用为 $b-z/i-m/i$，而如果选价格低的菜，单个用餐者获得的效用为 $p-z/i-n/i$。从价格高的菜中所获得的效用更大，由此说明选价格高的菜是严格优势策略，这是唯一可能的纳什均衡。倘若所有人都选价格高的菜，每个参与者都支付 m，他们所获得的总效用为 $b-m<0$。倘若每个参与者都选价格低的菜，他们所获得的总效用为 $p-n>0$。也就是说，在这个选择中，所有用餐者的实际情况受制于仅有的均衡结果而更加糟糕，倘若所有人集体选择另一个策略，相比之下，每个人的结果都会更好。

　　用餐者困境表明，个体基于理性原则的选择会导向一种均衡，但是，这种均衡并不是对所有博弈方甚至是任何博弈方都是有益的。[1] 均衡状态并不等于良好状态，这是一种行动困局。在现实生活中，受个体理性原则的支配，很多情境下的社会互动都导致了这种困局。埃尔斯特综合利用理性选择理论和博弈论对这些社会或经济困境进行解析，提出了"现实矛盾"的概念，试图借用逻辑矛盾的悖谬来阐释这种社会困局。由此可见，埃尔斯特对现实矛盾的界说，实质上指向了一种悖谬式的情境。这种悖谬式的情境，正是对理性选择视域下的社会互动困局的一种重释。

二、悖谬式情境

　　基于理性选择的主体行动及其悖谬情境一直是埃尔斯特重点关注的话题，他由此出发，为社会宏观现象探寻微观基础。正是基于集体行动的理论视域，埃尔斯特对社会的自发秩序展开分析。在《社会黏合剂》一书中，埃尔斯特界定了社会秩序(social order)的两类概念，一类是稳定的、规则的和具有可预测模式的行为，另一类是合作行为。[2] 相应地，他区别了两种无秩序的概念。第一种是缺乏可预测性导致的无序，第二种是缺乏合作导致的无秩序。埃尔斯特认为，社会规范对于解决社会秩序的第一个难题极为重要，社

① 朱富强. 博弈思维和社会困局[M]. 北京：经济管理出版社，2017：127.

② 乔恩·埃尔斯特. 社会黏合剂：社会秩序的研究[M]. 高鹏程，译. 北京：中国人民大学出版社，2009：2.

会规范确保可预测性，这些可预测性是外在均衡的。但是，社会规范对于第二个难题的影响十分模糊。社会规范能够对预期进行调整，它们既可能有利于合作，也可能不利于合作。

在埃尔斯特看来，所有的社会和团体都会面临集体行动的困境，从总体上来讲，通过强制手段可以克服一些困境并达成合作，但是可能存在几种特殊的规范，例如产生于功利主义的道德规范、公平的社会规范等，它们可能但未必导致合作行为的发生。埃尔斯特一直致力于对集体行动难题的解决，因而对预期的调整和共同利益的合作达成进行研究。但是，在他看来，合作也常常会导致帕累托劣势的结果。他从个人动机存在广泛差异性的视角去论证，普遍合作有时会使每个人的利益都受损，在这种情况下，支持搭便车的理由甚至将更为充分。在这些情境中，存在一个内部最优量，这个最优量优于普遍合作和普遍不合作，这也是集体行动的一种悖谬式情境。

受埃尔斯特的启发，国内学者张维迎也对社会的基本问题进行归纳。根据张维迎的观点，从人际互动的视角来看，协调（coordination）与合作（cooperation）问题是社会的两个最基本的问题。在实在社会中，诸多现实问题都和这两个最基本的问题关联在一起。协调与合作相互作用、相互影响，以至于人们经常把它们看作同一个问题。① 在张维迎看来，埃尔斯特所讲的预期失败经常和利益冲突结合在一起，他利用"协调"来替代"预期"，以是否存有利益冲突为标准，将协调问题与合作问题区别开来。要解决协调问题，就需要人们能够正确地预测对方的行为，规则和沟通都有协调预期的作用。

对于合作问题，张维迎认为它实质上是一个激励问题。考虑一个由甲和乙两人组成的社会。在某一活动中，两人可以选择合作，也可以选择不合作。如果两个人选择合作，都将享受到合作带来的红利。如果一方选择合作，而另一方选择不合作，选择合作的一方将承受损失，选择不合作的一方从中得利。如果两个人都不合作，双方都会有所损失。如图所示：

	甲合作	甲不合作
乙合作	3，3	-4，4
乙不合作	4，-4	-1，-1

图 1-1

---

① 张维迎. 博弈与社会[M]. 北京：北京大学出版社，2013：2.

　　显然，从集体理性的角度出发，合作是保证主体利益最大化的策略，也是对所有个体来说最佳的策略。但是，如果个体只从自己的利益出发做出选择，这一社会最优的结果不可能出现。个体理性有时难以形成集体理性，两者之间存在冲突。要获取合作红利，需要对个人的行为进行激励和诱导。张维迎所说的合作问题，是一种合作的困境。在致使合作困境的博弈行动中，博弈双方都在进行理性选择，却最终导致了悖谬式结果。

　　理性行动难题和现实矛盾都揭示了社会行动中的两难情境。在面对风险和不确定时人们应该如何做出决策和判断，是学界一直关注的话题。亚里士多德认为，实践推理依赖于各种信念，指明主体的实践和信念存在联系。尽管人们对理性行动的解释问题存在争论，但是对主体的行动受信念、理由、期望等因素影响已然达成共识。所以，人类的活动问题，尤其是其动因的性质，逐渐在关于理由与原因、规律解释和意向说明的关系的争论中被界定。[①]正是因为个体的意向态度与主体的选择行动之间紧密关联，关于理性选择困境、现实矛盾的研究可以和思维层面的悖论研究联系起来，同时也为悖论研究突破思维的域界向行动维度扩展提供了可能。

　　矛盾无时不在，无处不有。矛盾不仅会存在于思维层面，还会对主体的行动选择产生影响。现实社会中的变革、对立、矛盾和冲突，可纳入广义逻辑悖论研究的视域，理性选择的困境、现实矛盾从中得到重新塑述。悖论研究的成果由思维向行动的扩展，不仅是可能的，也是极为必要的。悖论研究悖谬性论证的最优性化解方法，对于消解各种基础理论中的特殊矛盾，乃至社会生活中的冲突和矛盾具有直接的启示价值和间接的借鉴价值。[②] 从悖论向悖境的拓展，不只是理论研究的需求，也是改造社会生活的现实呼唤。只有在变革中寻求稳定、在对立中寻求合作，才可能消解矛盾以争取共赢。

　　在逻辑哲学中，使悖论研究向悖境跨界扩展成为可能的理论基础之一是"公认度"和"悖论度"视角的引入。梳理目前关于悖论的研究成果，关于"逻辑悖论"内涵与外延的界说和框定工作已经基本完成。尽管关于其内涵有不同的界定，但是其外延所指基本相同。悖论是一个语用学概念，随着悖论这一性质的指认，悖论研究的问题及其症结可以得到充分揭示。根据张建军对悖论

---

① 斯蒂芬·特纳，保罗·罗思. 灵魂与机器：当代社会科学哲学中的动因、合理性与科学方法论问题[G]//斯蒂芬·特纳，保罗·罗思. 社会科学哲学. 杨富斌，译. 北京：中国人民大学出版社，2009：5.

② 王习胜. 泛悖论与科学理论创新机制研究[M]. 北京：北京师范大学出版社，2013：2.

的定义，悖论是由三个方面要素共同决定的理论事实，说明认知主体公认正确的背景知识内存在矛盾。悖论不是独立于逻辑矛盾和辩证矛盾之外的第三种矛盾，而是在前两个要素得到满足的前提条件下合理推出的矛盾等价式。所以，此矛盾等价式的推出是在主体的信念系统中。在不自知的情况下，主体隐性地断定 φ 又断定其否定 $\neg\varphi$，即 φ 与 $\neg\varphi$ 都是主体的信念，这是一个理论事实。直到悖论被发现，这一隐性矛盾才被揭示出来。在显性的状态下，主体知道自己断定了一组矛盾。所以，悖论是自相矛盾的一种特殊形态。

因为悖论是一种理论事实，悖论所揭示出来的自相矛盾并不存在于客观世界，而是存在于人们已有的知识系统中，在特定的领域被"发现"（而不是"发明"），进而通过逻辑推导被构造出来。所以，悖论本身具有"相对性"。被发现存在悖论的主体公认正确的背景知识，可以分属于不同的认知领域，它们具有不同的"公认度"，"公认度"与"悖论度"成正相关。因为背景知识所指层面本质地涉及语用因素，"认知悖论"被提出。近年来，随着理性选择理论和决策理论的发展，关于合理行动理论的逻辑与认识论研究得到了较大发展。同时，也发现了关于"合理选择"或"合理行动"等一系列新的悖论，投票悖论、盖夫曼-孔斯悖论①都可以归属于这一领域。"公认度"和"悖论度"是区分悖论程度的"钥匙"，依据"公认度"和"悖论度"可以给悖论划分不同的层级。

使悖论研究向悖境跨界扩展成为可能的另一理论基础是"情境语义学"的提出。情境语义学认为实在是由情境构成的，而情境则是在各种各样的时空场点上具有性质和处于关系的个体。人们总是处于情境中，看到它们，引起它们的出现，并对它们持有态度。情境理论就是探讨情境的抽象理论，其出发点是，从现实情境中抽象出情境理论的基本建筑材料：个体、性质、关系和场点，把它们视为常项，或者称为现实情境的通量。然后运用集合论把它们放在一起，作为抽象情境（abstract situations）。抽象情境中的有些情境，即实际情境（actual situations），对应于现实情境。② 就认知主体的认知情境而言，"情境"本身也是语用性质的概念。"情境"的表达方式只有与"实践"和"心灵状态"两个方面系统地联系在一起时才能产生意义。

"情境"概念的引入使得对实践理性领域的刻画成为可能。实践领域也是

---

① 盖夫曼最早为"合理行动"范畴构造出逻辑悖论，美国学者孔斯严格建构出一种不需要自指的悖论，故称为"盖夫曼-孔斯悖论"。
② 乔恩·巴威斯，约翰·佩里.情境与态度[M].贾国恒，译.南京：南京大学出版社，2015：6.

主体必须面对的一个领域，但是，该领域不可能总是协调运作，理性难题、现实矛盾、道德悖论等都是对这一领域当中非和谐因素的刻画。当然，这些难题与纯粹思维理性领域的悖论存在区别，纯粹理性领域中悖论的生成是主体在纯粹理性思维中进行的主观判断，而实践理性领域中的悖谬虽然也与主体的背景知识相关，但其毕竟是在交往实践中发生。随着情境概念的引入，这些现实困境可以通过"类悖论"的情境来进行诠释。现实矛盾是主体的选择行动同客观环境建立的某种同一性的关系中出现的矛盾，属于"正确的选择（行动）错误"，即"因为选择（行动）对了，所以也选择（行动）错了"，本质是一种选择行动的悖境。

从此视域出发，所谓"合理行动悖论"揭示的悖谬不仅存在于理论维度，而且存在于行动维度。埃尔斯特建构在理性选择理论基础上的现实矛盾是在现实社会中真实存在的一种类悖境困境，即现实悖境或社会悖境。行动者通过理性选择而导致的一种非理性，或者行动者明知自己的选择非理性而依然去选择的现象都可以形塑为悖境。悖境区别于悖论，悖论是一种"论"，是一种理论事实或理论状态，悖境则是一种"悖行"，是主体在社会实践中"做"出来的，在主体的实践过程中演化形成，而不是在理性思维中经过严密的逻辑推导出来的。悖境并非被直接建构成为矛盾等价式的形式，而是主体持有某种合理的信念或原则进行行动，却在实践中生成与主体意向相悖反的结果；或者是，从实践结果的合理性出发，经过逆推得到主体的意向不合理，从而使得主体的实践行动陷入两难困境。"悖境"和"悖行"都归属于知性的维度，只有历经理论理性的重新塑述才能满足"悖论"的构成条件。

王习胜认为，"悖境""悖行"与"悖论"三者之间的关联非常显然。行动主体在策略选择中出现"悖境"、感到"悖行"，也是基于主体"公认正确的背景知识"而言。如果没有这个前提性"标准"存在，不可能产生"悖"感。[①]王习胜对"纯粹理性领域的泛悖论"和"实践理性领域的泛悖论"进行划分，并对"悖境""悖行"与"悖论"之关联进行澄清，为当今的悖论研究做出了重要推进。

在对悖论研究的社会文化功能进行的讨论中，张建军致力于将逻辑悖论研究、情境哲学与马克思的历史-实践辩证法的分析性嫁接，从而提出了一种"悖境辩证法"。[②]受王习胜的研究成果所启发，张建军进一步对"类悖论

① 王习胜."悖论"概念的几个层面[J].安徽师范大学学报，2009，37（4）：397-384.
② 张建军，王习胜.逻辑悖论、高阶认知与逻辑行动主义方法论[J].安徽师范大学学报，2015，43（6）：661-670.

困境"进行了划分，区分出置信悖境和行动悖境。行动悖境可置于"实践理性领域的泛悖论"，"广义逻辑悖论"可称之为与"行动悖境"相并列的"置信悖境"，对二者关系的处理，构成了"悖境辩证法"的核心内容。根据张建军对"行动悖境"的注解，埃尔斯特在理性选择基础上对现实矛盾理论的刻画，揭示的正是主体互动中的悖境式冲突。因而，可以利用"行动悖境"对现实矛盾理论进行重构，"社会悖境"的概念由此提出。

本章小结

　　探讨社会悖境的逻辑机制与出路，首先要明确社会悖境的逻辑构成。在思想维度上，社会悖境提出的理论基础包含三个方面，即理性选择或行动困境的相关理论、分析马克思主义思潮领域的现实矛盾理论以及广义逻辑悖论和泛悖论的相关研究。本章第一节首先探讨理性选择的难题，通过诠释理性选择的基本概念和逻辑，在此基础上揭示理性选择行动中可能存在的困境。本章第二节系统梳理埃尔斯特基于理性选择的困境所建构的"现实矛盾理论"。埃尔斯特与科恩等人同为分析马克思主义思潮的奠基性人物，两人的思想理念以及对理论分析方法的选择却大相径庭。科恩推崇语言分析方法，拒斥思辨性方法。埃尔斯特却完全相反，他批判性地考察将分析方法与思辨方法绝对对立的理念，认为二者存在相互融合的可能性，可以实现对辩证法的分析性重塑。他将辩证的"现实矛盾"情境与逻辑分析方法相结合，试图利用逻辑学的语言来分析现实矛盾。埃尔斯特的这一致思路径，为现实中辩证矛盾情境的逻辑解析提供了新的思路。本章第三节在现实矛盾理论的基础上，结合广义逻辑悖论中提出的"类悖论困境"概念，逐步推进至社会悖境的研究，探讨社会悖境的逻辑构成。通过对现实困境之"悖"进行分析，说明从"悖境"视域对理性选择的困境尤其是现实矛盾进行重新解读的可能性和可行性，明确"社会悖境"正是现实中的客观矛盾的呈现形态。对现实的悖谬式情境进行解读，旨在利用悖论研究的相关成果，为现实中类悖论困境的认知和化解提供理论资源。

第二章

社会悖境的逻辑性质

自 20 世纪 60 年代起，与社会悖境直接相关的社会两难问题就备受社会科学家的重视，相关的研究最早来自理性选择和博弈理论。在心理科学领域，诸多研究者设计了一系列心理实验，试图通过定量和定性的方法来探讨悖谬行动下的理性特点及其影响因素。从逻辑学的视域来看，社会悖境是一种现实的矛盾情境，对社会悖境现象的描述与逻辑矛盾、辩证矛盾都有关联。因此，社会悖境的性质具有其特殊性。本章对逻辑矛盾、辩证矛盾、逻辑悖论、自相矛盾等与社会悖境直接相关的矛盾概念进行说明，在此基础上对社会悖境的逻辑性质进行澄清，并利用逻辑行动主义方法论对社会悖境进行解析。从而表明，社会悖境是与主体行动相关联的悖境，是一种特殊的辩证矛盾。

第一节　社会悖境的矛盾属性

矛盾是逻辑思维科学的一个基本概念，逻辑矛盾、辩证矛盾、悖论、自相矛盾等都和矛盾概念密切相关，是矛盾集合中的重要成员。社会悖境也与矛盾有关，是矛盾的一种特殊呈现形式。对于矛盾形态的多样性，埃尔斯特在界定现实矛盾时曾提及，不存在所有矛盾的共同特征集，而只存在一种家族类似(family resemblance)。① 要澄清社会悖境的矛盾属性，首先就要对矛盾的相似概念进行梳理，明确"矛盾"囊括的不同内涵。

---

① 乔恩·埃尔斯特. 逻辑与社会[M]. 贾国恒，张建军，译. 南京：南京大学出版社，2015：90.

一、矛盾的"家族相似"

对于逻辑学视域中的矛盾概念，国内外学界有诸多不同的界定，例如：

（一）矛盾是一种悖谬，是关于 φ 与 $\neg\,\varphi$ 此类命题形式的说明。

（二）矛盾是一组命题，其逻辑属性既不为真也不为假。

（三）一个矛盾也是一种逻辑假，说明一个命题，它只有错误的代入例。在形式上，φ 与 $\neg\,\varphi$ 相互矛盾，因为两者的合取在真值上只能为假，其所有代入例在真值上均为假。

（四）矛盾是指一种特殊的命题：倘若它的其中一面是真的，则它的另一面是假的；倘若它的其中一面是假的，则它的另一面是真的。

（五）矛盾是指这样的命题：在真值表的每一栏中，其真值均为 F。

（六）两个命题不可同时为假，也不可同时为真，它们就是一组矛盾。一个命题及其否定同时成立就是矛盾最清晰的例子。

除此之外，还有其他的定义，戴尔·杰凯特（Dale Jacquette）曾对国际学界流行的矛盾定义进行了汇总。[①] 上述关于矛盾的定义，尽管在具体语言表达上存在区别，其指向却基本一致，均是与逻辑矛盾相关的概括，未涉及其他的矛盾类型。实际上，对于逻辑矛盾的界说，并不存在实质的分歧。尽管具体的表述存在差异，核心的要旨却基本一致，都将逻辑矛盾看作一种思维过程中的错误，其实质在于违背了矛盾律。[②] 然而，上述关于逻辑矛盾的界定在形式上存在一定瑕疵，张建军指出它们隐含着一种恶性循环。依据通行的做法，定义逻辑矛盾的根据是矛盾律，也就是说，两个具有矛盾关系的命题同时为真即构成逻辑矛盾。然而，对矛盾律的定义又需要依照矛盾关系，矛盾关系能够成立的根据又在于逻辑思维规律，即排中律和矛盾律，恶性循环由此产生。

要准确地界定逻辑矛盾，就必须排除这一恶性循环。根据张建军的理念，可以根据亚里士多德对矛盾律做出的本体论界说，用一种递归性解释来界定"逻辑矛盾"。按照亚里士多德的说法，同一个对象在同一时间、同一方面不能既具有又不具有某属性。张建军认为，可以用一阶逻辑符号 $\forall\alpha\neg\,(F\alpha\wedge\neg\,F\alpha)$ 来诠释亚里士多德的定义，这是有关性质的原子不矛盾律。在此基

---

① JACQUETTE D. Contradictions[J]. Philosophy & Rhetoric, 1992, 25(4): 365-390.

② 张建军. 如何区分逻辑矛盾和辩证矛盾[G]//张建军，黄展骥. 矛盾与悖论新论. 石家庄：河北教育出版社，1998：2.

础上，所有可以用 $F\alpha \wedge \neg F\alpha$ 来刻画的论断都可被称作原子逻辑矛盾。根据这种理念，也可以用形式化方法来表达关于关系的原子不矛盾律。例如，可以将二元关系的原子不矛盾律形式化为 $\forall\alpha\forall\beta\neg(R\alpha\beta\wedge\neg R\alpha\beta)$，在此基础上，一切可以用 $R\alpha\beta\wedge\neg R\alpha\beta$ 来刻画的论断就是关系的原子逻辑矛盾。[①] 当然，这一理念亦可延展至复合命题，与复合命题相关的原子逻辑矛盾可以定义为 $\varphi\wedge\neg\varphi$。对原子逻辑矛盾定性之后，一切非原子矛盾都可以据此加以澄清。由此，逻辑矛盾得到了清晰的说明。

与逻辑矛盾的确定性内涵不同，研究者对于辩证矛盾的认知各持己见，依然存在较多争议。尤其是关于辩证矛盾和逻辑矛盾在矛盾性质方面的争辩，吸引了逻辑学界诸多研究者的参与，但依然没有达成一致性认知。在对相关学术争议的回应中，张建军也对辩证矛盾的定义进行了说明。根据他的观点，矛盾律在辩证思维中没有失去效力，依然在其中起作用。辩证矛盾是在界定同一个对象具有两种相反相成的属性，这在逻辑上并不违反矛盾律的要求。这种关于对象和属性之间关系的辩证说明可以视之为辩证矛盾的原子形态。同理，辩证矛盾的原子形态也能够向表达关系的领域加以拓展。

逻辑矛盾与辩证矛盾之间存在本质性区别，逻辑矛盾断定的是同一个对象同时既具有又不具有某一个属性，辩证矛盾则断定两个相反相成的属性同属于一个对象。[②] 张建军对两种矛盾之区别的阐释十分具有说服力，既有效避免了逻辑矛盾和矛盾律相互定义所形成的恶性循环，也排除了在辩证矛盾的界说中可能蕴含的含混，使得学界长期对逻辑矛盾与辩证矛盾的误解得以澄清。在矛盾概念的家族相似中，逻辑矛盾和辩证矛盾是两种基本类型，自相矛盾则与两者存在根本区别。自相矛盾并不是与逻辑矛盾、辩证矛盾相平行的第三种矛盾，它只是逻辑思维规律在现实社会中实际应用的一种表现。按照逻辑思维规律尤其是矛盾律的要求，社会主体在现实中的思维认知不能出现矛盾。为保障主体在现实中行动的基本理性，主体可以制定不矛盾规范。不矛盾规范是主体根据思维规律制定的现实法则，成为人们正确思维的基本前提。所以，自相矛盾并非矛盾律的反例，而是现实主体在违背不矛盾规范时产生的谬误。例如，《韩非子》中的"矛盾"典故就在于个体违反了不矛盾规范，从而导致了自相矛盾。人们的日常思维和正常交际必须遵守公认正

① 张建军. 如何区分逻辑矛盾和辩证矛盾[G]//张建军，黄展骥. 矛盾与悖论新论. 石家庄：河北教育出版社，1998：22-23.
② 张建军. 逻辑悖论研究引论[M]. 北京：人民出版社，2014：264.

确的思维准则，避免陷入自相矛盾的陷阱。

二、辩证矛盾情境

对社会悖境的矛盾属性进行界定，可以借鉴埃尔斯特对现实矛盾的属性分析。在对"现实矛盾"的理论建构中，埃尔斯特有一个基本的理论预设，即行动主体应当从形成和阻碍自己意图实现的因果中将自身解放出来，从而顺利地实现自由选择的目标。[①] 在复杂的社会互动情境中，这是一个理想化的假设，在现实中难以成立。现实矛盾的存在已然表明，主体的自由选择即便是理性的，也不可避免要遭遇困境。

现实矛盾是实在中的一种特殊矛盾，面临现实矛盾的主体可能是认知主体，也可能是行动主体。现实矛盾出现的场合可能是主体的心智情境，也可能是实在的社会情境。现实矛盾的内容包括满足条件的心智现象，也包括特定的社会现象。埃尔斯特是在理性选择和博弈论的基础上建构现实矛盾理论的，这就意味着现实矛盾所描述的情境与主体的选择行动密切相关。从理性选择的视域出发，现实矛盾析出于主体选择的悖谬情境中，这种悖谬情境需要借用逻辑矛盾的概念来加以阐述。在实在世界中，客观对象必须遵循同一性。在本体论维度，矛盾个体不存在，逻辑矛盾不成立，$\varphi \wedge \neg \varphi$ 不为真。但是，在认识论领域，认知和行动主体对 φ 与 $\neg \varphi$ 所持的意向态度之间可能出现矛盾。这是主体思想领域的自相矛盾，其原因在于主体违背了公共认可的不矛盾规范，并不表示主体承认了实在中存在矛盾的个体。

在明确现实矛盾的内涵与外延指向之后，埃尔斯特首先分析了个体的心智矛盾。心智矛盾是个体意识层次上的理论矛盾或认识矛盾，可能出现在期望和信念的实践维度上。对于一个对象或事件 φ，主体对 φ 和 $\neg \varphi$ 的意向都有特定的理由或原则作为支撑，从而在信念或期望的实践层次上出现了两难，即 $B_a\varphi \wedge B_a \neg \varphi$ 或 $D_a\varphi \wedge D_a \neg \varphi$。与个体维度的心智矛盾不同，社会矛盾是一种人际矛盾，指代多个主体或者共同体在选择上的悖谬情境。从根本上说，社会矛盾也和 $\varphi \wedge \neg \varphi$ 的逻辑矛盾有关，但它也并非逻辑矛盾。社会矛盾揭示的是群体非协调行动的困境，群体意向选择 φ 又意向选择 $\neg \varphi$，两个相互冲突的行动备选项都有理由作为支撑，主体在选择上出现了两难。由此

[①]　乔恩·埃尔斯特. 逻辑与社会[M]. 贾国恒，张建军，译. 南京：南京大学出版社，2015：215.

可知，尽管"心智矛盾"和"社会矛盾"同为矛盾的形态，但与逻辑矛盾存在本质区别。它们在现实中真实存在，具有客观实在性。

在传统观点上，矛盾的出现总是与主体的思维或意识相关，现实矛盾超出了这一局限，分析了矛盾与主体实际行动相结合的现实境况。埃尔斯特在对"现实矛盾"的解释中提道："'现实矛盾'的概念仍然紧系于'逻辑矛盾'概念，而又不对我们接受矛盾命题的真承担义务。"①根据埃尔斯特的说法，接受现实矛盾并不等于接受矛盾命题。埃尔斯特的本意不是要在逻辑矛盾与辩证矛盾外延之外探寻一种与两者并列的新式矛盾，按其理念，现实矛盾的实质并非逻辑矛盾，而是辩证矛盾。若非如此，对辩证法的辩护将毫无根据。对于现实矛盾的逻辑形成，离不开主体相反相成的行动原则。在矛盾意向的指导下，主体在实际行动中陷入类悖论困境。但是，现实矛盾又极具特殊性，这一类悖论困境的形成在于主体的思维或意识矛盾，需要利用逻辑矛盾来对其进行解析。因此，用现代逻辑加以形塑的现实矛盾，是辩证矛盾的一个特殊形式。

社会悖境的矛盾属性与现实矛盾相似，其发生场景是主体的行动情境，对其描述也可与逻辑上的矛盾概念联系起来。根据悖境的定义，主体选择 A，又选择¬ A，表面上看起来是一个逻辑矛盾，事实却并非如此，这是一个包含冲突的选择情境。逻辑矛盾的形式是：主体期望选择某一行动，但同时主体又不期望选择这个行动。这就意味着，如果能从"主体选择 A"得到"主体不选择 A"，就会得到一个逻辑矛盾。但这不是一个正确的推理，在涉及信念、期望与偏好时，上述推理也不正确。主体拥有相互冲突的偏好或期望，这是现实中常见的现象。例如，因为耗费时间，某人宁愿不去看牙医，但因为害怕牙齿问题会更严重，他又宁愿去看牙医。在这一组偏好中，不存在悖谬或矛盾之处。理性人可以对两者进行权衡，然后再采取相应行动。但是，如果从"某人宁愿不去看牙医"推出"并非某人宁愿去看牙医"，就会产生出逻辑矛盾。

可以借用形式化方法来理解上述推导。在选择情境中存在一个行动 A（看牙医），某人应该去做，又应该不去做，即 $C(A) \wedge C(\neg A)$，而逻辑矛盾的结构是 $C(A) \wedge \neg C(A)$。要从悖境中导出逻辑矛盾，需要依据原则：如果 $C(\neg A)$，那么 $\neg C(A)$。如果没有相应论证的支持，就不应该接受这个原

---

① 乔恩·埃尔斯特. 理解马克思[M]. 何怀远，译. 北京：中国人民大学出版社，2008：35.

则。另外，人们会自然地认为，选择本身可以聚合：如果一个人应该去做 A 和 B 这两件事中的每一件，他就应该 A 和 B 两件事都做，即如果 C(A) 而且 C(B)，那么 C(A∧B)。把这个原则应用到悖境结构可以导出 C(A∧¬ A)，这个结论显然不可接受。人们不可能同时做出两个互不相容的选择，即¬ C(A∧¬ A)。

对比社会悖境和现实矛盾可以发现，现实矛盾所揭示的主体行动中的困境可以被重塑为类悖论困境。埃尔斯特对现实矛盾的处理基于一个相对宽泛的角度，他没有清晰地说明心智矛盾和社会矛盾之间的关联。从悖境的视角来处理现实中的矛盾，有助于明晰现实矛盾的矛盾症结，也利于揭示社会悖境的矛盾属性。在亨特看来，对于"实在中存在矛盾"的解释，除了直接的双真论解释①和康德将其看作本性中的冲突性倾向②之外，埃尔斯特的"现实矛盾"是一个重要的解释。③ 与前两者皆不相同，埃尔斯特从主体现实行动的情境视角出发来定性实在中的矛盾，这是一个重要的创新理念。尽管他的思路招致了部分学者的批判，但是主体行动困境的客观存在性是毋庸置疑的。

因此，在"悖境辩证法"的意义上，"现实矛盾"区别于一般含义的矛盾。尤其是，作为现实矛盾的"社会矛盾"概念，有其特殊的出场语境，与社会矛盾的通用内涵并不相同。任何一个人类社会形态都有其特殊的社会矛盾，这种与政治、社会形态密切相关的阶级矛盾或人际冲突等是社会矛盾的一般性含义，这种矛盾往往呈现出多元化特征。与之相区别，作为现实矛盾的"社会矛盾"是相对于个体矛盾而言的，其"社会性"体现在行动的多主体性。从概念之间的关系上看，两者并不同一。对比之下，作为现实矛盾的"社会矛盾"是一种狭义性界说，其适用领域是主体的选择行动。通过对这种特定的"社会矛盾"进行阐述，可以对辩证法做出分析性重塑。这一重塑之所以能够实现，正在于逻辑矛盾与现实困境的可能融合。

埃尔斯特提到，现实矛盾的目标可以描述为"辩证法的辩护"，探寻知性和理性相融合的可能性。当然，他并不是要为辩证推理的所有模式都进行辩

---

① 亨特认为，该立场认为实在是可以用矛盾术语加以真实描述的，这是一种直接的双真论立场。但是，在任何意义上，马克思都没有承认过双真立场，这种观点首先要遭到反对。

② 实在矛盾是本性中的冲突性倾向，该观点衍生自康德。黑格尔主义的马克思主义者已拒斥了实在矛盾只是冲突性倾向的观点。

③ 伊安·亨特. 分析的和辩证的马克思主义[M]. 徐长福，刘宇，译. 重庆：重庆大学出版社，2010：53.

护，其辩护对象只是主体行动中的辩证矛盾。在他看来，辩证推理中也有许多平庸的模式。与埃尔斯特的理念相一致，亨特也试图为辩证法进行重新塑述。亨特充分发挥英语世界分析传统的优势，利用分析哲学和现代逻辑中的相关资源，把对马克思辩证法的诠释推进到了英语世界哲学学术的前沿。①两人事实上都遵循分析哲学家所推崇的清晰严谨性，重新去思量马克思所使用的方法论。亨特在对革命理论的分析中，注意到了主体有效行动的条件问题，也意识到了其中可能出现的辩证冲突。对于这个问题，埃尔斯特在《政治心理学》中也做出了阐释。比较而言，埃尔斯特的理论更具创新性，也更加系统。

　　从埃尔斯特的系列工作中可以得到诸多启示，他对现实矛盾的分析和建构，实质上正是对行动中的悖境进行解读。根据黑格尔在《精神现象学》中所提出的矛盾理论，再结合让-保罗·萨特（Jean-Paul Sartre）、辛提卡、费斯汀格等人的部分论述，埃尔斯特提出现实矛盾并划分出心智矛盾与社会矛盾。从悖境的视域来看，心智矛盾的实质便是个体层面的悖境，社会矛盾是群体意向态度之间出现矛盾而引发的群体悖境。以个体矛盾为逻辑起点，结合主体选择的合成谬误，埃尔斯特建构出系统的现实矛盾理论，为行动的辩证困境提供分析性注解，并将其与社会的变迁结合起来。尽管借用了逻辑的形式语言，但是其目的是解决社会学的难题。正如他所说，他的理论首先面向社会学家，其次才面向逻辑学家。基于这种理念，他将现实矛盾理论应用于对社会科学的研究，并没有进一步往逻辑学界域推进。续接埃尔斯特尚未涉及的工作，可以进一步引入逻辑哲学界对严格逻辑悖论、广义逻辑悖论和泛悖论研究的相关成果，对社会实践中的悖境现象进行系统解读。

　　从互动行为学的视角来看，社会悖境的社会属性亦体现于行动主体的多样性、多元性。当今社会，人与人之间的合作与竞争是社会经济活动的永恒主题。从某种意义上来看，所有的社会科学在本质上都是关于人的行动的科学。在社会科学中，人们对选择的解释和预测往往建立在主体理性的假设基础之上。尽管关于理性的定义一直争论不休，但学界普遍认为主体的理性选择和理性行动应该满足一致性、连贯性等基本要求。由于主体认知状态的相对稳定性，主体的实际偏好也应该具备一定稳定性。然而，在现实情境中，主体的行动选择却并非总是和谐一致，主体的偏好也会因感知和决策的不完

---

① 伊安·亨特.分析的和辩证的马克思主义[M].徐长福，刘宇，译.重庆：重庆大学出版社，2010：译者序言.

善而发生逆转。①

尽管在实际行动的实施过程中，主体总是会根据一些信息和特定程序来评估各种结果的可能性。但是，悖谬性后果依然得不到避免。在政治、经济和社会活动中，由于资源的有限特性与竞争的过度特性，社会个体逐利的意图常会导致悖反的结果。社会悖境是现实中广泛存在的现象，投资决策、资源分配、军备竞赛等情境中都有社会悖境的现实案例。从根本上说，社会悖境是与主体的选择和行动相关的特殊的辩证矛盾情境。社会悖境影响社会的和谐稳定与持续发展，是保障社会良序运作与高质量发展必须解决的问题。

第二节　逻辑行动主义方法论

社会悖境是现实矛盾的进一步拓展，与现实矛盾相一致，建构在理性选择的理论和方法基础之上。理性选择是预测主体行动的有力分析工具，尽管其依据的理性人假设存在弊端，目前却还没有发展出来一个完全建立在非理性假设基础之上并且具有强大解释能力的研究框架。针对完全理性的局限，著名经济学家赫伯特·西蒙(Herbert Simon)曾提出"有限理性(bounded rationality)"的概念来解释人的经济行为。完全理性人能够在眼前利益与长远利益之间进行精确计算，有限理性人的认知、计算等能力则有限。除此之外，有限毅力(bounded willpower)、有限自利(bounded self interest)等概念也是针对理性人假设提出的质疑和挑战。但是，从社会演进的角度看，虽然人并非总是理性的，却应该在长期的社会实践中习得理性。本节将从理性行动的视域出发，基于逻辑行动主义方法论，明确主体行动的不同层次。从而说明社会悖境与主体行动之间的关系。

一、行动的不同层面及其关联

在行动的相关理论中，学界对于"行动"概念的使用并没有统一的规定性，特别是对行动(action)及其直接相关的行为(behavior)、作为(act)等概念，常常不加以区分而导致长期混乱使用。丹尼尔·拉吉尔(Daniel Lagier)

---

① TVERSKY A, KAHNEMAN D. The Framing of Decisions and the Psychology of Choice [G]//ELSTER J. Rational Choice. New York：New York University Press，1986：123-141.

意识到了这个情况，在他看来，人们通常使用的"行动"概念隐含着歧义，界定它的统一使用标准存在一定困难。而且，行动概念还有许多其他的近义词，如举动（Conduct）、活动（Activity）等都位于行动的家族中。① 拉吉尔看到，这些概念之间存在着本质的差异，对它们进行区分对于澄清主体行动相关的问题至关重要。

然而，一些坚持理性选择理论的学者在使用这些相似的概念时，并未做出细致的区分。例如，埃尔斯特就不重视对"行动"的定义，时常把"行动"的家族相似当作含义相同的词汇来使用。当然，他也意识到了这些概念事实上并不同一。在《解释社会行为》中，他明确说明对决策（decision）、选择（choice）、行为（behavior）、行动（action）等概念加以区分很有益处，于是他对这些术语做了一个简要说明。按照埃尔斯特的理解，在这些相似概念中，行为的外延最广泛，任何身体移动都可归属于这个范畴。当然，有一个必要的前提是，这一行为的发生源于主体的内在原因，而非纯粹的外力作用。在此限制下，乘坐电梯所引起的位置改变就不是行为。行动与行为不同，行动是主体具有意向性的行为，由主体的心智意向所驱使。这就意味着，出于条件反射的主体行为不能被看作行动。

在埃尔斯特看来，每一个行动都是有意向或有目标导向的。这就说明对于行动的解释问题，必须通过期望（desire）、信念（belief）等意向因素。埃尔斯特以散步为例来进行说明，某个人沿着他熟悉的路线进行散步时，出于长期形成的惯性，他对于路线的选择是无意识的。但他要是第一次走这个路线，这次行动必然是以明确的意向为先导的。更确切地说，它是以路径备选项中的某个明晰的选择为导向的。尽管备选项中的任何一个路径选择都可能是主体的决策，但逆行的抉择对想要散步的主体而言并不成立。行动是以明确的心智意向为先导的，并不意味着所有的决策都会变成实际的行动，个体可以选择不去做某件事。②

遗憾的是，诸多社会理论家并没有注意到行动家族中一些相近概念之间的区别，特别是作为（act）与行动（action）两个概念，二者常被视为同一概念。即便是在行动的相关解释理论中，许多学者也时常不加区分地交替使用这两个术语。甚至还有自身在对相关概念进行澄清之后，还在混淆使用行为与行动的情

---

① LAGIER D. The Paradoxes of Action[M]. Berlin：Springer，2003：12.

② ELSTER J. Explain Social Behavior[M]. Cambridge：Cambridge University Press，2007：163.

况出现。例如，迈克尔·赫克特（Michael Hechter）、埃德加·基泽（Edgar Kiser）等人关于社会学理性选择的研究，都侧重于整体上的叙事，并不受制于概念之间的纠缠。埃尔斯特在对行动困境进行阐述时，也不在意行动、作为等术语的具体界说，其核心理念在于为主体行动提供机制解释，特别是信念、期望等与主体意向直接相关的因素或其他因果因素如何影响主体的客观行动。对于这种现象，约翰·海曼（John Hyman）曾做出过总结："现代哲学形成了一个极度简化的行动理论，哲学家们由此最终得以将一般性行动、人类行动、自愿行动、意向行动以及出于理由而做出的行动等同起来，这种等同与其说是一场理智的革命，不如说是一场理智的地震，并且，这种等同简化了我们得以有效地考察和论证人类能动性的不同维度的复杂概念结构。"[①]

　　事实上，对行动概念的澄清至关重要。在理性选择理论中，行动是一个基本的概念。在博弈论中，行动是参与人在博弈的某个时点的决策变量。博弈中的每个参与者，都有多种可能的选择。所有参与人在博弈中所选择的行动集合起来构成了一个行动组合（action profile），不同的行动组合导致博弈的不同结果。[②] 所以，在博弈中，不仅是自己的行动选择影响博弈结果，对手的选择也是影响博弈结果的重要因素。此外，选择行动的发生顺序也至关重要。参与人的行动顺序不同，结果也往往不同。在现实中，博弈的行动顺序受多种因素的影响，技术、制度等都是影响博弈行动发生次序的外生因素。

　　群体中的个体选择会对他人的策略选择产生影响，即便是在参与者不形成一个行动时。在一些例证中，个体决定不执行某个行动的选择也可能会引发他人放弃选择，转变为观望的态度。正是因为偏好加总以及相机行动计划的存在，多主体的社会行动常会产生一些难题，形成社会悖境。这就表明，社会悖境与多主体行动相关，澄清与行动相关的概念的基本含义，对于有效理解社会悖境的形成机制非常关键。正是由于主体可能要面对不同的选择备选项，主体需要在备选项集合中做出实际选择，因而面临悖境的困扰。

　　为主体理性行动提供一个明晰的解释机制，是理解社会悖境之构成和运作等问题的基础。对行动概念的关注和诠释至关重要，在这一方面，拉吉尔做出了重要工作。在他看来，行动概念的混乱使用会引发一系列哲学难题，有必要对行动概念进行解释。拉吉尔将行动相关的一些反直觉问题称之为

---

① 约翰·海曼. 行动、知识与意志［M］. 张桔，译. 上海：上海译文出版社，2019：前言.

② 张维迎. 博弈与社会［M］. 北京：北京大学出版社，2013：33.

"行动悖论(Paradox of Action)"①，在他看来，行动悖论揭示的反主体直觉之所以会出现，根源就在于主体只是思量了整体行动中的其中一个层面。拉吉尔将行动划分为三个不同的层面：第一个层面是自然主义，指向行动的自然维度；第二个层面是主观主义，指向行动的个体维度；第三个层面是客观主义，指向行动的社会维度。自然主义理论核心是要澄清行动如何根植于现实世界，这一维度关注身体位移，评价身体移动的环境等因素，不考察与主体心智意向相关的内容，也不涉及主体的行动规范。自然主义行动只是对引发位置改变的主体行动的普遍性描述，并未触及行动的分类与解释。主观主义理论和自然主义理论恰好相反，其主要适用于主体行动的诠释与评估。其中，在承担解释和评价的众多因素中，意图是一个典型的标准，然而主体行动却时常产生非意图结果。客观主义理论，在弱化的意义上，说明社会规则和行动诠释的相关性，在强化的意义上，说明社会规则构成了行动解释的有效标准。客观主义与主观主义所秉持的主观意向解释相对立，认为对行动的有效解释应该建立在客观基础上。

根据拉吉尔的观点，在认可行动的"三维度"特性的条件下，行动主要包括三个方面的要素：其一是自愿的身体移动；其二是主体进行身体运动的意图；其三，主体意图行动的社会性后果。要对行动做出明晰的界定，必须全面地考虑行动的三个不同维度。这三要素是理解行动的不同方面，也是行动作为一个术语的不同意义。第一个维度可以看作基本作为(basic act)，第二个维度可以看作结果作为(result act)，第三个维度可以看作后果作为(consequence act)。然而，拉吉尔也注意到对行动三维度的分析可能会引出一个新的问题，即基本作为、结果作为和后果作为能否被理解为主体行动。它们每个都是一种行动，还是它们共同构成理解行动的三个方面。为规避歧义，拉吉尔用作为(act)来表示基本作为等行动的三个不同方面，用行动(action)来指代三种作为所构成的行动整体。② 他对作为和行动进行区分，避免将作为看作行动的混淆，其意图是要解决行动悖论。拉吉尔所使用的行动分层方法为澄清行动这一整体概念提供了重要参考。

---

① 在《行动的悖论》(The Paradoxes of Action)一书中，拉吉尔提出了五个方面的悖论：第一，行动是自然现象还是我们世界观的产物？第二，行动是身体运动本身还是对身体运动的描述？第三，我们会对自己的行动产生误解吗？第四，我们是否能用一个动作执行多个身体运动？第五，我们行动的极限是什么？
② LAGIER D. The Paradoxes of Action[M]. Berlin：Springer，2003：80.

二、逻辑行动主义方法论构图

在国内关于行动理论和行动哲学的研究中，一些学者也意识到了对行动概念家族进行区分的重要价值。在众多的研究成果中，张建军对行动的探讨极具创新性。他对胡塞尔的意识行动理论做出了解析，也对分析哲学和语言哲学共同关注的言语行动理论进行考察，进而对行动（action）与作为（act）、行为（behavior）进行了细致的区分。张建军认为，可以把 act 看作"作为"，意指主体意向性的行为（behavior），把 action 看作"行动"，表示主体自觉能动的作为（act）。在此基础上，behavior-act-action 三个概念便形成了一个层次分明的属种序列。①

在逻辑行动主义方法论的模型架构中，张建军进一步对主体行动的三个不同层面及其逻辑关联做出了详细剖析。在他看来，基于语言论、认识论和行动论的不同意义，可以把现实世界区分为对象域（object realm）、思想域（thought realm）和语言域（language realm）三个限域。与这三域相对应，可以把主体行动区分为客观行动（objective action）、意识行动（conscious action）和言语行动（speech action）。② 主体的三种行动并不是各自孤立存在的，它们相互联系、相互作用，共同构成了主体行动的维度，把现实世界的三个域联通成一个整体。可以用图形来表示如下：

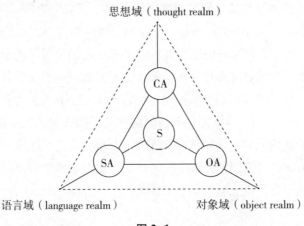

图 2-1

---

① 张建军. 当代逻辑哲学前沿问题研究[M]. 北京：人民出版社，2014：604.
② 张建军. 当代逻辑哲学前沿问题研究[M]. 北京：人民出版社，2014：595-596.

在逻辑行动主义方法论对主体行动的划分中，言语行动来自后期维特根斯坦、奥斯汀、塞尔的分析性哲学，意识行动析出于艾德蒙·胡塞尔（Edmund Husserl）的思想理论，客观行动则来自马克思所倡导的社会实践论。张建军为行动做出的层次划分，为当代与主体行动相关的哲学问题研究提供了一种新的解题方法论。它和分析马克思主义试图推进欧陆哲学与分析哲学相融合的理念相照应，也与本书试图用逻辑哲学研究成果来解读社会现实问题的精神相契合。

对于主体的三种行动，可以依照实在世界划分出来的三个域来加以解析。在主体行动的三个不同层面中，客观行动直接表现为实践，是最容易被人们理解的一种行动。多数社会理论家所使用的行动概念，其外延也指代客观行动，即客观实践。马克思就曾区分个体行动与集体行动，并以两者的交互作用为基础，来讨论社会现实问题。埃尔斯特遵循马克思的理念，立足客观行动来诠释现实矛盾理论。亨特也是基于客观行动的立场，来揭示实在中的矛盾冲突。根据逻辑行动主义方法论的分析，除客观行动之外，言语行动和心智行动也都是主体的行动，它们与客观行动相互联系。行动必须是主体的行动，不诉求主体的实际行动不可能存在。正是因此，胡塞尔所理解的意识行动的纯粹客观性，在逻辑行动主义方法论中得到了优化。意识行动也是主体行动的重要方式，不可能绝对独立，脱离于主体的意识行动不能成立。意识行动也可以被理解为主体的心智行动，具备心智意向性。

通过张建军对作为和行动的具体分析，可以知道，"期望""相信"等都可以视为主体心智行动的表现。首先，期望与相信是主体发出的心智行为；其次，期望和相信具有意向性因素，可以为它们赋予广义上的道德评价，在此基础上，它们能够转变成心智作为；再者，期望、相信等心智作为与害怕相区别，通常情况下，害怕没有主体自觉能动性的参与，而期望和相信却是主体自觉能动的心智作为。① 在此基础上，相信、期望成为主体具体的心智行动。与张建军的行动理念相契合，在马修·索特里奥（Matthew Soteriou）看来，心智行动通常与认知和行动主体的自觉能动性结合在一起，要研究心智行动，必须以主体的心智能动性作为出发点。② 正是因为心智行动的这一逻辑特性，克里斯托弗·皮科克（Christopher Peacocke）等学者把心智行动界定

---

① 张建军. 当代逻辑哲学前沿问题研究[M]. 北京：人民出版社，2014：595-596.

② SOTERIOU M. Introduction[G]//O'BRIEN L, SOTERIOU M. Mental Action. Oxford：Oxford University Press，2009：1.

为主体一般性行动的一种真正子类。① 张建军对心智行动的界说，为学界精准把握与主体行动相关的理论奠定了基础。然而，在目前哲学界关于主体行动的众多研究中，心智行动并没有被看作行动的一个单独维度，因而没有受到应有的关注，通常只是作为客观行动的附属品被加以讨论。

除客观行动和心智行动之外，主体还可以发出言语行动。在现实生活中，不同主体之间的交流与沟通都不能脱离言语行动。根据行动的种属关系，言语行动是言语行为、言语作为的进一步限制。在哲学领域，约翰·奥斯汀（John Austin）提出"说话就是在做事"，他以此为核心来论述言语行动理论。约翰·塞尔（John Searle）对奥斯汀的系统理论进一步优化，尤尔根·哈贝马斯（Jürgen Habermas）继承并超越奥斯汀和塞尔，对言语行动理论继续推进。实际上，他们共同建构的言语行动并不局限于解析主体之间的交流会话，心灵的意向也是其主要对象。主体的言语行动以沟通和交流为目的：首先，主体可以发出言语行为；其次，主体的言语行为具有语言意向性，建立在对"意向性"的把握之上，在此意义上的言语行为成为一种言语作为；再者，言语作为具有主体性和主体间性，也具有意向性和自觉能动性，可以成为言语行动。

综合而言，根据逻辑行动主义方法论，主体行动的形式既包含客观行动，也包含心智行动以及言语行动。三种行动互相影响，彼此联通。首先，心智行动与客观行动密切关联，意图、信念等心智行动的产品驱策主体进行客观行动。反之，客观行动的成行意味着主体存有一种最优的信念，而主体所实施的这一客观行动是对此信念的最佳表达。通过心智行动，主体能够处理信息、优化认知。通过客观行动，主体的心智意向可以成为现实。而通过言语行动，主体既可以表达心智行动的意向，也可以修正对具体客观行动的选择。尤其是在多主体行动中，群体之间的言语交流可以提升主体对行动中所涉及的有效信息的认知，从而改变主体的心智行动，进而影响主体的客观行动。在实在世界中，主体的三种不同行动应该相互协调、步调统一。然而，实然总是与应然相悖。社会悖境的出现表明，主体的不同行动并非总是和谐一致，主体在其行动中会面临困境。行动中的悖境是相对的，因而也是可解的，可以根据主体的不同行动，来具体分析社会悖境的形成原因。也可以通过诉诸以客观行动为根基的三类行动及其相互作用机理，来寻求社会悖

---

① PEACOCKE C. Mental Action and Self-Awareness：Ⅱ：Epistemology[G]//O'BRIEN L, SOTERIOU M. Mental Action. Oxford：Oxford University Press，2009：192.

境的解决之道。

第三节 社会悖境的行动悖因

对行动本身与行动的产品做出区分，有助于明确悖境与主体行动之间的关系。若以逻辑行动主义方法论对行动不同层面的区分为基础，个体悖境和群体悖境的性质相同，都是与主体相关的行动悖境。本节分别对个体悖境、群体悖境与主体行动之间的关系进行详细说明，揭示社会悖境的行动悖因。以此表明，个体悖境与个体的心智行动、客观行动相关联，群体悖境则在多主体的心智行动与客观行动情境中形成，个体悖境与群体悖境都表征主体的行动悖境。

一、个体悖境与个体行动

在张建军提出的逻辑行动主义方法论的架构图示中，认知与行动主体处于中心位置，客观行动、心智行动、言语行动这三个不同维度的行动，都是主体在现实世界中做出的自觉能动的行动。当然，参与行动的主体可以是单一主体，也可能是多主体，甚至是认知和行动共同体。依照实际行动主体的区别，主体行动可以划分为个体行动与群体行动。与个体行动不同，群体行动更加复杂，多主体是其重要特征。个体悖境的出现与个体行动特别是个体的心智行动密切相关，群体悖境的出现则与群体行动特别是群体的客观行动有直接关联。当然，在群体悖境的形成过程中，群体的心智行动也是重要的决定因素。

然而，诸多学者在社会行动理论的研究中，并没有把心智行动作为主体行动的一个独立层面。亨特对实在中的矛盾的分析，并不涉及心智行动。埃尔斯特的现实矛盾理论也是如此，并没有把心智矛盾上升到和社会矛盾同等重要的地位。他对心智矛盾的解析，是为了澄清社会矛盾。约翰·哈萨尼（John Harsanyi）、阿莫斯·特沃尔斯（Amos Tversky）和丹尼尔·卡尼曼（Daniel Kahneman）等人对理性行动的诠释也是局限于客观行动。[1] 亨特、埃尔斯特等社会理论家对主体行动的分析，都把个体的期望、信念等视为影响

---

[1] TVERSKY A, KAHNEMAN D. The Framing of Decisions and the Psychology of Choice [G]//ELSTER J. Rational Choice. New York：New York University Press，1986：123-141.

主体客观行动的重要因素,特沃尔斯则将期望、信念等看作影响主体实际决策的心理原则。当然,心智意向与客观行动之间的关联是行动理论家的共识。例如,按照庞恩的观点,主体的意向态度是一种三维形式的结构,包括认知、意向和情感三个方面,几乎可以涵盖与行动动机有关的所有性情。①与庞恩的观点相似,肖汉姆和卡曾斯②、基什③等学者也对主体行动的心智意向做出了类似的区分。在哲学和逻辑学的相关研究中,许多学者也把期望、信念视为认知和行动主体最基本的意向态度。意向态度与主体所处的环境、所占有的信息等情境因素密切相关,它们通过情境反映世界的状态,影响主体的认知,进而决定主体在行动中的客观选择。

在哲学史上,意向态度影响主体客观行动的观点,早在休谟的思想理论中就有体现。在《人类理解研究》中,休谟已然表明,人们经常被现实的利益所制约。然而,从根本上说,人们所意向的事件包括利益是由主体的观念所把控的。这就意味着,主体的客观选择受制于意向因素所构成的偏好序列。在马丁·彼特森(Martin Peterson)等人针对决策效用做出的说明中,也可以看到相似的观点。彼特森认为,主体对不同选择所产生的效用的认识,是他对未来行动的一种预期,这意味着效用能够复归于主体对未来行动的意向之中。④对此,亨特有过相似的观点。在他看来,个体的自觉行动由主观条件与客观因素共同决定。行动在主观上是受主体的信念和目标等意向因素所影响的,在客观上则受到现实利益和行动方式的制约。⑤例如,亨特在对革命活动做出的解析中,就特别强调主体意向行动的主观和客观因子。对于这一理念,埃尔斯特也有过说明,"一般而言,任何行动都可以被行动者的动机和信念所解释"⑥。除信念和期望这两个基本的意向因素之外,布莱特曼还考

---

① PÖRN I. Action Theory and Social Science [M]. D. Reidel Publishing Company, 1977: 40.

② SHOHAM Y, COUSINS S. Logics of Mental Attitudes in AI [G]//LAKEMEYER G, NEBEL B. Foundations of Knowledge Representation and Reasoning. Berlin: Lecture Notes in AL Springer Verlag, 1994: 296-306.

③ KISS G. Variable Coupling of Agents to their Environment: Combining Situated and Symbolic Automata [G]//DEMAZEAN Y, MULLER J P. Decentralized AI. Amsterdam: North-Holland, 199: 231-248.

④ PETERSON M. Non-Bayesian Decision Theory[M]. Berlin: Springer, 2008: 91.

⑤ 伊安·亨特. 分析的和辩证的马克思主义[M]. 徐长福, 刘宇, 译. 重庆: 重庆出版社, 2010: 252.

⑥ ELSTER. Political Psychology[M]. Cambridge: Cambridge University Press, 1993: 8.

虑了其他的意向因素。在他的 BDI 模型中，意图是构成主体的意向态度。在布莱特曼看来，对理性主体何以进行意图选择的分析可以从心智意向的动态方面出发，同理也可以探讨主体应该何时修正意图。① 综合而言，立足信念、期望和意图，可以系统整合主体实际行动中的认知因子，从而对主体客观的行动选择产生重要影响。

值得注意的是，期望、信念与意图有所不同，主体的不同期望和信念之间会出现矛盾，这种可能性不可避免。期望是由主体意欲去做的不同事态形成的集合，优先性、重要性等是主体进行期望排序的重要标准，主体按先后序列来执行期望。然而，主体的期望之间可能相互冲突，一个期望可能与其他期望候选项相冲突，也可能和其他意向态度相矛盾。信念同样如此，主体对于某个对象或事件的信念集合必须相容，即便是对信念集合加以扩充、收缩或修正，得到的新信念集合也应保持一致性。但事实是主体对情境因素的认知之间经常相悖，引发客观的行动选择产生冲突。意图与期望、信念不同，主体的不同意图之间不会出现矛盾。原因在于，意图不仅有信念的支持，还有理性条件的限制，一个理性主体不会依据相互冲突的意图去选择。

意向态度影响行动选择，意向系统中的矛盾也引发客观行动的两难。这就意味着，如果主体内在于自身的自我观中出现了冲突，就会随之产生一种实践的冲突。② 个体的意向态度层面出现矛盾，也会导致个体在客观行动中招致困境。曼德尔直接指出，人类的确表现出各种冲动、激情、利益、目的和动机等相互冲突的特征。③ 西蒙在他的有限理性论中提及目标冲突现象是个人行动和群体行动都必须研究的问题。对于个体行动来说，目标冲突是心理学中"心理不和谐理论"的一个重要论题。④ 在埃尔斯特看来，主体客观行动的目标可能会出现问题，即目标矛盾问题、无目标行为问题和目标形成问

---

① MÓRA M, LOPES G, COELHO H, et al. Modelling Dynamic Aspects of Intentions[J]. Lecture Notes in Computer Science, 1997, 1323: 179-194.

② 伊安·亨特. 分析的和辩证的马克思主义[M]. 徐长福，刘宇，译. 重庆：重庆出版社，2010：24.

③ 欧内斯特·曼德尔. 何以误解马克思[G]//罗伯特·韦尔，凯·尼尔森. 分析马克思主义新论. 鲁克俭，王来金，杨洁，等，译. 北京：中国人民大学出版社，2002：89.

④ 赫伯特·西蒙. 现代决策理论的基石[M]. 杨砾，徐立，译. 北京：北京经济学院出版社，1989：45.

题。① 其中，目标矛盾问题便是因个体意向态度中的矛盾所引起的，无目标行为问题的原因在于主体缺少进行行动的心智意向，目标形成问题则涉及主体行动偏好的形成和改变，这些问题都构成了主体客观行动的障碍。

根据逻辑行动主义方法论，动态的相信、期望等是主体的心智行动，而思想域的信念、期望等都是主体心智行动相应的产品。心智行动本身及其产品都对主体的客观行动产生影响，许多社会理论家没有对两者进行区分的理念。一般而言，主体的思想域中存在一个期望或信念，也就意味着主体期望或相信某个客观的事态。意向系统中出现的矛盾，反映着心智行动维度存在着困境。从行动视域来看，个体悖境的一个重要表现情境就是在主体的期望或置信等心智行动中出现了难以摆脱的两难困境。所以，个体悖境常常呈现为个体心智行动的悖境。亨特认为，"解决这两种冲突的一种方式就是：或者选择这边或者选择那边"②。与心智行动本身相区别，思想域中的产品可能包含相互矛盾的期望和信念。

心智行动及其产品都可以对主体的客观行动产生影响，这与行动哲学家秉持的意向态度影响实际行动的观点一致。在思想域中，可能既存在信念 φ，也存在信念 $\neg \varphi$，既存在期望 φ，也存在期望 $\neg \varphi$，表明主体的意向系统不相容。根源在于，主体同时相信或期望了 φ 与 $\neg \varphi$，这是个体心智行动的悖境，说明主体的心智意向选择陷入两难困境。在此，要注意两者之间的区别。亨特曾界定过两种冲突，一种是"自我观中的冲突"，另一种是"实践的冲突"。个体意识层次上的理论矛盾或认识矛盾是心智行动的产品之间的矛盾，属于亨特所言说的第一种类型，而心智悖境是心智行动之间的冲突，属于亨特所说的第二种类型。所以，个体悖境的行动悖因就在于个体行动特别是心智行动上的冲突。个体心智维度的悖境作为主体行动悖境的一种表现，能够导致主体的思想域中出现不一致。反之，主体心智行动的悖境，也能够通过主体思想域的不一致透视出来。

二、群体悖境与群体行动

个体悖境是在单一主体的行动中形成的，群体悖境则在多主体的实

---

① 乔恩·埃尔斯特. 逻辑与社会[M]. 贾国恒，张建军，译. 南京：南京大学出版社，2015：217.

② 伊安·亨特. 分析的和辩证的马克思主义[M]. 徐长福，刘宇，译. 重庆：重庆出版社，2010：24.

际交互行动中产生。群体行动是主体根据彼此的关系进行行动，其中自然包含心智行动的因素。正如博弈论之父冯·诺依曼和摩根斯坦所认同的理念，主体对某个对象或事件的信念能够测度，正是这一信念驱策主体做出相应的选择。群体的交互行动要求主体的决策和实际选择相一致，而主体的决策制定依赖于内在的意向态度。由于心智意向的驱动，个体参与至群体行动中。然而，群体的不同成员之间会产生利益冲突，致使主体的理性选择行动出现悖境。这种悖境的一个重要表现是，群体中的所有个体都从自身意图的最优选择出发，反而导致了非意向结果，群体的最优结果没有得到实现。

实际上，群体行动可以区分为不同的类型，并不是所有群体行动都会遭遇悖境。对于行动理论，它的一个研究对象是主体做出意向行动的过程，相关的最早研究可追溯至亚里士多德。而今，行动理论已然被纳入社会科学的讨论范围。行动理论历经蓬勃发展，其研究焦点也从个体的行动决策逐渐转向多主体的互动和决策。自 20 世纪 60 年代开始，学界的流行观点认为参与集体行动的个体会愿意去共享利益。拉伊默·图梅勒（Raimo Tuomela）对此提出了质疑，在他看来，集体行动不能保证集体一致行动，个体成员之间也不一定能够实现合作。① 这就说明，群体聚合参与的行动与集体的一致协同行动并不相同。② 在群体行动中，个体利益与集体利益并非总是有机统一。根据奥尔森的理念，所谓集体行动，是群体一起去执行某个行动，然而理性个体不会选择加入集体行动以实现彼此的集体利益。③ 在此基础上，奥尔森提出了集体行动中的"搭便车"难题。由于集体利益的公共性特征，集体中的个体为集体收益实现所付出的成本和代价互不相同，个别成员不会选择去参与集体行动，而会选择搭便车。

在此，奥尔森与图梅勒都提到了集体行动，指出了集体行动中存在的问题。但是通过分析可知，两人的所指并不是集合体协同一致的联合行动，而只是多主体共同参与的聚合或策略行动。实际上，搭便车难题就是对群体的聚合或策略行动可能遭遇的困境的描述。在诸多社会理论家看来，群体中的每个个体为了追求他们的共同利益而参与联合行动，这是一种主体的自然倾

---

① TUOMELA R. Cooperation as Joint Action[J]. Analyse & Kritik, 2010(2): 65-86.

② TUOMELA R. A Theory of Social Action[M]. D. Reidel Publishing Company, 1984: 1.

③ 曼瑟尔·奥尔森. 集体行动的逻辑[M]. 陈郁, 郭宇峰, 李崇新, 译. 上海: 上海三联书店, 上海人民出版社, 1995: 2.

向。但是，这个观点蕴含着一个预设的前提，即个体利益和群体利益无矛盾的相容。奥尔森从经济学的视角出发对这种观点进行批判，他以强制性税收为例进行解释。在他看来，理性的、自私的主体不会主动为公共利益而奉献私人财物，强制性的征税非常有必要。奥尔森将集体物资当作一个整体，无论将它给予哪一个成员，其他个体都不会同意。如此，理性的成员就可能会选择搭便车。这种效应与群体的规模大小直接相关，在越大规模的群体中，这种效应表现得越为明显。

在奥尔森之前，一些社会理论家预设个体会为公共利益而本能地去行动。在奥尔森的工作之后，不少学者开始关注这种行动困境。即便是以共同利益为基础，也可能会出现集体无为的搭便车境况。因为当个体利益和集体利益出现相悖时，个体常会从利己主义立场出发，选择对自我利益实现最佳的行动。在理论的进一步发展中，加勒特·哈丁（Garrett Hardin）对群体行动的不同形式进行了归纳和整合，并将奥尔森所提出的集体行动难题重塑为囚徒困境。埃尔斯特也意识到了对群体行动难题进行研究的理论意义和现实意义，他对社会矛盾的分析，实质正是对群体行动的困境做出探讨。作为行动理论的关注和研究者，埃尔斯特从信念等意向因子切入对群体行动做出解释。与其他行动理论的研究者不同，他没有利用逻辑分析方法去刻画行动本身，而是利用逻辑分析工具去描述群体行动的冲突，为不同的行动困境建立模型，并将它们与社会的变迁理论关联起来。但是，尽管对群体行动十分关注，埃尔斯特却没有对群体行动的不同类型进行区分。实际上，并不是所有的群体行动都会产生悖境。

帕梅拉·奥利弗（Pamela Oliver）对群体行动的不同种类进行归纳，根据他的理念，群体参与的行动可以划分为四种类型："第一种是单一主体行动者模型，这种模型处理的是给定的群体行动，可以从整体上将该群体视为单一的理性主体；第二种是不同个体的选择行动相互聚合而形成的群体行动；第三种是持有不同利益的多主体组合而成的群体决策；第四种是群体行动者与他们的对立者之间的动态互动。"①当然，这四种模型简化了群体行动的情境。在奥利弗看来，第二种群体行动即个体聚合而成的群体行动正在快速发展，这种模式并不隐含个体将选择合作，它关注的焦点是聚合群体内部的交

---

① OLIVER P. Formal Models of Collective Action[J]. Annual Review of Sociology, 2003, 19(4): 271-300.

互行动。第四种群体行动即动态的交互行动模型尚处于发展之中，不同时序中的行动事件为这一模型的丰富提供了经验支持。

在奥利弗所界说的第一种群体行动中，一个群体能够被界定为单一的理性行动主体，其隐性条件便是行动主体之间的心智意向与客观行动无差别一致。群体成为联合体，群体之间不同的利益博弈消失，就不会产生悖境。但是，如果不同主体的联合行动都是以个体自身的利益为前提，因为个体意向的不稳定特性，协同联动会因个体利益的变更而瓦解。由此，主体由可能合作转变为敌对，此种意向态度影响下的群体行动会出现悖境。这是因为，群体行动困境的产生受到主体意向态度的影响，或者说，群体决策受到不同个体在实际行动中内源性偏好变化的驱动。在不以协同行动为意向的群体互动行动中，都会产生悖境。

从多主体博弈的视角来看，非合作博弈总是从理性个体的角度来考虑决策问题。在特定情境中，个体理性选择可能导致的结果，对所有行动者来说，可能比他们通过选择不同策略带来的结果更糟糕。具体来说，在变和博弈中，各主体选择的策略会影响到被分配的总收益。在常和博弈中，人们为分配总资产而进行的斗争可能会付出或多或少的代价。由于必须将成本与收益进行权衡，即使总收益之总和是不变的，净收益之总和通常也是可变的。在零和博弈中，个体的收益必然意味着其他人的损失。① 在纯粹的冲突博弈或冲突与合作混合的博弈中，可能会出现悖谬性后果。而在纯合作的博弈例如协调博弈中，如果所有人做出相同的选择比不同的选择对所有人都好，悖谬性后果可以得到避免，行动悖境不会出现。

主体决策和博弈互动的复杂机制，可以纳入逻辑行动主义方法论的框架中得到诠释。按照逻辑行动主义方法论的界定，个体悖境的出现与单一个体的置信选择等心智行动密不可分，群体悖境因群体意向的参与而形成，是群体在其意向态度指导下的行动中出现的悖谬情境。所以，个体悖境和群体悖境都是主体的行动悖境。因为与心智行动相关的思想域和与客观行动相关的对象域密切联通，并不彼此隔绝，由"个体悖境"到"群体悖境"，主体心智意向领域的矛盾亦转移至主观见之于客观的实践性矛盾。基于行动及其产品的区分，对于理论事态的思想悖论，其悖谬之处需要运用真假值来说明。对于

---

① KAHNEMAN D，TVERSKY A. The Framing of Decisions and the Psychology of Choice [G]//ELSTER J. Rational Choice. New York：New York University Press，1986：123-141.

现实事态的行动悖境，其悖谬之处需要借用合理性等要素来进行揭示。

群体行动具有多样性、交互性、复杂性，在对群体行动不同形式的分析中，可以使用博弈的支付矩阵来论证不同主体的行动结果。当然，这只是对群体行动过程的一种理想性简化，复杂的多主体互动总是影响主体不同选择的合成，群体中每个成员的个体性差异也会对实际的行动结果产生影响。因而，对于群体行动之种类与模型的研究，还需要去关注群体中的单一个体的相对独立性。正是因此，对于社会悖境的分析，应该从群体行动中的单一个体着手，首先揭示个体维度的行动悖境。

本章小结

"社会悖境"与逻辑矛盾、辩证矛盾、自相矛盾等不同概念均有联系，要对社会悖境进行解析，首要任务是对其矛盾性质进行定位。本章第一节在对矛盾家族的不同成员进行澄清的基础上，对社会悖境的矛盾归属进行说明。借鉴埃尔斯特为辩证法辩护的现实矛盾理论，可以得知，社会悖境是一种客观的辩证矛盾情境。但是，这种辩证矛盾情境具有特殊性，它可以借用逻辑分析方法进行描述，在根本上是和主体行动相关的悖谬式情境。

要对社会悖境所表征的主体行动的类悖论困境进行分析，需要对主体的不同行动做出澄清。在当代的行动理论中，不同学者对行动的认知并不一致，相关的概念常被不加分辨地混淆使用。本章第二节引入逻辑行动主义方法论来界定行动，明确了行动的不同层面及其之间的关系。厘清了行为的外延最广，作为是具有意向性的行为，行动是主体自觉能动性的作为。主体的具体行动不仅包括客观行动，还包含心智行动和言语行动。主体的三种行动彼此联系，相互伴随。

本章第三节解释悖境与行动之间的关系，揭示社会悖境的行动悖因。根据逻辑行动主义方法论对主体层次的区分，个体悖境和群体悖境都在主体行动中形成。通过对个体悖境和个体行动的关系进行探究，可以发现，个体悖境是因为主体在心智行动中的两难致使其在客观的行动选择上陷入困境。心智行动出现两难，思想域中出现矛盾。行动主体由个体拓展至群体时，因为多主体心智意向的参与，群体悖境可能出现。个体悖境和群体悖境都是行动的悖境，个体悖境是个体相信 φ 又相信 $\neg \varphi$，从而应该选择 φ 又应该选择

¬ φ，群体悖境则是多主体均从个体最优的选择出发，却产生意向之外的非最优结果。群体行动有不同的类型，并非所有群体行动都可能导致悖境的出现。在博弈思维影响下的群体选择中，群体悖境不可避免。如果群体之间协同行动，群体悖境将能够被避免。

第三章

个体悖境的逻辑机理

　　社会悖境在个体维度上的表现是个体悖境，在多主体维度上的表现便是群体悖境。个体悖境的产生源自单一主体同时接受了在逻辑上相互矛盾的信念或期望，受意向态度以及心智行动层面之矛盾的影响，主体在实际的行动选择中陷入悖境。群体悖境则源自群体共同持有相互矛盾的信念或期望，或者共同接受了一些彼此均认为应当如此的信念或期望。因为不同主体在心智层面的精心计算，多主体在客观行动中陷入悖境。在个体悖境层面，单一主体面临着内容上相互矛盾的心智选择，期望和置信选择上的困境是其重要表现。而在群体悖境的形成过程中，多个行动者共同面对着相互悖谬的置信或期望选择。因为心智行动与客观行动的密切关系，多主体在行动层面的悖境，一方面表现为心智行动悖境，另一方面也表现为客观行动悖境，两者并没有完全隔绝的界线。

　　对于主体的客观行动，其背后存有支持性的心智意向。主体的意向态度优先于实际的行动，并为其提供指导。多主体基于群体意向而进行聚合或策略选择，在交互的博弈行动中导致了群体悖境的形成。本章主要对个体悖境的逻辑结构进行分析，重点解析个体在心智行动维度的悖境。按照悖谬度的不同，个体心智悖境可以区分出不同层次。本章主要分析期望悖境和置信悖境，并相继给出它们的范例，澄清它们如何表征心智行动悖境。最后对个体悖境尤其是心智悖境的逻辑结构进行考察，利用逻辑全知的佯谬来揭示其形成机理。

第一节　个体悖境的结构

　　对于个体悖境的研究，首先需要深入认知个体行动。经济学、社会学、

76

心理学等都是研究个体行动的规律、特点和影响的学科，经济学从个体行动出发解释社会现象，社会学则从社会角度来诠释个人行动，心理学通过观察和实验方法来考察主体行动及其心理机制。本书从人际互动的角度来考察主体行动，从理性选择的角度出发，首先诠释个体行动中的类悖论困境。本节对个体悖境尤其是个体的心智悖境进行解析，明确面向对象域中的矛盾 $\varphi \wedge \neg \varphi$ 与面向主体思想域的 $B\varphi \wedge B\neg \varphi$ 之间的区别，进而表明 $B\varphi \wedge B\neg \varphi$ 所表征的心智悖境是一种客观辩证的悖谬式情境。个体的心智悖境实际上就是主体在心智行动的选择情境中常会出现的两难困境。

一、个体悖境的形式

在理性选择理论中，方法论个体主义是基本的方法论预设。埃尔斯特对方法论个体主义做出了一个定义："方法论个体主义，即全部社会现象——其结构和变化——在原则上是可以以各种只涉及个人（他们的性质、目标、信念和活动）的方式来解释。"①根据埃尔斯特的观点，方法论个体主义可以看作还原论的一种形式，应当与方法论的集体主义②相对立。从个体视角出发诠释不同社会行动和社会建制的聚合或合成模式，是方法论个体主义的基本运作。根据曼德尔的总结，这一运作实际上是将社会现象的解释分为了三个层次：其一是精神状况的因果性解释；其二是分析由潜在的信仰和欲望等精神状况所激发的个体行为；其三是对个体行为所构成的整体现象进行因果性解释。③ 根据理性选择和个体主义的方法论预设，对社会悖境的解析，应该首先从个体维度的悖境着手。

按照通常的划分，理性可分为实践理性和理论理性。实践理性关注的是主体应当做什么，理论理性则关注主体应当相信什么。④ 理性决策要求以最

---

① 乔恩·埃尔斯特. 理解马克思[M]. 何怀远，译. 北京：中国人民大学出版社，2008：4.

② 即方法论的整体主义。方法论的整体主义认为，在解释的次序中，存在着各种先于个人的超个体实体。解释始于自我调节的规律或这些较大实体的发展，而个体的行为起源于整体模式。

③ 欧内斯特·曼德尔. 何以误解马克思[G]//罗伯特·韦尔，凯·尼尔森. 分析马克思主义新论. 鲁克俭，王来金，杨洁，等，译. 北京：中国人民大学出版社，2002：87.

④ 皮尔斯·罗林. 决策论与信念度[G]//斯蒂芬·特纳，保罗·罗思. 社会科学哲学. 杨富斌，译. 北京：中国人民大学出版社，2009：158.

大的"预期效用"来履行决策行为，故而关注的是实践理性。但是，皮尔斯·罗林(Piers Rawling)认为，理性决策也明显地关注行动主体应当相信什么。因为信念等意向态度是导致相应客观行动的重要基础，诸多社会理论家在行动的解释中将其诉之于行动者的心理状态。在个体行动中，个体可能会同时接受不同的观点、思想或期望，然而，这些观点、思想或期望之间却可能相互矛盾，它们在逻辑上不可能同时为真。主体按照自相矛盾的意向态度行动，因为行动原则和行动理由的冲突，在客观的选择行动中会陷入悖境，应该选择某项行动，又应该选择其对立面。所以，个体悖境的一个重要呈现状态便是心智悖境。个体的心智行动陷入悖境，其客观的选择行动和决策必然也会面临悖境。

从逻辑上看，个体心智悖境有一个相对简单的逻辑结构。假定命题(φ，ψ，ω，λ，…)蕴涵逻辑矛盾，以下情况都可具象为心智悖境：

期望悖境：行动者 A 期望φ，ψ，ω，λ，…同时为真。

置信悖境：行动者 A 相信φ，ψ，ω，λ，…皆为真。

按照意向态度的不同，心智悖境能够进一步划分为两种类型：期望悖境和置信悖境。其中，期望悖境代表情感维度的悖境，置信悖境则是认知维度的悖境，它们可能呈现的悖谬式情境包含以下两种：

(1)行动者 A 期望或相信(φ，ψ，ω，λ，…)。但是，从(φ，ψ，ω，λ，…)中能够推出逻辑上的矛盾。

(2)行动者 A 期望或相信(φ，ψ，ω，λ，…)，θ是事实，但是，从(φ，ψ，ω，λ，θ，…)中能够推出逻辑上的矛盾。

(1)所描述的情境表明，行动者期望或相信的不同命题蕴含着逻辑层面的矛盾，从而导致行动者陷入悖境。(2)所揭示的情境表明，在现实中，行动者期望或相信的命题可能与事实并不相符，即行动者相信的命题在逻辑上为假，期望的事态得不到实现。

详细说来，第一种心智悖境又包含几种不同的情境，它们阐述了具体的心智悖境，但其"悖境度"或"矛盾度"并不相同：

（ⅰ）行动者 A 期望或相信 φ；A 期望或相信 $(\varphi \to \psi)$；A 期望或相信 $\neg \psi$。

（ⅱ）行动者 A 期望或相信 φ；A 期望或相信 $\neg \varphi$。

（ⅲ）行动者 A 期望或相信 $(\varphi \wedge \neg \varphi)$。

（ⅰ）所描述的悖谬式情境相当普遍，在隐性的情况下，主体期望或相信了一组矛盾，主体期望或相信一个命题 φ，即 $B\varphi$ 或 $D\varphi$，同时也期望或相信 $\varphi \to \psi$，即 $B(\varphi \to \psi)$ 或 $D(\varphi \to \psi)$，按照合乎逻辑的推理，他应该期望或相信 ψ。这个情境说明，主体的期望或信念是演绎封闭的。但事实上，主体期望或相信的是 $\neg \psi$，即 $B\neg \psi$ 或 $D\neg \psi$。ψ 和 $\neg \psi$ 是逻辑上的矛盾关系，说明任何个体都可能会同时持有不同的信念或期望，而置信或期望的对象彼此在逻辑上不相容。如果把主体明显持有的信念或期望视之为显性信念或显性期望，主体根据自身掌握的信息进行推理，接受合理推理所得到的逻辑后承，他就隐性持有了其他的信念或期望，而隐性的信念或期望可能与显性的信念或期望相矛盾。例如，科研工作者可以有不同的观念或假说，它们可能会被科学实验证明在逻辑上不一致。

（ⅱ）所描述的悖谬式情境更为常见，主体的信念或期望被经验、事实或证据支持或确证，但是，信念或期望也同时可能被完全相反的经验或证据所支持，在此前提下，主体通过归纳得到心智上的悖谬式情境。或者是在一个领域中，主体相信了 φ，在另一个完全不同的、与前者没有互动的领域中，主体相信了它的否定，因为分属不同的领域，这个矛盾没有被发现。此外，当主体根据已有的知识或信息进行推理时，总会接受符合直觉的不同原则。主体从明显合理的前提出发进行推理，经过严密的逻辑论证，却推到 φ 及其否定 $\neg \varphi$ 同时成立。因为该推理是在主体的思想域中进行的，也就意味着在主体的信念系统中期望或相信 φ 与期望或相信 $\neg \varphi$ 同时成立，即 $B\varphi \wedge B\neg \varphi$ 或 $D\varphi \wedge D\neg \varphi$。这也说明，置信行动的产品之间会相互矛盾，悖论的出现就是这种情况。

（ⅲ）所描述的悖谬式情境也可能出现，行动个体可能在不自知的情况下无意识地相信了一组矛盾。将逻辑矛盾作为期望或相信的对象，这是理性程度较低的主体例如精神分裂症患者可能会直接面临的期望或置信悖境，即期望或相信 φ 与 $\neg \varphi$ 同时成立，$B(\varphi \wedge \neg \varphi)$ 或 $D(\varphi \wedge \neg \varphi)$。

对于心智悖境的第二种情境，有关摩尔悖论的研究涉及这个话题。例如

"个体期望或相信某个糟糕的事情不会发生，但事实上，它确实发生了"便是这种情境。在社会生活中，人们常常后悔做了某件事，也是这种悖境的范例。例如，某个体事实上做了一件事，但是他宁愿期望或相信自己并没有真正去做，即"φ并且期望或相信$\neg\varphi$"，形式化为$\varphi\wedge B\neg\varphi$或$\varphi\wedge D\neg\varphi$。可以通过下面两个例子来进行分析：

（ⅰ）艾伦几天前与朋友发生了冲突，但是他不相信这个事实。

（ⅱ）艾伦相信安娜没有出国，但事实上安娜出国了。

（ⅰ）和（ⅱ）所描述的都是主体的信念与事实相悖反的境况，（ⅰ）在逻辑上可表示为$\varphi\wedge\neg B\varphi$，与之不同，（ⅱ）在逻辑上可表示为$B\neg\varphi\wedge\varphi$，这两类语句都可以被称为摩尔语句。仔细考察可知，两种语句形式之间存在差异。（ⅰ）可以看作摩尔语句的省略形式，（ⅱ）被定性为摩尔语句的承诺形式。心智悖境的第二种境况在逻辑结构上与摩尔语句有相似之处。倘若主体的置信或期望情境是类似摩尔语句的境况，就可能导致悖境。罗伊·索伦森（Roy Sorensen）所定义的"置信盲点"也与此相关，一个命题φ对于个体x而言，当φ可能为真，但x不可能合理地相信φ时，φ是x的置信盲点。① 一个人处于置信盲点的困境之中，这在认知上是可能的。在此基础上，索伦森进一步论证了"主导认知缺陷（Master Cognitive Flaw）"的存在。

摩尔语句所表征的置信情况是一种悖谬或矛盾的情境，其界定依赖于以下原则：如果某一主体知道φ必然是假的，那么他还要去相信φ就是一种谬误，也就是$\forall_x(K_x\square(\neg\varphi)\rightarrow AB_x\varphi)$。在此公式中，"$x$"指代任意主体，"$K_x\varphi$"表示"$x$知道$\varphi$"，"$K_x\square(\neg\varphi)$"意味着"$x$知道$\varphi$必然是假的"，"$AB_x\varphi$"表示"$x$相信$\varphi$是荒谬的"。② 对具体主体而言，他所持有的悖谬置信不一定完全符合以上形式，但是在整体意义上，对所有可能的理性化主体来说，这一形式是对持有荒谬信念的逻辑表达。

心智悖境的两种情形是认知逻辑和置信悖论研究共同关注的领域，社会理论家与逻辑学家不同，他们更多把注意力聚焦在心智悖境的第一种情形

① SORENSEN R. Conditional Blindspots and the Knowledge Squeeze: A Solution to the Prediction Paradox[J]. Australasian Journal of Philosophy, 1984, 2(62): 126-135.
② CHAN T. Moore's Paradox is not Just Another Pragmatic Paradox[J]. Synthese, 2010, 173(3): 211-229.

上，忽视了第二种情形。原因在于，这两种情境之间存在着根本的区别。在第一种情境中，$(\varphi, \psi, \omega, \lambda, \cdots)$ 均为主体期望或置信的对象，主体期望或置信的对象之间存在矛盾，这是思想域中的纯粹置信矛盾。而在第二种悖境形式中，$(\varphi, \psi, \omega, \lambda, \cdots)$ 均为主体相信的对象，θ 不是主体的期望或相信的对象，而是一个客观事实。在这种情境中，主体所持有的信念 φ 是假的，或者说期望 φ 是荒谬的，这是十分常见的一种现象。

但事实上，从意向态度与客观行动的关联上来看，心智悖境的两种情境都会构成主体行动的障碍。根据逻辑行动主义方法论对行动的划分，可以对心智悖境的两种情境进行进一步澄清。对于主体的行动而言，第一种情境会导致行动的目标矛盾，因为主体的"相信""期望"同为心智行动，如果在相信 φ 的同时也相信 $\neg\varphi$，就会产生行动备选项之间的矛盾，这会使得主体在心智行动中陷入悖谬情境。在理性选择理论中，集体行动中的个人参与问题，或者说策略行动中的个人选择问题，是有待解释的问题，而任何解释都建立在对个体行动者的信念和动机进行分析的基础上。不同参与者在对他人策略选择的预期中决定自身的意向选择，却可能得到非预期的结果。在主体的交互行动中，参与人对彼此的意向状态存在一定认知。例如：主体 a 不会同时相信两个矛盾的命题，即 $\neg(B_a\varphi \wedge B_a\neg\varphi)$，主体 b 相信 a 的认知具有无矛盾性，即 $B_b[\neg(B_a\varphi \wedge B_a\neg\varphi)]$，主体 a 猜测到对方 b 会认为他的认知无矛盾，即 $B_aB_b[\neg(B_a\varphi \wedge B_a\neg\varphi)]$。如果实际中主体的认知系统存在矛盾，多主体都可能在选择行动中陷入悖境。

对于第二种情境，如果主体相信 φ，但事实上却是 $\neg\varphi$ 成立，并不能表明主体同时也相信 $\neg\varphi$，目标矛盾可以得到避免。在交互行动中，主体 a 的认知往往具有真实性，$B_a\varphi \rightarrow \varphi$，主体 b 会认为 a 的认知具有真实性，也就是 b 相信 a 认知的命题是真命题，即 $B_b(B_a\varphi \rightarrow \varphi)$，主体 a 猜测对方 b 信任他的认知，即 $B_aB_b(B_a\varphi \rightarrow \varphi)$。而在实际的认知中，主体常常会相信假命题，第二种悖境的存在也是主体行动的障碍。但是，当命题的真假能够被确定时，认知主体通常不会去相信假命题。相比之下，心智悖境的第一种情形更具有隐蔽性，是行动解释理论中更需要关注和解决的问题。

二、心智的悖谬情境

在关于个体悖境的研究中，埃尔斯特对心智矛盾的解析是最重要的成果之一。在现实矛盾理论中，个体矛盾的集中体现便是心智矛盾。埃尔斯特对现实中的行动困境进行分析性描述的起点就是集中探讨了个体维度的心智矛盾，刻画它们的辩证逻辑结构。但是，一方面，埃尔斯特未在心智行动及其产品之间做出区分，因而无法精细地考察心智行动悖境出现的不同情境。他也没有意识到，心智维度的矛盾不只发生在心智行动的产品之间，更重要的体现是在行动自身层面。另一方面，埃尔斯特直接将个体矛盾与心智矛盾相等同。实际上，两者之间仍然存在明显区别。个体行动的悖境不仅包括心智行动的悖境，而且可延展至个体实际选择的悖境。因为心智意向与客观行动的关系，心智行动出现悖境"蕴涵"个体的实际选择出现悖境。所以，个体悖境的本质是个体行动的悖谬情境，心智悖境是个体悖境的一种重要呈现形式。

根据逻辑行动主义方法论的思路，期望、置信等心智行动的产品，即名词性的"期望""信念"等都隶属于思想域的范围。按照类悖论困境概念的界定，心智悖境是期望、置信行动的悖境，结果导致心智行动的意向内容之间相互矛盾。主体在期望 φ 时且期望 $\neg \varphi$，主体的心智行动陷入悖境。人们在现实社会中时常面临置信选择的两难，元代词人姚燧在《寄征衣》中提及："欲寄君衣君不还，不寄君衣君又寒，寄与不寄间，妾身千万难"，就描述了一名女子所面临的心智选择悖境。① 因为 φ 和 $\neg \varphi$ 是矛盾关系，主体的矛盾意向难以两全，两种选择不可兼得，个体被迫陷入悖境之中，也导致主体的思想系统中形成了矛盾信念，即 φ 是主体的信念，同时 $\neg \varphi$ 也是。反之，主体的矛盾信念也表明，他的置信行动面临着悖境。矛盾信念和矛盾期望是主体的思想域中潜在的矛盾，主体可能并不自知，在这个意义上，悖论便是一种矛盾信念。

置信悖境和期望悖境都是主体会面临的心智行动悖境，可以借助逻辑矛盾的概念来对它们进行描述。假定现有一个个体 a，给定某一情境 q，由于个人的理性或非理性因素、社会因素等多方面的影响，可能衍生出一系列不完全相同的情境 q_1、q_2、q_3、$\cdots$、q_n，假定对于每一个不同情境，主体都对应一个心理预期收益 t_1、t_2、t_3、$\cdots$、t_n，即：$q_1 \rightarrow t_1$；$q_2 \rightarrow t_2$；$q_3 \rightarrow t_3$；$\cdots$；$q_n \rightarrow t_n$；假定 t_1、t_2、t_3、$\cdots$、t_n 所代表的收益并不等同，有且仅有一个为真。t_1、t_2、t_3、$\cdots$、t_n 之间既为不相容关系，这就意味着 $\neg (B_a t_1 \wedge B_a \neg t_1)$，$\neg (B_a t_2 \wedge$

---

① 张建军. 广义逻辑悖论研究及其社会文化功能论纲[J]. 哲学动态，2005(11)：47-51.

$B_a\neg t_2)$，…，$\neg (B_a t_n \wedge B_a \neg t_n)$。但是，在实际的选择中，$B_a t_1 \vee B_a t_2 \vee \cdots \vee B_a t_n$是可能出现的情境，其中隐含着悖境的风险。

心智悖境的逻辑结构可以和逻辑矛盾关联起来，尤莱亚·克里格尔(Uriah Kriegel)在解析摩尔悖论时，将个体相信了矛盾命题表示为$B(\varphi \wedge \neg \varphi)$，将主体的矛盾信念形式化为$B\varphi \wedge B\neg \varphi$。在克里格尔看来，两者并不等同，主体持有矛盾信念的情境并不荒谬。而如果主体真的会相信一组自相矛盾的命题，这才是必然荒谬的。① 矛盾信念并不意味着相信矛盾，即$(B\varphi \wedge B\neg \varphi)\rightarrow B(\varphi \wedge \neg \varphi)$不能成立。尽管这一公式的逆推理已经被很多逻辑学家接受，约翰·威廉姆(John William)却论证这一假设是错误的。在威廉姆看来，从"相信φ且相信$\neg \varphi$"不能得到"相信$\varphi \wedge \neg \varphi$"。首先，如果$\varphi$和$\psi$事实上都是十分复杂的命题，对于思维能力相对较低的主体而言，他们可能会分别独立地去相信φ而且相信ψ，但不会相信两者的合取$\varphi \wedge \psi$，因为思维能力不成熟的主体不太可能相信自身在当下还不能理解弄通的命题。② 其次，对个体x来说，他可能会偶然搜集到某些经验证据，而这些证据有些能够支持φ，有些可以支持它的否定，个体x会因此相信这两个为不同证据所支持的命题，但不会相信两者的合取。只有心智混乱的人才可能相信两者的联合。随着更多的新证据得到搜集，主体的两个相反信念在主体信念系统中的权重会发生改变，个体置信的天平可能偏向其中一个方向，矛盾信念的情境会发生改变。

置信悖境和期望悖境都有一定的公共性，尤其是矛盾信念的各个支项分别被主体无意识地相信。具有正常思维的认知主体因而可能会相信隐性矛盾，但他们绝不会有意识地相信显性矛盾。显性矛盾信念可以被看作强矛盾信念，指代主体直接相信了相互矛盾的两个命题，即相信φ和$\neg \varphi$的合取。隐性矛盾信念也可以被看作弱矛盾信念，表示主体在相信φ的同时也相信了$\neg \varphi$。从逻辑视角看，认知主体如果相信了一组矛盾命题，这蕴涵着他能够相信任何命题。③ 因为在形式逻辑中，$\varphi \wedge \neg \varphi$作为矛盾式，可以蕴涵任意命题。隐性矛盾与之不同，尽管两个独立的置信对象结合起来会产生矛盾，但个体可能并没有意识到，而是在不自觉的情境下，无意识地相信了它们。所以，在信念系统中，认知和置信主体没有推出逻辑矛盾。矛盾希望、矛盾期

① KRIEGEL U. Moore's Paradox and the Structure of Conscious Belief [J]. Erkenntnis, 2004, 61(1)：99-121.

② WILLIAMS J. Inconsistency and Contradiction[J]. Mind, 1981, 90(360)：600-602.

③ 张建军. 当代逻辑哲学前沿问题研究[M]. 北京：人民出版社，2014：271.

待等在逻辑特性上和矛盾信念基本相同。因而，可以用"期望或相信 φ 且期望或相信 $\neg\,\varphi$"的逻辑形式来刻画心智悖境的抽象结构。

从行动视域来看，心智行动的悖境会导致认知个体或认知共同体的思想域中出现矛盾。在本体意义上，"$\varphi\wedge\psi\wedge\omega\wedge\lambda\wedge\cdots\wedge\neg\,\varphi$"的形式中囊括的逻辑矛盾"$\varphi\wedge\neg\,\varphi$"可被主体直观察觉到。但是，主体内在思想中"$B\varphi\wedge B\psi\wedge B\omega\wedge B\lambda\wedge\cdots\wedge B\neg\,\varphi$"所囊括的矛盾却不太容易被觉察到。在逻辑科学中，"双重真理论"认为"真矛盾"确实存在，也就是说，存在一个语句能够使得 φ 及其否定 $\neg\,\varphi$ 同时成立，其理论目的在于肯定矛盾能够被人们合理地置信。在现实社会中，主体也可以故意去相信矛盾。在行动理论中，人们的个别非理性行动也可能归因于信念矛盾。普利斯特等亚相容逻辑的提出者将悖论看作"双重真理论"的有力证据。然而，悖论之悖不是客观对象之间的矛盾，并不意味着本体的 $\varphi\wedge\neg\,\varphi$ 成立。悖论性的矛盾只是说明主体公认的背景信念既断定了 φ，也断定了 $\neg\,\varphi$，从而得到 φ 与 $\neg\,\varphi$ 相互等价。

在亨特看来，世界的矛盾本性反映在矛盾性的陈述之真中。在一定程度上，要证明实在本身是矛盾的，最简单的方法就是采取双真法立场。① 但是，亨特对双重真理的评价没有关注到对象域之矛盾与思想域之矛盾的根本区别。双真法只能肯定悖论性矛盾，说明主体认知中的矛盾信念有待消解，不能断定客观对象之间存在真矛盾。亚相容解悖方案是当今解悖的一个重要方向，它的基本遵循就是"双重真理论"，实际上是将对象矛盾与信念矛盾相等同。但本质上，两者存在根本区别，"相信 φ 并且相信 $\neg\,\varphi$"不能直接归约为"φ 真且 φ 假"，这是一种逻辑谬误。如果将亚相容逻辑中的命题 φ 理解为信念，$\neg\,\varphi$ 是其反信念，以某种方式承认经典意义上 $B\varphi$ 与 $\neg B\varphi$ 之间不相容，亚相容逻辑可以刻画主体信念系统之"容错"性的"置信语义"。② 在"矛盾信念"情境的意义上，存在"真矛盾"的说法可以成立。现实社会中，人们故意相信矛盾的状况是 $B(\varphi\wedge\neg\,\varphi)$ 或 $B\varphi\wedge B\neg\,\varphi$。前者的置信状况是病态的，甚至只有心智不健全者才会如此置信。而能够诠释非理性行动的则是后者，说明主体的两个心智意向相互矛盾，并不是说主体相信了一组矛盾。

心智行动维度的悖境直接导致行动者的思想域出现隐性矛盾，这种隐性矛盾正是悖论所例示的内容。多姿多彩的语义悖论，都是主体思想域中的隐

---

① 伊安·亨特. 分析的和辩证的马克思主义[M]. 徐长福，刘宇，译. 重庆：重庆出版社，2010：45.

② 张建军. 当代逻辑哲学前沿问题研究[M]. 北京：人民出版社，2014：614.

性信念矛盾。德国人库尔特·格里灵（Kurt Grelling）于1908年提出的"格里灵悖论"是一个例证。他将所有形容词分为两类：一类是"自谓的"，其所描述的特性对自身成立，另一类是"他谓的"，其所描述的特性对自身不成立。在这个定义下，"他谓的"这个形容词是不是他谓的？如果它是他谓的，它就对自身成立，它就成为自谓的；倘若它不是他谓的，而是自谓的，那么它就应该是他谓的。由此得到矛盾等价式："他谓的"是他谓的，当且仅当，"他谓的"不是他谓的。[①]

与"格里灵悖论"的论证相似，中世纪有学者提出："可以假设A、B、C、D、E代表五个命题，其中，A和B代表的命题是真的，C和D代表的命题是假的，而E是：在这五个语句中假语句比真语句多。"将"格里灵悖论"的论证"平移"，可以得到E真，当且仅当，E假。同理，说谎者悖论、卡片悖论、拜里悖论、理查德悖论等都是这样的情况，直接或间接地自我涉及或循环。一般性的论证过程可以刻画如下：

M_0：M_1是假的；

M_1：M_2是假的；

M_2：M_3是假的；

……

M_{n-1}：M_n是假的；

M_n：M_0是真的。

若n是奇数，一定能够建构出矛盾等价式：M_n真，当且仅当，M_n假。悖论具有相对性，是针对主体的信念系统而言的，建构出悖谬推理的过程的"场所"也是在主体的信念系统中。主体通过他认知的前提，遵守经典的逻辑规则，却推出了矛盾等价式。因此，悖论揭示出认知共同体的信念系统中潜存的矛盾，即主体既断言了φ，又断言了$\neg\varphi$。

区别在于，心智悖境是行动层面的悖谬式情境，悖论是思想层面的矛盾，二者并不直接等价。但是，以认知主体或认知共同体的三种行动为媒介，实在世界的三域相互连通。所以，可以把悖论研究的理论成果应用于对现实的分析，"悖境"的提出就是发挥其社会文化功能的重要体现。在康德的哲思理念中，基于实践理性的辩证法能够转化为不同欲望的冲突，黑格尔接受了康德的辩证思想，但是他不赞同康德把辩证矛盾视之为理性幻想的结

---

① 张建军. 逻辑悖论研究引论［M］. 北京：人民出版社，2014：92.

果。在亨特看来，黑格尔实际上采纳了与思维矛盾相对置的实在矛盾概念。①
埃尔斯特在黑格尔的基础上进一步修正了关于实在矛盾的理念，他关于现实
矛盾的阐述，实质是对主体行动悖境的一种界说。但是，埃尔斯特自己并没
有意识到这一点。

心智悖境作为主体心智行动情境中的现实困境，自然出现于行动主体的
希望、期待、争取、相信等心智行动中，而不是出现在主体的主张、断定、
陈述之中，也不可能出现于主体确定无疑的知识系统当中。如果某主体断定
了两个相互冲突的命题，他是违背了思维的不矛盾规范，犯了自相矛盾的错
误。矛盾命题不可同时为真、也不可同时为假，其中一个命题为真，另一个
则必为假。即便是在三值逻辑或多值逻辑中，尽管相互冲突的命题并不是矛
盾关系，它们也是反对或对立关系，基本的思维规律在其中并未失效。当
然，主体可以相信相反机制的合理性存在。例如，在心理学理论中，嫉妒的
溢出效应和补偿效应作用于不同的场合，尽管两种效应的路向完全相反，但
它们之间并非矛盾关系。② 同理，个体在实际的心理调适中，可以采用自我
加压或自我释放两种相反的调节方式，它们针对个体本身不同的状态，因为
具体情境存在区别，两者并不是矛盾关系。但是，如果针对同一个难题，个
体可能会思考，是通过"自我加压"克服困难，还是"自我释放"听之任之，这
便是一个心智悖境。

第二节　期望悖境

在行动哲学中，期望常被看作主体意向态度的一种类型。基什在区分认
知态度、情感态度和意动态度的基础上，将期望等划归到情感态度中。③ 肖
汉姆和卡曾斯在区分动机态度、信息态度和社会态度的基础上，将期望等划

---

① 伊安·亨特. 分析的和辩证的马克思主义[M]. 徐长福，刘宇，译. 重庆：重庆出版社，2010：45.

② ELSTER J. Political Psychology[M]. Cambridge：Cambridge University Press, 1993：4.

③ KISS G. Variable Coupling of Agents to their Environment：Combining Situated and Symbolic Automata[G]//DEMAZEAN Y, MULLER J P. Decentralized AI. Amsterdam：North-Holland, 1992：231-248.

归到动机态度。① 按照逻辑行动主义方法论的理念，希望、期待、认同、偏好、争取等与主体期望相关的意向都是主体的心智行动。同一主体可以持有不同的期望，但是主体也常会持有矛盾期望。矛盾期望说明人们期待、偏好或争取的对象相互矛盾，矛盾的期望在逻辑上不可能同时得到实现。按照基什的理念，矛盾期望是一种情感态度之间的矛盾，埃尔斯特也将其定性为情感矛盾。如果认可期望是心智行动，主体的不同期望中出现的悖境就应该是行动的悖境，可将其直接概括为期望悖境。期望悖境是个体悖境在心智行动层面呈现出的一个重要类型。康德的哲学对实践理性辩证法进行描述时，将个体努力去追求幸福的欲望定位为满足一切性向的欲望。② 但是，主体的各种不同欲望或期望之间可能会相互矛盾。鱼和熊掌不可得兼，主体的部分欲望将无法得到满足。在现实社会中，有许多范例都可以表征期望悖境，认同悖境和偏好悖境是其中典型的代表。

一、认同悖境

"承认""爱"等概念都蕴含着个体期望得到情感上认同的意蕴，但是想要得到承认与爱的期望都可能面临悖境。因为承认与爱涉及双重行动，即通过自身和对方的行动，个体的期望才能够得到满足。在哲学思想史上，关于"承认"的理念可追溯至近代哲学家笛卡儿，经过卢梭和康德等在其思想理论中的阐述，承认理念得到了进一步发展。黑格尔更为全面地解释了承认的问题，他的主人与奴隶辩证法是与辩证矛盾相关的典型范例，但是，可以将其转述为作为心智悖境的认同悖境。

黑格尔在其哲学理论尤其是在《精神现象学》第四章的阐释中，将意识（consciousness）与期望（desire）关联起来。康德认为，人类不具备认识物自体的能力。黑格尔却认为，人类的认识能力并不是固定的。在现实社会中，人们可以提高文化认知，同时在自我内心实施辩证法，利用辩证法，个体的认知能力可以得到节节攀升，直至能够完美掌握客观的全貌。个体的认识能力不断成长，黑格尔将这种能够持有完全认识能力的精神称为绝对精神。在黑

① SHOHAM Y, COUSINS S. Logics of Mental Attitudes in AI [G]//LAKEMEYER G, NEBEL B. Foundations of Knowledge Representation and Reasoning. Berlin：Lecture Notes in AL Springer Verlag, 1994：296-306.

② 伊安·亨特. 分析的和辩证的马克思主义[M]. 徐长福，刘宇，译. 重庆：重庆出版社，2010：24.

格尔看来，在意识的初级阶段，主体对于对象只有期望。例如，当个体看到一个花瓶时，会期望在里面插一朵花。在进一步的发展中，主体会思考，对于自身来说，这个花瓶意味着什么。更进一步，主体的认识能力得到提升，主体成为在社会生活中获取文化知识的高阶段的自我，此时，个体会去思考正在注视着花瓶的自我。主体一步步探寻更高阶段的自我，直至能够认识物自体的绝对精神。

根据黑格尔对意识与自我意识的相关论述，期望是自我意识的起点。期望可以视为返回到意识本身的自我意识，而自我意识也是通过期望指向域外。所以，意识的重要计划是去支配外部世界，与外物相联系，通过消耗外部世界来证明自我。① 然而，主体对外部对象的支配与外在对象自身的独立性会产生冲突，从而导致了期望悖境。根据黑格尔的论述，自我意识是自在自为的。然而，自我意识在坚持自身的同时，期望通过征服他者的自我意识来获取存在和承认。② 因此，自我意识具有双重属性。当然，行动本身也具有双重性，既对自己，也对他人，两者的行动相互关联。在黑格尔的理念中，期望也作为主奴关系的自我意识的起点。在主人与奴隶的关系中，主人可以看作自我意识，具有自为存在的属性。奴隶与主人相区别，其本质上是一种依赖意识，为对方存在。③ 黑格尔认为，主人和奴隶之间并不存在外在的矛盾，但是存在着心智上的矛盾。④ 实际上，不仅主人的心智行动会产生期望悖境，奴隶的心智行动也会产生期望悖境。期望悖境所导致的矛盾期望既内在于主人的意识之中，也内在于奴隶的意识之中。

主人和奴隶的身份相互依存，正是在这种运作中，主奴的辩证关系形成。主人作为自我意识，既支配自己的存在属性，也占有支配奴隶的权力。奴隶作为主人的支配对象，并不具备独立性。主人与物不直接发生关系，而是以奴隶作为中介。奴隶处于主人与物中间，对物进行加工和改造，再提供给主人支配。所以，主人享有绝对的权力，既对奴隶创造的物享有占有权，

---

① ELSTER J. Political Psychology [M]. Cambridge: Cambridge University Press, 1993: 79.
② 伊安·亨特. 分析的和辩证的马克思主义[M]. 徐长福, 刘宇, 译. 重庆: 重庆出版社, 2010: 81.
③ 黑格尔. 精神现象学[M]. 贺麟, 王玖兴, 译. 北京: 商务印书馆, 1979: 151-154.
④ 乔恩·埃尔斯特. 逻辑与社会[M]. 贾国恒, 张建军, 译. 南京: 南京大学出版社, 2015: 95.

也对物的实际生产加工者也就是奴隶本身享有支配权。但是，承认与认同是双向行动，主人的身份同时内含自我否定的一面，主人要享有自由，离不开对环境的依赖，主人未能自给自足，必须依靠奴隶的辛苦劳作，主人之成为主人，需要经过奴隶的承认。① 然而，主人的这一期望可能永远无法实现，奴隶被迫劳作，拒绝承认主人的身份，主人因而陷入期望悖境。

主人的期望悖境源于"单边承认"，主人身份的确立包括自我认同与社会承认两个方面，而社会承认难以实现。在黑格尔看来，主人试图得到奴隶的真正承认，就要说明，主人对奴隶所期望、所做的，他也应该对自己那样做。② 主人意欲得到奴隶承认，就要像肯定自我意识一样去肯定奴隶的自我意识。但是，主人始终期望自己能够保持对奴隶的绝对占有权，扬弃了奴隶的意识及其独立存在性，主人的两种期望不可兼得，从而陷入期望悖境。同理，奴隶也会面临同样的悖境。这种关系影射在宗主国与殖民地之间，宗主国作为主人，殖民地作为奴隶，宗主国期望得到殖民地的外交承认也是单边承认，是一种期望悖境。

"承认"的基本含义是指不同个体或共同体之间相互认可并尊重对方的平等地位。承认发生于主体之间，任何与单边承认直接相关的辩证范例都可以重塑为期望悖境。个体为获得承认而进行斗争，试图通过斗争来证明自己的存在，以获得身份的认同。阿克塞尔·霍耐特（Axel Honneth）通过对黑格尔承认思想的分析，认为人们之间的互动与冲突必然存在于彼此的承认关系中，进而将黑格尔为承认而斗争的思想从意识层面推进到实践哲学层面。南希·弗雷泽（Nancy Fraser）则将承认与再分配结合起来，共同构成现代正义的内容。对于承认困境的解决，在泰勒看来，只有在自我意识实现的基础上，才能够达到人与人之间的相互认同，进而在对话和交流的基础之上达到群体、社会之间的相互承认。由这些哲学家的观点均可看出，承认与认同都是发生于主体之间的，如果只是单边承认，必然导致期望悖境。

尤金·基诺维斯（Eugene Genovese）等人也意识到了单边承认的期望悖境，在他看来，主人在期望悖境中发生了身份转变，主人成为奴隶的奴隶。主人作为独立的自我意识，不应该试图通过对自己进行武装来获取奴隶的承

---

① 伊安·亨特. 分析的和辩证的马克思主义[M]. 徐长福，刘宇，译. 重庆：重庆出版社，2010：81.

② 黑格尔. 精神现象学[M]. 贺麟，王玖兴，译. 北京：商务印书馆，1979：151-154.

认，这是主人不该为之事。奴隶为对抗主人，故意抑制自己内心对主人的认可，以此阻碍主人的意向成为现实，奴隶使主人转变至主人自身所意向的反面，主人反倒变成了奴隶。正是因此，在主体把自己同时视为存在和意识，期望作为外部的自身可以向内部的自身转化而生存下来的时候，期望悖境就会出现。① 自黑格尔提出身份承认问题，历经一系列历史沿革，认同与承认问题在今天重新受到学界的关注。伴随着西方的现代性危机，当代的身份认同面临着危机，部分群体被边缘化，群体之间不再互相交流，文化之间不再沟通、学习并共同发展，实现多元文化的交流迫在眉睫。要想破解现代性危机，必须研究认同与承认问题，让个人发现自身的价值，理解不同主体的差异性。而要解决认同与承认问题，首先就要破解认同与承认的悖境。

与单边承认相似，还有其他涉及双重行动的不相容概念，它们都内含类悖论性洞识，在行动层面会出现悖境。例如，萨特在《存在与虚无》中描述了一种关于爱的矛盾，主体在对爱的期望中也会导致期望悖境。在萨特看来，爱应该是一种冲突，处于爱情中的双方其实是在恋爱中争夺自身的主体性自由。爱情是冲突和矛盾，与承认相同，爱情中的自我存在是以对方的自由为基础的。自我因为爱情与他人的自由产生联系，致使自我处于他人自由的胁迫之中。自我的价值由他人的自由所决定，他人具有给予自我价值的权利，也有取消自我价值的资格。要恢复自我的存在，只能争取自我完全控制自己的自由。在爱情中，施爱者在实质上期望占有对方的自由，将其归于己有。但是，他想占有的自由是作为自由的自由，而不是把对方的自由如物件般被自己所占有。然而，在自我与他人的关系中，自我是因他人而使自身成为存在的对象，同时，自我能够成为自我，也是对他人超越性的一种限制。自我的存在因为他人的涌现而桎梏为不可超越、绝对的东西，没有成为自为，而变成了为他存在。② 根据萨特的理念，自我想要被爱，就要绝对处于他者的意识中。

施爱者去爱一个人，其实是在占有对方的自由，这种情感期望是一种悖境。萨特关于爱的诠释可以看作黑格尔关于承认论述的另一个版本，施爱者的情感期望与主人的情感期望相似。当然，两者之间也存在区别。在黑格尔

---

① ELSTER J. Political Psychology [M]. Cambridge: Cambridge University Press, 1993: 66.

② 让-保罗·萨特. 存在与虚无[M]. 陈宣良，译. 北京：生活·读书·新知三联书店，1997：464.

的论证中，主人隐性地要求奴隶的自由，在萨特的论证中，施爱者明确要求被爱者的自由。当然，施爱者与被爱者的身份会发生转变，一个个体成为被爱者时，他已被贬低。他的爱分别被对方和自我的人为性所限制，他自己反之变成为他人而存在的对象，他的爱也成为在世的爱。从这个角度讲，施爱者的爱情是对自身的谋划，是一个事业，他在事业的谋划中引发了期望悖境。个体不可能在期望享受绝对权力的同时，又期望能从对方的认可中得到满足，这是涉及双重行动的不相容悖境。爱情是不相容的，期望得到一个自由人的爱情是一种悖境，因而在实在中不可能实现。除爱情之外，在萨特的理念中，自在与自我的对立本质上也是一种期望悖境。

与萨特对爱情冲突的论证相似，关怀等概念涉及的双重行动也可以被重塑为期望悖境。保罗·韦纳(Paul Veyne)意识到个体的矛盾期望可以共存，这是一种悖论性洞识。在现实生活中还有许多范例都可以用期望悖境来进行描述。双重约束也容易产生期望悖境。例如，矛盾指令，其内容可能与个体的实际预期不一致。假使个体被对方叮嘱"不要去顺从……"个体就被推至一个悖谬的情境，他要在服从的同时也必须违反。个体被告诫"不要去想被禁止的对象或事情"，这一矛盾警告也是悖境。为了牢记这个忠告，就要时刻牢记被禁止的对象或事情，这就出现了不相容情况。警告的发出者持有在逻辑上相互矛盾的期望，他的期望得不到实现。这个矛盾期望隐藏于警告者的思想域之中，他自己可能并没有发现。在承认、爱、关怀等不相容概念中，都蕴含着双重行动或双重约束，以此为前提的案例中，都可能隐藏期望悖境。所以，因双重行动或双重限制而产生的心智悖境经常会出现。

二、偏好悖境

在现实中，面对具有同等价值却不相容的选择，主体往往按照自身的偏好随意选择其中之一。尽管在理论上，此种情境下的理性决策需要等待新的有力证据出现。但是，在某些情境中，理性的分析反而会损害对一个明智方案的选择，由于没有证据证明一种方案优于另一种，唯一能诉诸的只有无理性的随机选择，这是一种悖境。多属性选择情境下的决策，这是与心智悖境密切相关的问题。在许多主体选择的情境中，结果往往不是直接遵循某个单一的标准就能得到描述。与只有单独某个评价标准的情况相区别，当主体必须在诸多不同的标准之间进行选择时，主体通常缺失一个能对结果起决定性作用的客观最优化决策。正是在此种选择行动情境中，个体悖境产生。在这种行动情境中，为避免悖境，行动者需要有一个清晰的行动准则。在决策时，主体必须明确自身想要实现的目标，秉持科学的价值观，做出最合理的选择。在多属性选择的行动情境中，主体行动的准则不是单纯极致地追求利益最优化，而需要考虑多方面的因素。因此，普劳斯认为，与"多属性选择"相关的研究通常关注的是决策过程即人们如何做出决策，而不是决策的结果即这些决策有多好。①

如何在多属性选择情境中做出科学的行动决策，这是诸多学科关心的话题，也是悖境研究的核心主题之一。当主体面临多属性选择的困境时，行动者通常遵循问题所归属的类型，有针对性地采用策略。当决策者在两难的行动备选项中进行抉择时，他可以选择一种"补偿性"的策略。根据不同的标准，决策的价值往往有高低之分，可以用一个标准的高价值来弥补另一标准的低价值，这一策略取决于个体更加偏好候选项的哪一种属性。对于个体偏好的权衡，可以利用"线性模型"。主体可以按照选择标准的重要程度，给行动备选项赋予不同的权重，再把各个标准的不同赋值加权后得到总体上的价值指数，据此进行选择判断。个体也可以依据"差异加法模型"来权衡各个备选项，首先比较各个备选项在不同标准下的差异，再对这些差异赋予不同的权重，最后进行加总，判断出最佳选择。此外，主体还可以利用"理想点模型"，也就是，主体首先构想出一个理想化方案，再把各个备选方案按照不同的标准与理想化方案进行比较，再对这些差异进行加权。

除补偿性策略之外，人们在面临具有多个备选方案的复杂情况时，还可以采用淘汰制等非补偿性策略或者其他策略。例如，人们可以设定一个优先标准，如果两个方案具有相等的价值，那么人们倾向于选择在优先标准上具有更高价值的方案，以此来确定最终的选择，解除悖境的困扰。这就表明，在面临价值相等的备选方案时，人们并不是随机地进行选择。理性行动者总是会先识别出对自己来说最重要的标准，然后选择这一标准上具有更高价值的方案。补偿性策略、优先标准等都是针对拥有同等价值的多选择悖境的方法，保证这些方法能够发挥作用的一个基本前提是行动者的偏好具有一致性，即满足传递性标准。但是在现实中，个体的偏好可能出现矛盾。

在实际行动中，个体可能持有矛盾的态度，其表现之一就是会产生非理

---

① 斯科特·普劳斯. 决策与判断[M]. 施俊琦，王星，译. 北京：人民邮电出版社，2004：89.

性的偏好。按照经济学的观点，非理性的一个主要表现是主体的偏好不满足传递关系，是非传递性偏好集。假设某个个体在偏好 a 和 b 之间倾向于 a，在偏好 b 和 c 之间倾向于 b，但在 a 和 c 之间，他却偏好 c。在阿罗看来，偏好之间是满足完备性的，a 和 b 两个对象之间存在偏好关系，主体或者对 a 的偏好大于等于 b，即 $a \geq b$，或者对 b 的偏好大于等于 a，即 $b \geq a$。同时，满足传递性结构的元偏好应该成立，在 a、b、c 三个对象之间，假如主体对 a 的偏好大于 b，对 b 的偏好大于 c，那么主体对 a 的偏好大于 c，这是理性的偏好关系。对于某个个体而言，如果个体坚持非传递性偏好，其偏好 $a \geq b$，$b \geq c$，却同时偏好 $c \geq a$，他就会面临期望悖境。根据偏好的传递性公理，该主体在 a 和 c 之间应该偏好 $a \geq c$，他实际期望的偏好与应该期望的偏好不相容，该主体陷入期望悖境。假使投票的参与者不是单一个体，而是联合体，就会产生数列个体偏好，进而导致社会偏好之间存在非传递关系。理性要求偏好满足传递性，但事实并非总是如此。考虑一个与偏好传递相关的案例：

> 一个人可以在如下两个选项之间进行选择：要么跟一个有经验的飞行员一块儿开滑翔机，要么沿着跑道独自开赛车。他应当会选择开滑翔机，因为有经验的飞行员可以确保他的安全。如果情况变成在单独开赛车与单独开滑翔机之间进行选择，那么，他应该会选择开赛车，因地面上的赛车显然比空中的滑翔机更安全。如果他是理性的，对于以上所述的偏好，他会选择在有人协助的情况下开滑翔机而不是单独开滑翔机，否则他将会是不理性的。但是，换一个角度来看，如果他不想显得太懦弱，那么，选择独自开滑翔机就不再是非理性的。

用 a 来表示在有人协助的情况下开滑翔机，用 b 来表示单独开赛车，用 c 来表示单独开滑翔机。那么，在 a 和 b 之间，个体会选择 a，即 $a > b$。在 b 和 c 之间，个体会选择 b，即 $b > c$。根据前面两个条件，则 $a > c$。但是因为特殊的原因，个体在 a 和 c 之间更偏好 c，这是因非传递性偏好所形成的期望悖境。

偏好之间的传递关系在事实中不能成立会导致心智悖境，同样的道理，偏好的逆转也可能导致心智悖境。在特殊的条件下，偏好甚至会随着情境的变化而发生逆转。例如，当个体需要在两种赌局中做出选择时，他通常会关注获胜的概率，而如果需要考虑每种赌局的价值时，他往往看重可能获得的金额。依据两个不同的选择标准，个体的偏好可能出现逆转，在选择行动中，个体会陷入悖境。

非理性偏好的其他表现还有不相容时间的偏好，同样可能导致主体陷入偏好悖境。个体参与群体互动时，可能会按照自身当下的偏好倾向来进行决策。即便他意识到自己的决策选择会对大局产生影响，出于自我利益满足的考虑，他不会选择对群体有利的决策。尽管从长远出发，对大局有利，就会对大局中的自己更为有利，但他依然只考虑自己当下的偏好，这是不相容时间偏好的典型特例。再如，个体对于投资与消费的偏好，也可能会出现悖境。从某种程度上来说，比起期望未来消费，个体会更加期望当下消费，个体即时消费的期望更强烈。因为当下消费的满足感比未来的价值折旧更能符合主体的偏好。因为将来具有诸多不确定因素，不确定风险是主体偏好在将来实现的主要障碍。消费和投资之间的不相容情况与之相似，两者都和时间因素相关。

因为时间因素，面对未来的不确定风险以及可能的收益，个体会更期望当下较高的贴现率，这种心理现象叫作时间折扣。[①] 例如，在当下即可得到200英镑，个体对它的期望度超越于将来得到205英镑。但是，如果将时间限制在自己这一代，不考虑死亡率，个体尽可能缩减消费也具有合理性。萨缪尔森曾将时间偏好与贴现率联系起来，提出经济学领域的时间偏好理论。他假定个体绝对理性，在此前提下，各时期的贴现率恒定，时间偏好就一致。然而，现实主体并非总是理性，有限理性主体的时间偏好经常前后不相容。

相似的例子，某一个体后悔当下的消费行为，期望自己从明天开始能够变得节俭起来。也就是说，与当下相比，他更偏好于明天开始节约，但是今天仍会偏好消费，这样就出现了偏好悖境。在主体的选择所依赖的合理性原则中，主体对功能性原则的偏好与对意向性原则的偏好可能并不统一，主体对原因的偏好与对动机的偏好可能出现矛盾，从而导致偏好悖境。主体心智意向上偏好的选择，在因果性上可能被拒斥，这也会导致主体的偏好选择出现矛盾，从而陷入期望悖境。

---

① 乔恩·埃尔斯特. 逻辑与社会[M]. 贾国恒，张建军，译. 南京：南京大学出版社，2015：106.

第三节　置信悖境

　　心智悖境是主体在现实中真实存在的行动悖境，置信悖境是心智悖境的另一个重要类型。信念作为主体置信行动的产品，具有程度上的区别，可以从量化维度对其进行考察。量化的数值不同，代表着主体对一个对象或一个命题的相信程度不同。信念影响主体在实际中的偏好选择，信念的程度不同，个体对它的偏好倾向就存在差异。主体思想系统中的产品矛盾是实在行动悖境的重要标记。倘若主体对某个对象或命题的置信程度达不到给定的临界值，理性个体就不会相信 φ。信念在强度上的差异允许矛盾的存在，例如，主体相信 φ 的同时也相信 $\neg \varphi$，就是信念矛盾的一个表现。置信悖境有不同的范例，辛提卡所建构的认知逻辑和费斯汀格提出的认知失调理论，都是置信悖境的典型案例。本节从主体行动的视域对个体的置信悖境进行解析，澄清它们如何表征个体在置信行动中可能面临的两难悖境。

一、信念悖境

　　在现实中，主体对同一对象同一事实的描述应该具有一致性，这是思维规律的基本要求。但是，在与主体置信密切相关的认识领域和文化领域可能会出现冲突，它们都与主体的置信悖境有关。在置信悖境的逻辑结构中，置信的对象相互矛盾或对立，不可能同时为真，但主体却可能同时相信它们。在认知逻辑中，相信被视为一种命题态度。信念是主体认知的一种中间状态，其可靠性程度介于无根据的意见和真实的知识之间。① 也就是说，对于某个命题 φ，主体掌握了一定的证据支撑其真理性，却又缺少结论性证据来确证其真理性时，主体认为 φ 为真。在布莱特曼的解释理论中，信念被视为信息态度。在逻辑行动主义方法论中，相信是主体心智行动的一种类型，旨在对客观事态进行准确表征。主体相信某个命题 φ，与 φ 的真假无关，即 $B\varphi$ 是否为真与 φ 本身的真值情况并无关联。例如，"天狗食日"并不为真，却可以成为中国古代人长期的信念。当然，一个理性的主体应该相信真命题，拒斥假命题。

---

　　①　弓肇祥. 认知逻辑新发展[M]. 北京：北京大学出版社，2014：98.

在认知逻辑中，主体知道一个命题 φ，蕴涵他相信 φ。但是，知道算子的特性与相信不同。主体的认知具有真知性，可靠的知道可以被看作知识。也就是，主体相信一个命题 φ，并不蕴涵 φ 为真，主体知道 φ 却隐含着 φ 为真，即 $K\varphi \rightarrow \varphi$。对于知道算子而言，"$K\varphi \wedge K\neg\varphi$"在逻辑上不能成立，由此它蕴涵着一组矛盾"$\varphi \wedge \neg\varphi$"。而相信的特性与之不同，不论 φ 的真假，"$B\varphi$"与"$B\neg\varphi$"可以同时成立，它们的结合不会推出矛盾。

这就说明，主体的思想域不应该存在矛盾知识，却可能存在矛盾信念。在认知逻辑初创时期，辛提卡曾拒绝承认矛盾信念的存在性。他试图用形式化方法刻画的是可辩护的信念（defensible belief），即理性信念。辛提卡在其所创立的认知逻辑中，为信念提供了一个相容性标准：

假设语句集 L 是相容的，并且 $B_a\varphi_1$，$B_a\varphi_2$，$\cdots$，$B_a\varphi_n$ 和 $C_a\psi$ 都是 L 的元素，那么集合 $(\varphi_1, \varphi_2, \cdots, \varphi_n, B_a\varphi_1, B_a\varphi_2, \cdots, B_a\varphi_n, \psi)$ 也应该是相容的。①

在辛提卡制定的相容标准中，"$C_a\psi$"表示"ψ 与个体 a 所置信的所有命题都是一致的"。该标准说明：如果对象 ψ 与主体置信的所有对象相一致，那么 ψ 就是一个事实，而且主体所置信的对象都是可能的，它们都是相容的。如果将此处的信念算子 B 换成知道算子 K，这个相容性标准同样可以成立。首先，由前提可以得到 $(\varphi_1, \varphi_2, \cdots, \varphi_n, \psi)$ 是相容的，这是知识作为真信念的标准。其次，由前提可以得到集合 $(K_a\varphi_1, K_a\varphi_2, \cdots, K_a\varphi_n, \psi)$ 是相容的，这是知识作为被证立的真信念的标准。最后，由以上两者的结合可以得到 $(\varphi_1, \varphi_2, \cdots, \varphi_n, K_a\varphi_1, K_a\varphi_2, \cdots, K_a\varphi_n, \psi)$ 也是相容的。

这个相容性标准至关重要，可以用形式结构为 $[B_a\varphi, B_a(\varphi \rightarrow \neg B_a\varphi)]$ 的语句来说明其重要性：

A 岛上的居民相信，其他海岛上的居民将会来突袭他们。

A 岛上的居民相信，其他海岛上的居民将会来突袭他们，只有他们不相信自己将遭到突袭（即这次突袭是出乎意料的）。

---

① HINTIKKA J. Knowledge and Belief[M]. New York: Cornell University Press, 1962: 24.

根据辛提卡的观点，以上语句在直觉上不相容，因为它蕴涵着 $B_a\varphi$ 和 $\neg B_a\varphi$ 同时成立，需要按照相容性标准进行拒斥这种相互矛盾的信念。但是，从逻辑上来看，$(B_a(B_a\varphi\rightarrow\neg\varphi),\ B_a(B_a\neg\varphi\rightarrow\varphi))$ 是成立的，这是置信主体可以相容持有的信念。虽然以上信念状态与 $B_a\varphi$ 和 $B_a\neg\varphi$ 均不相容，但它却与 $\neg B_a\varphi$ 相容，即它与 $C_a\neg\varphi$ 一致。如果相信其他海岛上的人将会去做的事情与主体的信念相反，那么只有不相信任何对象才是安全的。

在经典逻辑中，逻辑演算是二值的，任何一个命题只有一个被指派的确定真值。多值逻辑的想法建立在多于两个真值的逻辑演算系统之上，用来刻画二值逻辑无法回答的难题。在亚里士多德那里，就有三值逻辑的萌芽。埃尔斯特在对现实矛盾理论的建构中，就用三值逻辑来描述主体的信念。根据他的理念，对于某个命题 φ，主体或者相信它，或者相信它的否定，或者对它不持有任何想法。① 行动则与信念不同，纯粹的行动只能是二值的，主体对它没有第三种选择。但是，主体的客观行动总是建立在主体置信的基础之上，一个主体采取某行动往往是基于他对此对象持有某种信念。"主体 a 在选择某个行动仿佛相信 φ"是可能的，如果将其表示为"$RB_a\varphi$"，那么 $RB_a\varphi$ 与 $RB_a\neg\varphi$ 是能够相容的。因为主体是否相信 φ 与 φ 的真假值无关，主体可以完全忽视 φ 的具体情况。

由上述讨论可知，矛盾信念确实可以在信念系统中真实存在，并且可以和主体的客观行动关联起来。辛提卡试图拒斥矛盾信念，他想要探讨的对象是纯粹的理性信念或可辩护信念，然而，他的愿望却并没有实现。按照辛提卡的本意，"主体相信 φ 又相信 $\neg\varphi$"是不可接受的。但实际上，他不认可的是"相信 φ 且不相信 φ"的兼容性，将其排除在自身的信念之外，却没有排除"相信 φ 且相信 $\neg\varphi$"的兼容性。换句话说，他拒斥的是强矛盾信念，而非弱矛盾信念。A 岛上的居民相信，其他海岛上的居民将会来突袭，同时又相信其他海岛上的居民不会突袭他们，就是同时相信 φ 也相信 $\neg\varphi$ 的境况。尽管辛提卡并不愿意认可矛盾信念，矛盾信念却可以成立。

矛盾信念的存在意味着主体的置信行动维度面临着悖境。在关于认知悖论和合理行动悖论的研究中，都涉及这个问题。主体的思想域中存在矛盾，在矛盾的意向态度指导下，主体的理性选择也会产生不合理性。由物理学家

---

① 乔恩·埃尔斯特. 逻辑与社会[M]. 贾国恒，张建军，译. 南京：南京大学出版社，2015：114.

威廉·纽科姆（William Newcomb）设想并构造出来，为罗伯特·诺齐克（Robert Nozick）首先公之于众的"纽科姆难题"（Newcomb's problem），可以对主体不合理的理性选择做出形象的描述：

> 假设现在有两个盒子，第一个盒子是透明的，可以确认其中存放有1000元现金，第二个盒子是不透明的，其中的金额不能确定，可能有1000000元，也可能空无所有。某智能生物告知想要打开盒子的人，可以有两种选择，要么同时打开两个盒子，要么只打开第二个盒子。假使该智能生物是个预言家，他总能准确地预测出个体的选择。此时，如果他预测到某人选择只打开第二个盒子，他就会在第二个盒子中放置1000000元现金。如果他预测到某人选择同时打开两个盒子，他就不会在第二个盒子中放入现金，即第二个盒子中的金额为0。如果他预测到某人不假思索地随机选择，也不会在第二个盒子中放入现金。

假定该智能生物的预言总是精准无误的。现在，行动者有两个选择方案。其一是只打开第二个盒子，其二是同时打开两个盒子。可以有如下论证：

论证一：因为该智能生物的预言总是在事先做出，这就意味着第二个盒子中的现金已成既定事实，不可再更改。如果行动者选择只打开第二个盒子，这一选择被智能生物准确预测到，他已在第二个盒子中放置现金，行动者可得到1000000元。而如果行动者的选择方案是打开两个盒子，他的所得将是两个盒子中的总金额。但是，如果该智能生物准确地预测到了这一点，他将不会在第二个盒子中放置现金，此时若选择只打开第二个盒子，将一无所获，若选择同时打开两个盒子，还会有1000元的收益保障。不管是何种情境，选择同时打开两个盒子是获取较多金额的最佳选择。

论证二：如果该智能生物预测到行动者会选择同时打开两个盒子，他就不会在第二个盒子中放置现金，第二个盒子中的现金金额为0。那么，选择同时打开两个盒子，个体只能得到1000元现金。而如果行动者选择只打开第二个盒子，智能生物也已在事前精准预测到了这一选择，他就会在第二个盒子中放置1000000元现金。相比之下，选择只打开第二个盒子比选择同时打开两个盒子的期望效用大，行动者应该倾向于选择只打开第二个盒子。

在诺齐克看来，第一种论证的根据是占优策略原则，按照因果决策论的立场进行解释；第二种论证的根据是期望效用最大化原则，按照证据决策论的立场进行解释。对需要做出选择的个体来说，他相信该智能生物的存在性，他就面临着一个置信悖境。根据不同的合理性原则，个体应该选择的最佳策略不同。行动者想要同时打开两个盒子，也想要只打开第二个盒子，但是这两种选择不能被同时执行，个体的行动选择落入悖境。主体的置信行动常会陷入悖境之中，这是基于理性原则而形成的不合理选择。根据陈波的观点："我们的决定和行动常常基于某些明显的或隐含的看似合理的原则，但从这些原则出发，却会导致某种悖谬的结果：或者是导致某种违反直观、经验、常识的结果，或者导致自相矛盾的结果。"①纽科姆难题反映了基于自由意志的选择的可预测性，但是在预测行动中，主体的意向选择面临着悖境。

正确的预测是理性决策的基础，任一理性主体的合理选择都依赖于预测。在纽科姆难题中，主体的合理预测被情境设定中的超现实假设所扭曲。但是，其目的并不是要否定主体自身关于决策情境的认知状态，而是要说明主体自身关于决策情境的认知状态可能会存在冲突。实际上，情境设定中的预言家这一超智能设定可以被排除。即便是没有智能预言家的超自然性存在，个体关于决策情境的认知以及理性的决策同样会出现矛盾，"意外考试悖论"和"阿莱斯悖论"等都是对这种不合理认知和选择的形象描述。

在意外考试悖论中，在老师宣布将进行一次出乎意料的考试之后，学生就会相信他们即将面临一次出乎意料的考试，即对于任何一个学生来说，$B\varphi$是成立的。但是，学生可以根据老师的宣告进行推理。首先，他们可以推测出这场出乎意料的考试不会在最后一天举行，因为如果前面几天没有进行考试，学生就能提前得知最后一天将进行考试。依据同样的模式进行反复推理，学生可以得到考试不会在倒数第二天进行……考试不会在第二天进行，考试也不会在第一天进行。综合上述推理，任何一个学生都有理由相信，老师所宣告的意外考试根本不会进行，即 $B\neg\varphi$。这就意味着，学生相信会有一场考试，又潜在地相信不会有考试。如果学生在此矛盾信念的指导下对是否应该选择复习而左右为难，他就陷入了一个置信悖境。

意外考试悖论表明，主体分别置信的不同对象之间潜存着矛盾，这是主体置信行动中的普遍现象，也是现实中的真实境况。法国经济学家莫里斯·阿莱斯（Maurice Allais）的"阿莱斯悖论"，也与置信选择的悖境相关，反映了

---

① 陈波．悖论研究［M］．北京：北京大学出版社，2017：363.

主体按照预期值进行合理决策的内在张力。在"阿莱斯悖论"中，理性的人会按照预期值计算做出他们的选择。假定有两个候选方案，如果选择 A 方案，将得到 100 美元。如果选择 B 方案，将抛掷硬币来决定输赢，有 50% 的机会得到 200 美元，或者什么也得不到。理性的人面对此情此景，应该会选 B 方案，因为它有最大的预期值。但是，在实际的选择行动中，大多数人会选择 A 方案，满足于得到 100 美元。假定个人在做选择时是理性的，理性的人看来应该选择那个具有确实性的方案，尽管它的预期值不是最大。阿莱斯悖论揭示了关于理性决策的标准理论的内部矛盾，对把预期值计算用作合理性原则的做法提出了质疑。在概率选择的场合，预期值往往成为理性上不会错的指导原则。但是阿莱斯悖论暗示，在大多数情形下，接受确实性偏好胜过预期值计算。

在悖论的研究中，"阿莱斯悖论"常被看作决策和合理行动的悖论，表明主体的置信系统中存在的矛盾。但是从心智行动层面来看，个体经历着在 A 和 B 两个备选项中进行抉择的悖境。阿莱斯悖论等类似的选择与决策悖论在实在中都指向了悖境，即一个决策问题下有两种看起来都很合理却不相容的选择行动。也是从这个意义上，张建军认为"广义逻辑悖论"也可被称为与"行动悖境"相并列的"置信悖境"。

二、认知悖境

与矛盾信念关联的行动悖境不限于信念悖境，认知悖境也是置信悖境的重要情况。相对于观点而言，知识一直以来被认为是需要确定性的。从启蒙时期开始，有关人类理智本质的争论开启，至今未休。格尔德·吉仁泽（Gerd Gigerenzer）认为，这些争论衍生出了四种理论。第一种是无限理性，可以最优化标准且最小化错误。针对已经给定的问题，无限理性能够提出解决问题的最佳策略。而且，无限理性经受了认知一致性的考验。第二种是受约束的最优化，考虑最优策略的一种或几种约束。与完全理性一样，受约束的最优化也是以预测行动为目标的。但是，最优化与现实性可能相互阻碍，产生矛盾的结果。第三种是非理性认知错觉，无限理性和受约束最大化认为人类本质上是理性的，认知错觉反对人类根本上是理性的观点，明确人们可能产生无效的认知和判断上的错误，即认知从理性行动中偏离。第四种是生态理性，其出发点是思维与环境的关系，而非思维与逻辑的关系。生态理性依赖环境，是相对的或定量的，不必与最佳策略相关。① 按照吉仁泽的分析，以上构成了关于人类理性的四种设想，吉仁泽认为生态理性的概念是对智人本质的回答。若以生态理性来界定智人本质，即便主体的理性程度很高，其认知也可能会出现不一致。因为人的认知理性由诸多规则构成，而这些规则受到主体所处环境的限制。

对于认知悖境，费斯汀格提出的"认知失调"理论与其直接相关。在《认知失调理论》一书中，费斯汀格首次定义了"认知失调"的概念，然后在此基础上建构独立的认知失调理论。根据费斯汀格的观点，p 和 q 是两个认知元素，它们可以是期望或相信，也可以是偏好或行动②。如果根据 p 推出 q 的否定或由 q 推出 p 的否定，那么 p 和 q 就是失调的。③ 在此，费斯汀格对认知失调做出的诠释相对宽泛，"推出"并不是逻辑学领域的"蕴涵"概念，而是被理解为一种"心理蕴涵"。按照费斯汀格的理念，行动可以通过意向来定义。如果某个体 A 做某事件 p，这就表明"A 知道 p 并且毫无怀疑地相信 p"；"A 期望 p"则意味着"A 知道 p 并相信他希望 p"。在逻辑行动主义方法论的意义上，认知失调也是一种置信悖境。在更泛化的意义上，任何逻辑上的不一致和情感上的不一致都与失调相关。

在进一步发展的理论中，费斯汀格集中描述了主体出现认知悖境时所发生的现象。通过对人们的认知和心理特征进行探究，费斯汀格认识到，正常的个体都不会接受逻辑和情感的不一致。作为一名社会心理学家，费斯汀格用心理学的"失调"概念来代替逻辑上的不一致概念。失调产生时，主体的选择会陷入困境。所以，当面对失调时，主体应当采取行动以避免不一致状况。认知不一致的强度越大，主体越会感觉局促不安，以避免失调的动机就会越强烈。

可以举例来说明费斯汀格的认知失调现象：

在艾伦的认知中，巴西的女子排球队在世界上所有国家的女子排球队中技术水平最高。2016 年，参加里约奥运会的女子排球队都是各国球

---

① 格尔德·吉仁泽. 认知限制与认知理性［G］//罗伯特·斯坦顿. 认知科学中的当代争论. 杨小爱，译. 北京：科学出版社，2015：119-125.
② 根据费斯汀格的观点，信念、希望、偏好、行动等都可以看作认知元素。
③ FESTINGER L. A Theory of Cognitive Dissonance［M］. New York：Stanford University Press，1957：13.

技水平最高的队伍。然而，在奥运会比赛中，巴西队输给了中国队。

在上述案例中，艾伦认为巴西女子排球队的技术水平最高，位居世界第一，这意味着他相信巴西队会在奥运会比赛中赢得冠军，但事实是巴西队没有赢得比赛。用 p 表示巴西女子排球队技术水平最高，用 q 表示巴西队将会在奥运会比赛中获得冠军。对于艾伦来说，p 和 q 是其认知的两个元素，但是根据 p 却推出 $\neg q$，艾伦的认知陷入一种失调的境况，他需要接受与自身认知相失调的事实信息。尽管艾伦不愿意相信"巴西女子排球队不是世界上技术水平最高的球队"，但此信息已隐含在他的信念系统中。再如费斯汀格所言，"一旦一个人被告知现有的信息不支持他的决定，那么就已经引进了额外信息"①，在接收额外信息之后，艾伦的信念会发生转化。在艾伦修正或更新之后的认知情境中，"巴西女子排球队是世界上技术水平最高的球队"与"巴西女子排球队不是世界上技术水平最高的球队"同时成立。此时，两种相反的认知同时作用于个体的思想域之中，导致主体面临置信悖境。

除费斯汀格之外，梅里·卡尔史密斯（Merrill Carlsmith）也设计了许多心理实验来验证主体心理上的不一致状态。例如，参与行动的动机的改变可以诱发心理上的不一致状态，唤起不协调。达里尔·贝姆（Dary Berm）提出，认知失调实验中的发现也可以用"自我知觉"的理论来解释。根据自我知觉理论，不协调实验中的发现与所谓的不协调无关，相反，它们与人们如何从所观察到的自身行为中推断自己的信念有关。尽管彼此之间存在争议，但它们都是解释"失调"现象的理论。

对群体而言，认知失调也是时常出现的境况。多主体对世界状态的认知和信念，也可能与客观世界的事实存在不一致。对此进行诠释的认知失调理论历经几十年的发展，库珀对其进行了总结。根据库珀的观点，对认知概念的使用是认知失调理论的一个重要创新。"认知是一个人关于行动、态度或世界的知识片段，尽管这三种知识彼此不同，它们都有由认知所表达的心理代表。当人们认为心理代表彼此不一致时，认知失调就会出现。"②在这个定义的基础上，辛提卡等人所描述的矛盾信念也是库珀所界定的认知失调系统家族的一个成员。实际上，库珀所界定的心理代表的不一致反映在置信行动

---

① FESTINGER L. Conflict, Decision and Dissonance[M]. Tavistock Press, 1964: 82.
② COOPER J. Cognitive Dissonance: 50 Years of a Classic Theory[M]. Sage Publications Ltd., 2008: 9.

上就是主体的心智行动悖境，尽管库珀本人并没有直接使用心智行动的概念。在主体的选择行动中，认知失调会对决策判断产生重要的影响。在决策前，认知的不协调影响人们的决策制定。在决策后，认知的不协调是由已经做出的选择引起的，而避免或者减少这种不协调会影响以后的选择。

除信念悖境和认知悖境之外，置信悖境还有其他的范例。在经验科学中，科学假说的提出与证立是通向真理的桥梁。恩格斯充分肯定科学假说的作用，在他看来，自然科学的发展形式便是假说。然而，即便是置信程度极高的不同假说，只要没有达到知识的程度，都可能会被证明在逻辑上不相容。杰拉尔德·高斯(Gerald Gaus)在对公共理性的新霍布斯主义①解释进行论述时，也涉及置信悖境。在高斯看来，按照新霍布斯主义的观点，r 赋予理由使得 ψ 成为可以被接受的理性信念，即便根据充分信息和完美推理，也可能得到结论¬ψ 是正当的信念。② 所以，政治理性的实现也面临着悖境的考验。在协商民主中，不同论题的辩护也是不相容显性信念。即便是理性程度能够达到科学推理甚至是合理论辩的主体，其认知和信念系统中的不同要素之间同样可能彼此矛盾。尽管他们占有极大程度的理性，置信矛盾依然不可避免，置信悖境在主体相关的相信和认知行动中常会出现。

第四节　个体悖境的形成机理

认知科学哲学产生之初，形成了诸多不同的流派，这些流派虽有区分，但其核心思想是心智计算理论，认为人类心智活动的本质是计算表征。正是因此，关于个体实际行动的许多现象，都可以通过个体的心智层面进行解释。在个体悖境的形成机理中，期望和置信都是个体的心智行动，置信悖境和期望悖境都是行动维度的悖境。也正是因为心智意向对客观选择的影响，导致了个体悖境的形成。所以，探讨个体悖境的形成机理，需要回归至心智

---

① 对于不同推理者所组成的社会中的公共理性问题，霍布斯的解决方法是指定一个"仲裁者"，从而使得私人理性成为公共理性。大卫·高契尔(David Gauthier)和库尔特·拜尔(Kurt Baier)吸收了霍布斯的思想，对如何用公共理性来取代私人判断进行探讨，高斯将此称为政治理性的新霍布斯主义解释。

② 杰拉尔德·高斯. 理性、正当性与共识[G]//詹姆斯·博曼，威廉·雷吉. 协商民主：论理性与政治. 陈家刚，译. 北京：中央编译出版社，2006：173.

悖境，澄清心智悖境的症结。心智悖境是客观的辩证矛盾，在个体的置信、认知等心智行动情境中真实存在。但是，现实悖谬情境的描述理论并不违反形式逻辑的要求，可以用 $B\varphi \wedge B\neg \varphi$ 来抽象化心智悖谬情境的逻辑结构。因而，对心智悖境的释析能够与模态逻辑相结合，可以引入"可能世界语义学"来进行分析。

"可能世界"是模态逻辑的核心概念，其直观意义就是指可能状态的组合。"可能世界"最早由戈特弗里德·莱布尼茨（Gottfried Leibniz）提出，在他看来，世界的存在方式是多样化的，只要是不包含逻辑矛盾的事物组合都构成可能世界。在莱布尼茨赋予可能世界独立的地位之后，大卫·刘易斯（David Lewis）发展了可能世界学说，克里普克更进一步建构了以"可及关系"（accessibility relation）为核心的可能世界语义学。在克里普克的可能世界理论中，可能状态（possible states）是相对化而言的，这为现代逻辑方法刻画"逻辑必然"之外的"现实必然"提供了合法性理据。① 本节将探讨个体悖境尤其是心智悖境与认知模态逻辑之间的关联。从认知逻辑的视角出发，借助逻辑全知问题研究的理论成果，探寻个体悖境的形成机理与逻辑症结。

一、逻辑全知的佯谬

个体悖境尤其是心智悖境作为实在的两难境况，在现实社会中存在着大量的范例。例如，国家与国家之间，没有永远的朋友，也没有永远的敌人，只有永远的利益。这种关系在中国古代纵横捭阖的战国时期表现得尤为明显，纵横家游走于不同国家之间。他们秉持敌人的敌人可以成为朋友的理念，游说其他国家同意与本国保持合作，原本的敌人转变为现在的同盟。在公共的敌人消灭之后，原本的同盟转变为敌对，国家与国家之间这种既合作又竞争的关系是一种悖境。相似的悖谬情况在两个个体之间也会有所体现，尤其是在同行竞争中，具有战斗力的个体希望有个强有力的对手，在良性的竞争中，自身可以始终保持危机意识和创新意识，从而不断进步。但是，个体也期望对方在发展的同时又永远不会超过自己，这也是一种心智悖境。实际上，任何既相互竞争又期望合作的行动个体或团体，都可能陷入期望悖境。

现实个体时常面临心智的悖境，然而，绝对理性的认知和行动个体不应

---

① 张建军. 当代逻辑哲学前沿问题研究[M]. 北京：人民出版社，2014：10.

该同时持有 Bp 且 $B\neg p$ 的矛盾意向。在经典的认知逻辑中，对主体认知活动的刻画总是以理性人假设为前提，只要理性主体接受合乎逻辑的相关原则，就不应该出现心智悖境。理性主体期望或相信命题 p，按照经典逻辑的规则，主体也应期望或相信此命题的逻辑后承 q，而不应该相信其否定 $\neg q$。但是，现实主体可能去相信 $\neg q$，从而导致 $Bq \wedge B\neg q$ 成立，主体在心智行动中陷入悖境。在逻辑上，这种应然与实然的间隙与逻辑全知问题（logical omniscience problem）相关。

在认知逻辑中，从主体期望或相信 p，得到主体期望或相信 q，是基于主体完全理性，他们完全接受理性推理的规则，由此引发逻辑全知问题，而心智悖境的逻辑机制与认知逻辑领域的逻辑全知问题密切相关。认知逻辑在 20 世纪中后期发展起来，保罗·卡尔纳普（Paul Carnap）在《意义与必然》中最早提出带有"相信""断定"等认知模态词的语句。乔治·冯·赖特（George von Wright）的《模态逻辑概要》进一步开启了对认知模态逻辑的系统研究，辛提卡的《知识与信念》是第一本详细讨论认知逻辑的专著。逻辑全知问题是认知逻辑发展中的瓶颈问题，它限制了认知逻辑的应用。关于逻辑全知问题的最早阐述可追溯至阿隆佐·邱奇（Alonzo Church），在他看来，在卡尔纳普所建构的系统中，认知主体即便知道全部的语法和语义规则，依然不能够得到某一逻辑后承。邱奇将其对卡尔纳普内涵同构的批判文章发表于《分析》杂志上，尽管他没有使用"逻辑全知"这一词汇，却引发了部分学者对这个问题的关注。威拉德·奎因（Willard Quine）在《语词和对象》中也对这一思想进行了探索。然而，这个问题并没有得到足够的重视。直到 1962 年辛提卡的《知识与信念》出版之后，逻辑全知问题的价值才被学界认知到，它作为一个逻辑哲学的基本问题被真正重视起来。

辛提卡明确指出，知道和相信等可以作为命题态度。他仿照真势模态逻辑中的"必然"与"可能"算子，用 $K_i\varphi$ 来表示主体 i 知道 φ，用 $B_i\varphi$ 来表示主体 i 相信 φ。这样知道和相信两个认知算子就可以被解释为：

$K_i\varphi$：在所有与个体 i 所知相容的可能世界中，φ 是成立的。
$B_i\varphi$：在所有与个体 i 所信相容的可能世界中，φ 是成立的。

在此基础上，辛提卡将真势模态逻辑系统中的许多重要结果移植到他所建构的认知逻辑系统中来。但是，辛提卡也认识到，用可能世界来分析这些命题态度，是不现实的。仅仅从 p 逻辑蕴涵 q，就从"个体知道 p"推出"个体知道 q"，这是不被允许的。在他看来，这一结果如果不是基于错误的理解，就是因为存在着逻辑全知的假设，即假设每个个体知道自己所知道的命题的所有逻辑后承，其他所有的命题态度也是如此。①

对于逻辑全知问题，如果用 A 来指代原子命题集，用 T、F 来指代命题的真值情况，可以利用可能世界语义学给出一个直观的说明：

> 设定模型 M 是一个三元组 $\langle W, V, R \rangle$，其中：
> （i）W 是可能世界集，由 w_1，w_2，…，w_n，…组成；
> （ii）$V: W \to A \to \{T, F\}$ 是每一个可能世界的原子公式的赋值函数；
> （iii）R 是知识可及关系。

在 $w \in W$ 中，主体的认知选择集合是所有与 w 有可及关系的可能世界集合 $\{s \in W \mid R(w, s)\}$。要解释知识算子的模态属性，可以引进模态算子 K，对于 $w \in W$，M，$w \vDash K\alpha$ 当且仅当对于所有的 s，如果 $R(w, s)$，则 M，$s \vDash \alpha$。这就说明，在可能世界 w 中，主体知道 α 是真的，当且仅当在主体的认知选择 s 中，α 皆为真。这就意味着，尽管理性的认知主体可能会去质疑认知可能世界的真实性，他却不会去质疑 α 的真实性，因为 α 是在认知主体的所有认知可选择上都真，在这种情况下可以说认知主体知道命题 α。

K 公理满足这个模型，若 $K(\varphi \to \psi)$ 和 $K\varphi$ 在世界 $w \in W$ 中为真，即主体知道 $\varphi \to \psi$ 和 φ 在世界集中的一个世界 w 中为真，意味着 $\varphi \to \psi$ 和 φ 在世界 $w \in W$ 和 w 的可及世界 $s \in W$ 中为真，可以得到主体知道 φ 在世界 $w \in W$ 和 w 的可及世界 $s \in W$ 中为真。这就意味着，克里普克模型对信念或知识进行解释的结果是：信念和知识对于逻辑后承都是封闭的。这就表明，理性的认知主体相信或知道一个命题，就应该相信或知道其所有逻辑后承。

逻辑全知问题主要体现在两个方面：第一个方面是由于 K 公理形成的，即一个主体如果知道一个命题或命题集，那么他知道他所知道的命题或命题集的所有逻辑后承；第二个方面是由于 N 规则形成的，即一个主体会知道所有的逻辑真理。这就表明，除了 K 公理所描述的逻辑后承封闭以外，还有一

---

① HINTIKKA J. Impossible Possible Worlds Vindicated [J]. Journal of Philosophical Logic, 1975(4): 475-484.

些其他的特性与绝对理性主体相关。对于逻辑全知的表述形式，常见的有以下几种：

（1）主体的信念或知识在蕴涵下封闭。也就是，若主体 a 相信或知道公式 p，并且 a 相信或知道公式 $(p{\rightarrow}q)$，则 a 相信或知道 p。

（2）主体相信或知道所有的逻辑有效式。也就是，若公式 p 为真，则 a 相信或知道 p。

（3）主体的信念或知识的一致性。也就是，若主体 a 相信或知道事实 p，相信或知道其否定，则 a 相信或知道一切事实。

（4）主体的信念或知识在等值下封闭。也就是，对于两个等值的命题，如果相信或知道了其中一个，也相信或知道另一个。

约翰－朱尔斯·梅尔（John-Jules Mayer）在《认知逻辑》一文中，列举了七个公式，[①] 它们集中体现了逻辑全知的特性：

（1）$\models Bp \wedge B(p{\rightarrow}q) \rightarrow Bq$　　　　　　（在蕴涵下封闭）

（2）$\models p \Rightarrow \models Bp$　　　　　　　　　　（有效公式的信念）

（3）$\models p{\rightarrow}q \Rightarrow \models Bp{\rightarrow}Bq$　　　　（在有效蕴涵下封闭）

（4）$\models p{\leftrightarrow}q \Rightarrow \models Bp{\leftrightarrow}Bq$　　　　（等价公式的信念）

（5）$\models Bp \wedge Bp \rightarrow B(p \wedge q)$　　　　（合取式下封闭）

（6）$\models Bp \rightarrow B(p \vee q)$　　　　　　（信念的弱化）

（7）$\models \neg \ (Bp \wedge B\neg \ p)$　　　　　　（信念的一致性）

国内学者周昌乐在《认知逻辑导论》一书中，列出了十个具有"全知"意味的公式，[②] 除以上七个公式之外，还有：

（8）$\models B(Bp{\rightarrow}p)$　　　　　　　　（具有无假信念的信念）

（9）$\models B(true)$　　　　　　　　　　（相信真理）

（10）$\models (Bp \wedge B\neg \ p) \rightarrow B \bot$　　　　（没有非平凡不一致信念）

信念算子 B 也可以替换成知识算子 K，公式（1）表明主体的信念或知道在蕴涵下封闭，意味着理性主体相信或知道 p，同时也相信或知道 $p{\rightarrow}q$，在主体理解分离规则的基础上，他会相信或知道 q。公式（2）意味着理性主体相信或知道所有的定理，这是 K 系统的逻辑特质。公式（3）意味着如果 $p{\rightarrow}q$ 成立，那么，主体相信或知道 p，也就会相信或知道 p 相应的逻辑后承 q。公式

---

① 约翰－朱尔斯·梅尔. 认知逻辑[G]//罗·格勒尔. 哲学逻辑. 张清宇，译. 北京：中国人民大学出版社，2008：213-214.

② 周昌乐. 认知逻辑导论[M]. 北京：清华大学出版社，2001：123.

(4)说明如果 p 和 q 在逻辑上是等价的，那么主体要么相信或知道所有公式的逻辑等值式，要么主体全不相信或知道它们。公式(5)对合取式封闭，意味着如果主体相信或知道 p，也相信或知道 q，就应该相信或知道它们的合取式。公式(6)对析取引入封闭，表明如果主体相信或知道 p，就会相信或知道 p 和 q 的析取式。公式(7)假定理性主体在认知上是无限的，指向了一种特异的逻辑全知，说明主体不能同时相信或知道任意命题 p 及其否定。公式(8)表明，主体相信或知道 p，蕴涵着 p 是真的，这是主体的认知或信念。公式(9)意味着主体相信逻辑真理。公式(10)表明，主体相信 p 的同时也相信 $\neg p$，蕴涵着主体会相信一切事实。

模态逻辑系统 S5 常被用来刻画人们的认知，上述十个公式在 S5 中都成立。因为其中的"全知性"假设，S5 在刻画与主体相关的认知领域和行动领域时常被认为是平庸的，但是它可以刻画主体被抽离的客观必然性。认知逻辑是处理信念和知识表达及其推理的有力工具，但它对主体推理能力的要求却是理想化的，辛提卡将这样的主体称为逻辑全知的主体。但在现实中，任何个体即便是人工智能主体，也都不可能是逻辑全知的。从逻辑维度出发，认知逻辑假定了主体过强的推理能力。即便是在主体的行动中，完全理性人假设也表明行动主体是逻辑全知的，这是一种佯谬。基于一些合理的命题，推出了一个与现实不符合的结果。在现代决策理论中，西蒙有相似的观点。在他看来，当我们用具有有限知识和能力的生物去取代完美理性的经济人时，这个佯谬就不见了，行动理论的轮廓便出现了。[①]

二、心智悖境的逻辑症结

逻辑全知问题是认知逻辑研究中的重要理论问题，其产生原因在于承认了理想化的理性主体，赋予了理性主体足够强大的推理能力。在现实的认知中，由于受到能力、情境等内外部条件的限制，一个理性主体的推理能力在客观上是有限的，他不可能知道他的知识的全部逻辑后承。也就是说，对于现实中的认知主体，这种逻辑全知的特性不会成立。但是在认知逻辑中，只考虑从前提到结果的推理在理论上是可行的，不考虑主体在实际的认知中受到限制从而不能实现这一推理的情况。

---

① 赫伯特·西蒙. 现代决策理论的基石[M]. 杨砾，徐立，译. 北京：北京经济学院出版社，1989：24.

认知逻辑把主体看作逻辑全知的，主体由知识推出的结论也被看作主体的知识，他知道他的知识的全部逻辑后承。辛提卡自己也认识到了这一点，在他看来，这种绝对理性的假设是不能成立的。① 对于某一个体来说，他即便可能知道部分相当复杂的公理或陈述，他也可能并不知道这些公理或陈述推导出来的逻辑后承，尤其是需要经过一系列步骤得到的复杂推论。根据 K 公理所刻画的主体信念或知识在蕴涵下封闭，主体就相信或知道 ψ，但实在的可能情境是主体并不相信或知道 ψ，而相信或知道 $\neg\psi$。从理论上考虑逻辑全知问题的解决方法，心理方案是引进心理函数来刻画现实主体。逻辑方案可以从语形、语义或语用三方面着手：从语形方面考虑，利用初始公理和初始推理规则的限制来弱化主体的推理能力；从语义方面考虑，修正克里普克模型，改变赋值，避免逻辑全知；从语用方面考虑，将认知主体的推理能力限制在情境中，而不是在纯粹的逻辑可能中。② 避免逻辑全知的"解全"方案说明，在实在的世界中，理想化的认知主体并不存在，现实认知主体都是位于绝对理性和无理性之间的有界理性群体。

理想化认知主体的置信系统中不会出现矛盾，现实认知主体不可能达到这一理性要求。逻辑全知主体的信念在逻辑上必然一致，现实认知主体的信念经常不一致。③ 针对主体的信念与期望问题，雷恩曾提出一个相关的困惑。④ 假使 i 是一个规范的绝对理性主体，不被任何意识条件所限制。i 同时接受下面的原则：

（1）理想化主体 i 知道自己的信念，也就是，如果 i 相信 φ，那么 i 知道自己相信 φ；

（2）理想化主体 i 期望去相信的只有真理，也就是，对于 i 考虑到的每个命题 φ，i 期望去相信 φ，当且仅当 φ 是真的，用符号表示为 $D(B\varphi\to\varphi)$；

（3）如果 i 期望 $\varphi\to\psi$，他知道 φ，那么他期望 ψ；

（4）主体 i 不会既期望 φ，又期望 $\neg\varphi$。

如果原则（1）到（4）正确描述了主体的理性化，也就意味着主体在相信一

① HINTIKKA J. Knowledge and Belief[M]. New York：Cornell University Press，1962：30-31.

② 张建军. 当代逻辑哲学前沿问题研究[M]. 北京：人民出版社，2014：258.

③ HADDADI A. Communication and Cooperation in Agent Systems[M]. Berlin：Springer，1995：17.

④ WRENN C. A Puzzle about Desire[J]. Erkenntnis，2010，73(2)：185-209.

个命题时同时期望它的矛盾是不可接受的，因为这四个原则蕴涵着"i 在相信 φ 时不能期望$\neg\,\varphi$"。雷恩的证明如下：

(5) $B\varphi$ 假设

(6) $D\neg\,\varphi$ 假设

(7) $D(B\varphi\rightarrow\varphi)$ 根据 (2)

(8) $K(B\varphi)$ 由 (5) 得，根据 (1)

(9) $D\varphi$ 由 (7)(8) 得，根据 (3)

(10) $D\varphi\wedge D\neg\,\varphi$ 由 (6)(9) 得，合取引入

(11) $\neg\,(D\varphi\wedge D\neg\,\varphi)$ 根据 (4)

在雷恩的上述论证中，(10) 与 (11) 相互矛盾，因此，问题的症结出于"相信 φ 且期望$\neg\,\varphi$"的假定。如果主体 i 是绝对理性的，他一定拒斥这个假定，或者不会相信 φ，或者不会期望$\neg\,\varphi$。然而，雷恩表明，相信 φ 同时期望$\neg\,\varphi$ 却是主体常有的状态，"我相信天下雨，并且我不期望天在下雨"就是最直观的例子。主体相信的事情并不符合自己的期望，这不违背现实的直觉，$D\varphi\wedge D\neg\,\varphi$ 和 $B\varphi\wedge B\neg\,\varphi$ 也是相似的情况。

对于置信悖境和期望悖境，其产生原因之一就在于现实主体与理性主体之间的间隙。对于理想化的认知逻辑系统，公理和必然化规则成立，就可以推得不同的定理。但是在现实中，主体不可能毫无矛盾地相信或知道该系统中的所有定理成立。虽然现实主体不缺乏心智计算能力，但是仍然可能做出错误的推理，也可能拒绝承认已有知识或信念的后承。逻辑全知的理性主体能够穷尽所有的可能，现实理性主体的认知则存在限度。现实主体不可能是逻辑全知主体，在其思想域中，必然潜存着矛盾。

在认知逻辑中，认知封闭是对人的理性能力的表达。但其在某种意义上表达了一种"逻辑全知"，有过强之嫌。现实主体达不到完全理性的认知程度，对于现实主体而言，以上公式皆不成立。公式 (1) 不成立，现实主体的信念常常违反蕴涵封闭原则，个体在相信 p 的同时也相信$\neg\,p$，就会产生心智悖境。公式 (2) 不成立，现实主体因理性能力的限制，不可能知道所有的逻辑有效式，由此产生悖境。公式 (3) 不成立，绝对理性主体如果相信 p，就应该相信 p 的所有逻辑后承 q，但现实主体可能不相信 q，若现实主体相信了 q 的否定，他们相信的对象之间会自相矛盾，心智悖境就会产生。公式 (4) 不成立，绝对理性主体应该要么相信所有公式的逻辑等值式，要么全不相信它们，但现实主体可能会同时相信它们的否定，心智悖境出现。公式 (5) 不成

立，如果主体相信p，也相信q，就会相信或知道它们的合取式，如果q是p的否定，主体就相信了一组矛盾，这是悖谬极高的心智悖境。如果主体同时相信了两者合取的否定，就会陷入另一个程度的心智悖境中。公式（6）不成立，如果绝对理性主体相信p，就会相信p和q的析取式，但现实主体可能会同时相信其否定，现实主体产生心智悖境。公式（7）不成立，主体不能同时相信或知道任意命题及其否定，这是矛盾信念的反面。同样地，矛盾期望也可能因为类似的问题而产生。公式（8）不成立，现实主体相信的命题并不总是真的，主体可能并没有意识到。公式（9）不成立，现实主体不可能相信所有的逻辑真理。公式（10）不成立，主体相信p的同时也相信$\neg p$，但主体不会相信一切事实。

对期望和信念而言，即使某命题为假，个体也可能期望或相信它成立。知识的特性与两者不同，知识是确证的真信念，主体不可能既知道p，又知道其否定。当然，现实主体接受的往往是隐性矛盾信念，而不是显性矛盾信念。$Bp \wedge \neg Bp$是思想域中的逻辑矛盾，是一个永假式，绝对完全理性主体和有限理性主体皆成立。$B(p \wedge \neg p)$与之不相同，其悖谬度极高，是智能程度极低的主体才可能持有的强矛盾信念。如果一个个体面对强矛盾信念而不能分辨，这个认知主体是逻辑无能主体。$Bp \wedge B \neg p$是隐性的弱矛盾信念，表明主体独立相信的命题的合取会产生矛盾，即$\exists p(Bp \wedge B \neg p)$。但是，主体对此可能并不自知，只是潜在地相信了它们，这样的主体是一个非逻辑全知主体。也就是说，对于$(Bp \wedge B \neg p) \rightarrow B(p \wedge \neg p)$，如果它是普遍有效式，是对全知主体的刻画；如果它是可满足式，刻画的是既不全知也不无知的主体；如果它是永假式，刻画的是一个无知主体。

理性不是天性，从意向领域至行动领域，个体的认知和行动都可能会为非理性所左右。韦伯、埃尔斯特等人都提出应该引入非理性的动机，诸如道德观念、情绪态度等因素。根据韦伯和埃尔斯特的观点，人类行动通常是混合动机的结果。所以，$Bp \wedge B \neg p$针对的正是有限理性主体的认知和行动，并不违反现实的直觉，它的具象表征正是现实主体的心智悖境和心智矛盾。从主体认知到主体行动，直接地将理性无差别移植，必然会产生问题。但是在理性选择理论中，预设了这一前提成立。针对这一点，皮埃尔·布迪厄（Pierre Bourdieu）就提出了质疑，在他看来，理性选择理论是在"实践主体"身上长出了一个"认知主体"。

即便是在多主体的认知博弈中，参与者的认知函数对应于状态空间是完全划分，这就意味着，参与人总是知道自己的知识、信念及其逻辑后承。在意向指导下的客观行动中，主体也是逻辑全知和概率演算的理想主体。穆勒以来，理性选择理论就被质疑不是一种严格意义上的科学，它建立的基础不是实在的，而是接近于真理的假定。但是，这种假设在对多群体博弈的分析中自有其意义。理论和实在之间的联系是可应用性，尽管绝对理性假设同实际推理之间有较大的距离，但理性选择理论有利于对复杂情境的简化分析，可以应用于不同的社会情形。

现实主体不是逻辑全知的主体，也不会是逻辑无知的主体，理性个体具有内省和反思能力。当思想域中的潜在矛盾被揭示出来，现实主体会拒斥矛盾。但是，要注意潜在矛盾与显存矛盾之间的区别。用 i 表示主体，φ 表示命题，对于"i 相信 φ"，可以区分出信念的两种否定形式：其一是"并非（i 相信 φ）"；其二是"i 相信 $\neg\varphi$"。外部否定与内部否定并不等同，康德在《将负值概念引入哲学的尝试》中最早意识到两者之间的区别，在他看来，运动的外部否定是静止，它的内部否定则是反方向的运动。"并非（i 相信 φ）"可以视为是对"i 相信 φ"的外部否定，"i 相信 $\neg\varphi$"可以视为"i 相信 φ"的内部否定。① 当外部否定向内部否定转化时，心智悖境就可能出现。根据逻辑思维规律的要求，"i 相信 φ"和"并非（i 相信 φ）"不能同时成立。但是，"i 相信 $\neg\varphi$"和"i 相信 φ"在逻辑上可以共存，心智悖境因之产生。事实上，在期望悖境和置信悖境之外，主体的心智行动还可能面临其他类型的悖谬情境，它们都是社会中实在的客观矛盾。因此，主体所面临的心智悖境，可以被现实自身充满辩证矛盾的事实合理化。② 同时，这也表明，尽可能提高主体的认知能力、自省能力和反思能力，是避免心智悖境的有效途径。

本章小节

对社会悖境的分析从个体悖境入手，根源于方法论的个体主义。作为一种解释社会现象的方法论原则，它认为对社会现象的解析可以使用只涉及个

---

①　ELSTER J. Political Psychology ［M］. Cambridge：Cambridge University Press，1993：73.

②　ELSTER J. Political Psychology ［M］. Cambridge：Cambridge University Press，1993：73.

人的方式。个人的期望、信念、动机、目标等意向态度，都可以成为社会现象的解释因素。然而，主体的期望或信念可能相互矛盾。为刻画个体层面的期望悖境和置信悖境，可以从"必然""可能"等真势模态逻辑的基础概念转向期望和信念。① 本章第一节重点关注个体悖境的逻辑形式，根据逻辑行动主义方法论的理念重点解析个体的心智悖境，并用 $D\varphi \wedge D\neg\varphi$ 和 $B\varphi \wedge B\neg\varphi$ 来描述其抽象结构。说明在主体的思想域中，φ 与 $\neg\varphi$ 都是主体期望或相信的对象。也是因为矛盾信念和矛盾期望的影响，主体在实际的客观行动中应该选择 φ，也应该选择 $\neg\varphi$，从而在客观行动中陷入悖境。

　　在对个体心智悖境做出阐述的基础上，进一步对期望悖境和置信悖境进行研究。本章第二节说明，承认、认同等涉及双重行动和双重约束的主体心智会出现悖境，非理性偏好也会导致期望悖境的产生，它们都是期望悖境的典型范例。置信悖境与期望悖境相同，也是主体的心智行动悖境。本章第三节对两类置信悖境范例进行解析，明确信念悖境和认知悖境都表征主体的心智行动悖境。除这些范例之外，心智悖境还有其他范例，都是在主体心智行动中常会出现的悖境。在经典的认知逻辑中，主体被设定为理想化的绝对理性。主体相信或知道某个命题，基于蕴涵下的封闭，主体也应相信或知道其逻辑后承。对于理想的绝对理性主体，心智悖境不会出现。然而，就现实主体来说，由于认知能力的局限，主体常会潜在地持有矛盾信念或矛盾期望，主体对此并不知道。

　　本章第四节探讨个体悖境尤其是个体心智悖境的逻辑症结。现实主体并非绝对理性的主体，在缺少逻辑全知预设的前提下，心智悖境常会出现，表征主体的置信或认知系统中存在着矛盾，有待消除。置信系统中的 $B\varphi \wedge B\neg\varphi$ 是一个可真式，并非矛盾律的反例。在个体理性的客观行动中，主体是"实践主体"与"认知主体"的结合，也是逻辑全知和概率演算的理想主体。在现实中，因为信息的缺乏、认知的局限、情境的复杂性等多方面因素，现实主体绝非完全理性主体。由于理论和实在之间的间隙，主体在客观行动中也会陷入悖境。从理论上来看，心智悖境的逻辑症结可以根据逻辑全知的佯谬刻画。由此也可知，最大限度提升认知和行动个体的理性化程度，是避免心智悖境的有效途径之一。

---

　　① WILSON T. Review：Social Theory and Modern Logic：Reflections on Elster's Logic and Society[J]. Acta Sociologica，1982，25(4)：431-441.

第四章

群体悖境的逻辑形成

作为理性主体，人们的行动都有特定的思想根源，信念、期望、意图、动机、目的等都是引起或引导主体理性行动的意向性因素。唐纳德·戴维森（Donald Davidson）认为，意向是人类能动性的标志，人们作为行动者，在某个描述下有意向地做任何事情。托马斯·里德（Thomas Reid）和边沁也认为，主体的行动是有意向的，如果一个行动是在缺少行动者的心智意向的情况下做出的，该行动不应当被归因于该行动者。但是，心智意向之间应该保持一致性。正如雷歇尔所言："决策和行动的情况与断定和否定的情况一样，都要遵循相同的保持一致性的防护措施。"①如果主体的心智意向或行动理由之间存在矛盾，客观的行动与决策就会遭遇悖境。

个体悖境揭示了单一主体在选择行动中可能遭遇的障碍，伴随着行动者的意向态度和选择行动进行合成，群体行动也可能面临悖境。在主体选择的聚合过程中，即便实施行动的主体始终保持理性，主体选择也是理性选择，仍然会产生许多难题。偏好的聚合悖论、选择的合成谬误和许多社会问题相关，它们直接引发了群体悖境的产生。将"个体悖境"延展至"群体悖境"时，影响多主体行动的群体态度在其中发挥主导作用。本章首先梳理从社会学和经济学等视角解释理性选择的相关理论，澄清个体的意向态度与客观行动的关系。在此基础上，以方法论个体主义为基础，描述个体选择向群体选择的过渡机制。并由个体的意向态度拓展至群体态度，对群体意向态度的不同形式进行区分，说明不同群体意向指导下的客观行动也存在模式区别。在不同的群体行动模式中，理性行动会面临不同的障碍，它们导致了群体悖境的出现。通过透析悖境背后的逻辑机理，揭示群体悖境的逻辑形成。

---

① 尼古拉斯·雷歇尔. 悖论：根源、范围及其消解［M］. 赵震，徐绍清，译. 北京：中国人民大学出版社，2021：3.

第一节 心智意向与理性选择

当代社会科学实践的一个重要特点是围绕"行动者的视角"展开，最有代表性的便是各种基于"理性选择"假设而出现的理论流派。自 20 世纪 60 年代，理性选择理论在经济学和政治科学领域开始产生重要影响。80 年代以后，其主要代表人物便是科尔曼和埃尔斯特等人。直至今天，理性选择理论依然发挥着重要作用，体现在以博弈论为方法的各类研究之中。按照行动解释理论的基本理念，期望和信念都是主体进行理性选择的意向因素。实际上，心智行动及其产品都是驱策主体客观行动的重要力量。如果主体的心智行动中出现悖境，思想域中出现矛盾，心智意向指导下的客观行动也会遭遇悖境。在"个体悖境"至"群体悖境"的过渡机制中，这是最重要的一环。本节将对个体的意向态度与其客观行动的关系进行解析，并进一步表明，对群体悖境的分析缘何要从个体悖境着手。

一、理性选择的解释理论

对主体行动，可以从不同维度进行考察。从物理维度来考察，行动者、能力和因果关系就是核心的概念。从伦理维度来考察，自愿和选择就是要考究的主要因素。从心理维度来考察，欲望、目标以及意向就是核心的要素。从理智维度来考察，理由、知识以及信念便是与之相关的重要概念。海曼认为，行动哲学的整体要旨是理解人类行动的这些维度，对它们加以区分，并解释它们如何互相关联。① 海曼的观点说明，主体的意向行动存在不同的解释理论，尽管具体的维度不同，但它们集中体现了主体行动的能动性。

海曼将主体能动性的物理维度、伦理维度、心理维度和理智维度区分开来，却鲜有探讨主体行动的社会维度。在行动的解释理论中，对行动主体理性能力的刻画总是存在理性与非理性的二分法，即主体是理性自私的行动者还是唯意志主义的非理性行动者，主体对待世界的态度是工具理性还是规范和道德的非理性，主体行动的原则是理性的效用最大化还是非理性的感情和欲望。理性选择理论预设的是理性经济人，在特定的情境中有不同的行动策

---

① 约翰·海曼. 行动、知识与意志[M]. 张桔，译. 上海：上海译文出版社，2019：5.

略可供其选择，并且主体以理性的行动来使自身偏好得以满足，并使个体效用最大化。

理性选择理论认为，现有的社会理论忽视了从行动者的性质和关系上解释社会系统的产生过程，所以该理论试图解释在各类行动者有目的的行动下，社会制度如何形成。当然，也有一些学者对理性选择持有不同的见解，例如，皮特·布劳(Peter Blau)就坚决反对把理性选择研究引入社会学，在他看来："社会学的中心任务不是解释个体行为，而是解释社会环境的结构怎样影响人们的生活变迁。"①整体主义方法过于强调社会结构因素对人的行为的制约作用，忽略了人的主观能动性，而理性选择理论选择了方法论个体主义。

社会学领域对理性选择的诠释可追溯至霍曼斯，在《交换的社会行为》中，他运用社会心理学的群体动力学以及其他理论在重新解释小群体的行为，建构了社会交换的形式。20世纪80年代后，科尔曼逐渐脱离了传统社会学的束缚，不仅研究社会环境与社会结构对个体行动的影响，而且认识到个体之间的互动也可以创造系统运行的方式。他将个体的理性作为自己理性社会行动理论体系的基本假设和研究起点，并且在建立分析理论的框架中注重微观—宏观之间的过渡问题。米歇尔·赫克特(Michael Hechter)认为，社会现象从根本上来讲是个人理性选择的结果，个人有一系列等级的效用和偏好，人们寻求这种偏好的最大化。个人为满足自己的需求，必须相互行动，满足个人偏好的物品只有在群体活动中才有保证。群体共同活动所形成的物品是"公共物品"，这种物品的特点是既能被群体内部成员获得也能被外部成员获得，产生的问题是"搭便车"现象，即一个理性行动者尽量少地参与物品创造，同时期望从他人创造的物品中获利。

在社会学理性选择理论的支持者中，埃尔斯特是一个重要的代表。在对社会现象进行解析时，埃尔斯特使用了理性选择理论。甚至在对政治民主问题进行分析时，埃尔斯特也是采用了理性选择理论的方法论构架。他在理性选择的基础上借鉴了博弈论的观点，分析了群体行动的形成过程。因为理性选择理论的方法论预设，主体行动的解释问题也是埃尔斯特必须面对的话题。在他看来，主体的任何行动都有一定的情境，先在条件描述主体行动的

---

① 刘少杰. 社会学理性选择理论研究[M]. 北京：中国人民大学出版社，2012：2.

情境状态，后在条件呈现行动的即刻后果。① 按照实践哲学的观点，来自人类的自然选择（自然化过程）或认知能力（规范化过程）的原则都有助于主体行动的有机形成。② 对于理性选择的解释方式，埃尔斯特认为可区分为因果解释、功能解释和意向解释。其中，"因果解释"利用因果关系来解释事件，是几乎所有学科都使用的解释方式；"功能解释"面向行动已经达成的现实结果来解释行动；"意向解释"则面向主体的意向结果来说明行动，本质地涉及行动、信念和期望之间的三元关系。③

三种解释方式针对不同对象，例如，物理学适用因果解释，生物学适用功能解释，而意向解释对社会科学至关重要。当然，三种解释并非绝对隔绝，可能出现交叉。博弈论关心理性主体的意向互动，但它也适用因果解释，这就提供了一个全新的理解范式：个体互动的意向解释与因果解释相结合。④ 所以，埃尔斯特进一步区分了两种方式，其一是子意向性因果性（sub-intentional causality），为个体意向态度之形成机制提供因果解释，其二是超意向性因果性（supra-intentional causality），为聚合社会现象规约为个体行动结果提供因果解释。⑤ 在此基础上，子意向性因果性可以用于对个体悖境的解析，超意向性因果性可以为群体悖境提供解释。所以，意向因素是埃尔斯特的行动解释理论的关键。主体行动以期望、信念等意向因素为先在条件，主体在执行行动前先有关于此对象或事件的期望或信念。在行动的先在条件中，触发行动的意向因素必须无矛盾一致。根据主体偏好备选项的集合，有一个行动是最佳的。存在一个关于心智意向的论证序列，共同促进了主体的理性选择。

在现代经济学对理性行动的不同解释理论中，考虑信念、偏好和约束的

① KATSUNO H, MENDELZON A. On the Difference between Updating a Knowledge Base and Revising It[G]//GÄRDENFORS P. Belief Revision. Cambridge：Cambridge University Press，1992：193.

② 皮埃尔·马利. 信仰、欲望与行动[M]. 许铁兵，钟震宇，译. 北京：中国社会科学出版社，2015：前言.

③ ELSTER J. Explaining Technical Change[M]. Cambridge：Cambridge University Press，198：17.

④ ELSTER J. Explaining Technical Change[M]. Cambridge：Cambridge University Press，198：84.

⑤ 乔恩·埃尔斯特. 理解马克思[M]. 何怀远，译. 北京：中国人民大学出版社，2008：15.

BPC(Belief-Preference-Constrain)模型是一个被广泛接受的解释模型。传统经济理论假定的"经济人"在行动过程中既具有"经济"特征，也具有"理性"特征，还被假设具备条理性、稳定性的偏好体系，并拥有强大的计算能力。[①]在BPC中，偏好的一致性被认为是理性行动模型的前提，只要偏好一致，不同选择之间的价值冲突便不会产生。虽然决策和判断具有情境依赖性，但是诸多行动和决策解释理论常常被假定，人们的态度和偏好是固定的，且不会随着引导方式的改变而改变。行动或决策者常被当成理性人来看待，他们追求自我利益和效用的最大化，而且遵守理性行动的原则。[②]在BPC理论中，行动主体也是理性行动者。赫伯特·金迪斯(Herbert Gintis)是BPC理论的支持者，然而，他搁置了传统经济学的理论假设，认为理性的基础条件不是个体为了自身利益去行动，而是行动者具有一致性偏好。理性行动者并不一定是自私行动者，因为主体时常会偏离期望效用原则。比较可知，金迪斯与埃尔斯特对于理性主体的界定存在区别，但在具体的解释理论中，两人都强调信念、偏好等心智意向对于客观行动的影响作用。

在对行动的解释中，金迪斯尤其突出信念的重要性程度。根据他的观点，在决策理论中，信念作为一种主观先验，合理地置于选择和赢利之间。从根本上看，信念是社会过程的产物，会在不同个体之间得到分享。[③]在理性行动的解释理论中，信念是初始的数据。为凸显信念的地位，金迪斯将他的解释模型称为信念、偏好和约束模型。尽管BPC模型没有预设主体总是追求自我利益的原则，信念、偏好等意向因素在其中仍然占有关键地位，是影响主体理性选择的主要因素。在行动的不同解释机制中，每个理论家都根据自身理论需要进行模型构建，而信念等意向态度是不同行动解释理论的公共要素。

因此，信念等意向态度是行动推动机制中的重要元素。在心灵哲学中，人们做出决定和采取行动时通常被认为是自由的。个体自由地决策和行动，拥有对自身行动选择的价值控制权。对主体而言，信念等心智意向是主体自

---

① 赫伯特·西蒙. 现代决策理论的基石[M]. 杨砾，徐立，译. 北京：北京经济学院出版社，1989：6.

② 斯科特·普劳斯. 决策与判断[M]. 施俊琦，王星，译. 北京：人民邮电出版社，2004：69.

③ 赫伯特·金迪斯. 理性的边界[M]. 董志强，译. 上海：格致出版社，上海人民出版社，2010：1.

主行动的必要条件。在社会互动理论中，与主体认知能力相关的意向条件是客观行动先决条件中的必要成分，违反行动规则的驱动力也被归约为认知或心理因素。[1] 在 BPC 中，偏好一致性是理性主体的前提条件。实际上，不仅绝对理性群体要求偏好一致，有限理性主体的偏好也应该满足传递性规则。金迪斯认为，有限理性个体均是受恰当的与自然状态相关的贝叶斯信念约束的理性个体，而偏好一致没有预先假定无限的信息处理能力和完美的知识。[2] 假使个体并未按照理性决策要求去行动，不能就因此说明他们不是理性的主体，只能说明，他们在行动中出现了失误。

博弈论是为主体行动建模不可或缺的工具，对于 BPC 理论，博弈思维也在其中起作用。博弈是一种对话，多主体博弈可被看作主体互动认知的过程。[3] 社会学理性选择的一些理论家在对社会现象进行解析时，也会使用博弈论方法。埃尔斯特曾认为，能够被观察到的主体行动本质上是两次连续过滤的结果。第一次过滤由所有主体可能面对的物理的、经济的、法律的等限制组成，与所有的这些限制相一致的行动组成了机会集合（opportunity set）。第二次过滤是决定机会集合中的哪一个行动是在事实上被执行的机制。[4] 在群体的博弈互动中，哪一个备选项在事实上被执行，受行动者的意向态度影响。因此，心智意向被囊括在主体选择的过滤机制中。

二、理性选择的意向态度

在社会学视域和经济学视域的行动解释理论中，信念等意向态度的参与是两者的共同之处。行动发生在具体的情境中，而情境呈现的是当下通过因果关系黏合在一起的连续事件，而这种"黏合剂"大多建立在以目标为行动导向的人的动机和意图基础上。[5] 亨特曾总结："个体或社会行动处于有意识的

① 皮埃尔·马利. 信仰、欲望与行动[M]. 许铁兵，等译. 北京：中国社会科学出版社，2015：前言.
② 赫伯特·金迪斯. 理性的边界[M]. 董志强，译. 上海：格致出版社，上海人民出版社，2010：1.
③ KATSUNO H, MENDELZON A. On the Difference between Updating a Knowledge Base and Revising It[G]//GÄRDENFORS P. Belief Revision. Cambridge：Cambridge University Press，1992：193.
④ ELSTER J. Explain Social Behavior[M]. Cambridge University Press，2007：165.
⑤ 雷德·海斯蒂，罗宾·道斯. 不确定世界的理性选择[M]. 谢晓非，李纾，译. 北京：人民邮电出版社，2013：8.

控制之下，在此意义上，它由所涉及的欲求、信念和行动者指引。"①信念等意向因素和心智态度为主体行动提供指引，因此，对客观行动悖境的解释需要从心智层面着手。

在行动哲学中，通常假设信念等意向因素在主体的实践中起重要作用，主体的决策选择也受信念的影响。更精准地说，特定情境下的行动选择依赖信念。意向因素在决策行动中起作用，这一观点在哲学史上有深厚的历史渊源。在休谟的哲学理念中，就有这一理念的萌芽。根据休谟的论述，信念的活力大于普通观念，可以成为支配主体行动的原则。个体持有某种信念，他就产生执行某种行动的倾向。里德把自愿行动理解为积极能力的行使，边沁认为个人的所有行为都是由意志引起的。如果行动在初始阶段不是有意向的，它就不是主体的行动。穆勒认为意向是形成行动本身的一部分，哈耶克等哲学家不仅在道德哲学领域讨论信念的实践功能，在经济哲学方面也对信念有所阐述。② 根据个体主义的解释立场，要为群体行动提供满意的解释，需要通过此行动的微观基础。因为集体中的成员分有了集体的意向，可以根据个人的期望、信念等意向因素解释它。③

在埃尔斯特的解释理论中，期望、信念和证据等因素相互作用。个体根据期望的指向，对相关证据进行搜集。根据证据所提供的有效信息，主体信念的强度可得到提升。甚至在证据足够充分时，主体的信念可以得到辩护或证立，演化成为知识。与埃尔斯特的理念相一致，个体对某信念的置信度也是 BPC 模型考虑的重要因素。在个体的行动备选项中，信念度影响个体对备选策略的偏好。区别在于，埃尔斯特还强调了证据的作用，金迪斯强调偏好的一致性。两者有一个共同的隐性要求，即信念的可靠性可能达到真的程度。帕特里克·马赫（Patrick Maher）认为，唯有真信念才能在主体的理性选择中发挥作用。要保证最终的策略选择与自身的意向一致，首先需要确定信念的真性。④ 在信念的真性得到满足时，信念等意向因素才可能成为理性选

① 伊安·亨特. 分析的和辩证的马克思主义[M]. 徐长福，刘宇，译. 重庆：重庆出版社，2010：240-241.
② FONSECA E G D. Belief in Action：Economic Philosophy and Social Change[M]. Cambridge：Cambridge University Press，1991：9.
③ 乔恩·埃尔斯特. 理解马克思[M]. 何怀远，等译. 北京：中国人民大学出版社，2008：13.
④ MAHER P. The Irrelevance of Belief to Rational Action[J]. Erkenntnis，1986，24：363-384.

择的必要条件。以真信念为前提，主体的行动选择才可能是最优的，能够实现收益的最大化。信念的真性得不到满足，主体的实际选择不可能是理性的。

除以上行动解释理论之外，现代决策理论也关注个体的意向态度与客观行动之间的关系，例如效用理论。尼古拉斯·伯诺利（Nicolas Bernoulli）曾提出"圣彼得堡悖论"。伯诺利感兴趣的是，依照以下两个前提条件，人们愿意为此游戏付出多少成本：（1）持续向上抛掷硬币，直到它的数字面朝上时停止；（2）倘若第一次抛掷硬币，得到的结果便是数字面朝上，则游戏停止，玩家获得 2 美元，如果第二次抛掷才成功，玩家获得 4 美元，如果第三次抛掷才取得成功，玩家获得 8 美元，以此类推，如果第 n 次抛掷才成功，玩家获得 2^n 美元。游戏规则已定，为参与此游戏，一个人愿意付出多少成本？调查结果表明，多数人只愿意付出几美元的成本。这就出现了一个关于概率期望值的悖论，按照游戏规则，如果能够一直持续抛掷，此结果的期望值是无限的。但是，几乎无人愿意付出高成本，以争取无穷大回报。

数学家丹尼尔·伯诺利（Daniel Bernoulli）对此进行解释，在他看来金钱的实际效用随着财富增加而递减。尽管不是所有学者都认可这一解释，但它隐含着边际效用递减的理论，这为后来的选择解释理论奠定了基础，其中最著名的就是"期望效用理论"。经典的效用理论提供了一种解释，在特定的理性决策条件得到满足的条件下，主体如何变现自己的选择。在主体行动中，根据理性决策的公理，主体选择倾向于效用最大化的原则。在此基础上拓展的"主观期望效用理论"考虑主观的、个人的因素，主体的信念和期望等意向因素更不可忽视。

遗憾的是，在群体实在的博弈中，会出现许多不确定因素，社会风险由此形成。在实在的行动中，参与者不可能达到理论预设的理性化程度，主体理性选择的情境条件也总是得不到保障。例如，在埃尔斯特设定的理性决策模型中，即使是证据要素被给定，但它们十分单一，在其基础上形成的信念便不稳定。即使是信念要素被给定，但作为支撑的证据不够充分，可能引起多属性选择情境，行动主体陷入悖境。即便是信念与期望两个要素都已被给定，如果保证理性的规范条件不能被满足，主体对行动的预期便受到限制。

个体的偏好序列不完整，其相应选择便难以确定。① 即便实在的行动参与者具有高度理性，也会面临悖境的困扰。在一般行动情境中，主体理性即便是只有很小的程度，也隐含着信念与目标的一致。然而，在主体的意向选择中，意向与理性经常发生分裂。个体的心智意向中蕴含矛盾，也会导致个体悖境，行动的理性与最优也发生分裂。② 在多主体构成的群体行动中，这些分裂就是"群体悖境"，它们出现在不同的群体行动模式中。

群体行动的初始阶段，往往是由集体主义者或理想主义者所发起，功利主义者意识到这种集体行动所带来的共同利益，积极响应，若有较公平的或正义的规范，追随者也会加入进来，而个体主义者则要随时估算投入的成本和受益。群体中成员的心智意向并不协同，多主体在自身的意向指导下做出选择，群体的行动悖境不可避免。为解决群体行动中的贡献者困境，一些社会理论家做出假设：博弈不会在一个回合就决出胜负，人们只有在不断地面临群体选择的问题时才会逐渐对彼此寄予希望，实现共同合作。正是因为意向因素与客观行动之间存在紧密的关联，在群体的多次互动中，主体的意向态度会发生改变。这也就意味着，澄清个体缘何参与群体行动与个体选择何以演变为群体选择至关重要。

第二节　从个体选择到群体选择

从理性选择的视域出发，社会悖境是与个体或群体的选择行动相关的社会现象，在主体的行动中形成。按照理性人假设，每个人都是理性的，那么由个人所形成的群体是否理性，这就涉及"偏好加总"的问题。当把一个组织或群体视为一个决策主体时，假定其有一个确定的目标函数，在此基础上可以将它视为理性主体。然而在现实中，很多组织或群体并没有体现出应有的集体理性。

①　ELSTER J. The Possibility of Rational Politics[J]. Crítica：Revista Hispanoamericana de Filosofía. 1986，18(54)：17-62.

②　ELSTER J. Explaining Technical Change[M]. Cambridge：Cambridge University Press，1983：74.

一、方法论个体主义

"机制"是社会科学的常用话语,韦伯、涂尔干等经典社会理论家都做出过讨论。而今,"机制"问题已经成为当代社会科学哲学的重要课题,并且已经发展得相对成熟。在社会机制理论中,人们经常将方法论个体主义与方法论整体主义进行对比。方法论个体主义批评整体主义缺少个人行动的微观叙事,认为社会机制的解释应该从个人行动方面出发。因此,方法论个体主义认为,机制主要体现在两层意义上,一个是为社会现象提供因果说明,另一个是秉持方法论个体主义,提供解释社会现象的微观基础。[①]

韦伯在《经济与社会》中,将方法论个体主义作为社会科学的一种方法论原则。按照韦伯的观点,此方法论原则认为社会现象必须通过展示它们如何由个体行动产生得到解释,而个体行动又必须通过参考激励个体行动者的有意状态来解释。因此,方法论个体主义也被描述为一种主张,即宏观社会现象的解释必须提供微观基础,这些基础指定了一种行动理论机制。在一定程度上,方法论个体主义也为塔尔科特·帕森斯(Talcott Parsons)后来在社会科学解释中提及行动参考框架提供了借鉴。在帕森斯看来,社会行动理论应该关注行动者与情境之间的关系。社会行动的基础是单元行动,而主观性的个人行动构成了基本单元。[②] 人们对行动目标的理性计算建立在规范与价值之上,单位行动应该考虑客观情境的行动参考框架。

奥地利学者约瑟夫·熊彼特(Joseph Schumpeter)第一个在社会科学领域提出"方法论个体主义"的术语,并将其用于对特定经济过程的描述。卡尔·门格尔(Karl Menger)也是方法论个体主义的主要创始人,他反对历史主义和整体主义,为抽象论和方法论的个体主义进行辩护,并将这种学说称为"原子论"。哈耶克也提出了一种学说,他称为"个体主义",并使用这一方法论开展研究。哈耶克的工作得到了波普尔的认可,他赞同根据个体行动来解释社会现象,并将其称为"方法论个体主义"。在埃尔斯特看来,哈耶克的个体主义宣布了解释社会性事实的恰当方式。针对社会现象的分析问题,埃尔斯特也提出个体才是社会理论最基础的分析单元。实在中任何可视为社会现象分析的事物,都显然由个体组成,只有使用基于个人的精巧理论工具所得出

---

① 刘大椿. 分殊科学哲学史[M]. 北京:中央编译出版社,2017:271.

② 塔尔科特·帕森斯. 社会行动的结构[M]. 张明德,夏遇南,彭刚,译. 南京:译林出版社,2003:48-49.

的结论才是可信的。① 因而，埃尔斯特也假设社会选择建立在个体选择的基础之上。对于多主体行动问题，可以从个体的角度来阐释。为了说明社会选择问题，首先要对个体理性选择进行分析，这是埃尔斯特所秉持的方法论个体主义原则。

强方法论个体主义主张还原论立场，认为所有作为集体的存在都应该还原到个体层面。合理的方法论个体主义则认为，社会世界的根本构成要素是个人，并不是要求所有的集体存在都还原到个人层面。方法论个体主义并不是简单的还原论，因为个人行动不可能脱离社会关系，个体的信念、期望和意图等都在社会中产生。方法论个体主义的研究对象包括社会性事实，也包括社会规律。但是，方法论个体主义的批判者认为，方法论个体主义主张所有的社会规律都是关于个人思想和行为的真正规律，这是一种错误的预设。哈耶克则为之辩护，方法论个体主义关注的是多主体有意识的行动产生了偶然的结果，它发现的规律偏离于任何人设计的结果。斯密特赞成哈耶克的观点，认为方法论个体主义所要辩护的主题十分狭窄。

在斯密特看来，社会是由个体成员、社会性事件和规范制度所组成。解释社会实在中发生的事件首先要通过指称个体有意或无意的行为以及这种行为所产生的结果，也需要考虑其他个人的行为以及这些行为所对应的可预测和不可预测的结果，还需要考虑社会的规范制度。② "社会性事实"形成个人行为的结果，不能形成个人行动本身。因此，社会制度的影响就受限于个人所作所为的不可预测的结果，行动者的信仰、行为和意图受控于他们自己，而不是社会制度的影响。方法论个体主义的支持者认为，方法论个体主义的一个目标是"理性的辩护"，是为了在社会科学领域发展解释的观点，同时也不否定人类的思考是有效的。埃尔斯特等人也认为，只有个体才能思考，只有个体的思考才能够进行理性的批判，由此个体才成为有理性的存在，而超越个体的实体却不能思考。批评方法论个体主义就是在批评对理性的辩护。通过方法论个体主义，通过指称个体与社会现象之间的关系，社会现象才可

---

① 罗伯特·韦尔. 马克思主义是如何被分析的 [G] // 罗伯特·韦尔，凯·尼尔森. 分析马克思主义新论. 鲁克俭，王来金，杨洁，等，译. 北京：中国人民大学出版社，2002：8.

② 理查德·斯密特. 方法论个体主义、心理学个人主义和对理性的辩护 [G] // 罗伯特·韦尔，凯·尼尔森. 分析马克思主义新论. 鲁克俭，王来金，杨洁，等，译. 北京：中国人民大学出版社，2002：186.

以得到解释。

方法论个体主义不仅适用于经济学领域，同样适用于政治以及社会领域。在当代的社会理论中，方法论个体主义总是与理性选择理论联系在一起，甚至理性选择理论直接被贴上了方法论个体主义的标签。在方法论个体主义提出伊始，按照韦伯的观点，方法论个体主义是纯粹的方法原则，不涉及任何的思想内容。对于哈耶克和波普尔来说，尊重方法论个体主义原则的主要动机是避免奥古斯特·孔德（Isidore Comte）、涂尔干等人所倡导的宏大理论叙事。伴随着叙事风格的转变，学界对方法论个体主义的研究逐步消退。然而，基于社会科学理论家对博弈论和理性选择理论的关注，对方法论个体主义的研究得到了复苏。社会科学理论家意识到，群体中的个体有可能陷入集体弄巧成拙的行为模式。萨缪尔森、奥尔森和哈丁等人分别在《公共支出的纯理论》《集体行动的逻辑》和《公地悲剧》中提供了清晰的例子。在这些例子中，个人之间仅仅存在共同利益，却未能提供他们采取必要行动来实现这一利益的动机。埃尔斯特等人认为，方法论个体主义可以避免对参与群体行动的动力做出明显错误的推论。

因为方法论个体主义倡导以无与伦比的精确度诊断现象，它被当代的分析马克思主义研究者所接受。罗默在其理论研究中，曾把博弈论与方法论个体主义等同起来。在埃尔斯特看来，方法论个体主义、理性选择理论和博弈论之间层层递进。方法论个体主义是方法论原则，更为基本，它要求从个体的微观基础出发解释社会现象，因为个体才是社会生活的基本单元。同时，人是有理性的个体，可以用理性选择理论来解释个体行动及其产生的社会现象。理性选择内含经验的成分，反映主体行动背后的意向态度。博弈论是理性选择理论应用的最佳体现，多主体之间的交互关系以及由此产生的社会现象，都可以通过博弈的关系阐释出来。

因此，社会悖境研究的逻辑起点，正是从个体角度出发的理性选择。因为在群体理性的交往行动中，个体行动的结果取决于个体在群体中完成意向行动所进行的"理性算计"。而个体在计算自身行动的利弊得失时，情境中的各个因素，特别是其他人所采取的行动都是个体考量的重要因子。因此，理性选择理论的研究重点也发生了转移，从关注"理性选择的后果"，逐渐转移至关注"个体在实际行动决策中所掌握信息的数量和程度"等。尤其是在博弈中，因为信息的不对称和不对等，个体要在不知道对方的策略选择的前提下，做出对自己最有利的决策。然而，因为信息等情境因素的限制，个体时常是在"不完全理性"的情况下进行决策。当然，在一些具体情境中，个体的策略选择是可以被分析和预测的，其行动选择的后果也是可以被预期的。

而今，社会科学研究的一个非常重要的视角便是行动视角。理性选择理论能够对个体行动的具体情境进行分析，它同时也受到了质疑。因为理性行动主体的假设，是实践主体与认知主体的完美结合，不少学者对此进行批判。在批评者看来，一方面，它强调了理性原则的重要性，但是在主体的具体选择情境中，理性可能并不在场，主体并非总是理性地行动。另一方面，它抽离了文化和社会属性，从纯粹理性的虚拟情境出发进行决策。然而，对于社会科学哲学来说，理性选择理论与方法论个体主义都是对当代社会行动者研究视角的重要呈现。它假设的主体理性，说明了行动主体可以对自身的行动选择进行反思，这种行动的反身性表现为理性。尽管它有一定的弊端，却能够从众多个体合理行动的相互作用中，揭示"自然法"的正当性，诠释合乎社会目的的状况为何是众多个人行动的非意图后果。

二、个体选择与群体选择

个体是群体中的个体，群体由个体组成。根据方法论个体主义，对社会现象和社会关系的解释，都可以从个体的理性选择出发。当然，个体角度的理性选择是逻辑起点，却不是逻辑终点。不能只停留于个体选择，要从微观基础回归到宏观现象。研究视角转移的关键一步，就是从个体选择向群体选择扩展。在行动理论中，从个体选择延展到群体选择的问题，备受研究者关注。对于个体来说，能够最大化其收益是一个目标期望，但这只是最基本的需求。在个体与他人的复杂交往中，个体行动向群体行动聚合或合成，个体同样期望能够在群体或共同体中获得自身收益的最大化。

个体理性选择的一个突出表现就是个体可以采取策略行动，即考虑其他行动个体的信念、期望和动机再做出自己的选择。这就意味着，从个体选择到群体选择，必须思考群体的意向态度。假设所有人对备选项都拥有同样的偏好，行动者的意向态度相同，或用阿罗的话说，人们具有一种"关心社会（social-minded）"的态度，在此同质化的意向态度指导下进行选择，形成的便是同质化的群体。尤其是，当剔除掉可能的行动阻碍之后表现出来的意向态度趋于一致时，群体的意向选择便会与个体的意向选择相同。但是，从个体选择到群体选择的过渡，并不是理想主义的状态。

在社会选择理论领域，让-理查斯·博达（Jean-Charles Borda）、孔多塞等人都对这个问题进行了解释，但他们所提出的阐释理论的普适性和解释力十分有限。之后，阿罗对社会如何根据成员的个体偏好在众多候选项中进行选择做出的探讨，推动了这个领域研究的飞跃性进展。阿罗对社会选择问题做出的抽象构建，应用范围极为广泛。在阿罗看来，根据传统的观点，如果把理性等同于某个目标的最优化，那么个体期望达到社会最优的问题，无疑是福利经济学领域一直以来的核心问题。选择的对象是社会状态，社会福利函数是指这样一个过程或规则，对应于备选社会状态的每一个体的序关系集合 R_1，…，R_n（每人一个排序），都可以得到一个相应的社会序列 R。社会福利函数是一种社会排序，如果一个备选状态在所有个体排序中位次升高或至少保持不变，那么在社会排序中，该备选对象在社会排序中的位次会上升，或至少不下降，社会价值与个体价值在联系上成正相关。构建社会福利函数的困难，来自个体主义假设所导致的分歧的社会态度。这就意味着，存在分歧的不同个体选择何以发展为群体选择，是必须解决的难题。因为社会福利判断的可能性，恰是来源于对社会备选状态的态度之间的相似性。

在公共选择理论领域，布坎南等人对个体选择与群体选择非常关注。根据布坎南的观点，公共选择是以自我利益、交换和方法论个体主义为基础的。政治家实际上以经济人的观念为出发点，个体在政治上也是以自我利益为中心的。唐斯也以经济理性工具来研究民主政治学，假定政治家等群体都是在寻求自身利益而不是公共利益。反映在投票问题上，政治家的直接目的是使自己的得票最大化，投票人的直接目的是通过为某个政党投票获得利益最大化。唐斯观察到，对个体来说，投票的成本通常会超过期望的回报。一张具体的选票对决定大规模选举的结果只有无限小的概率，投票几乎永远是"非理性的"。在这些情况下，理性的选择是不再投票，然而大多数市民都选择投票。可以把投票活动看作群体活动的一个例子，说明了从个体选择拓展到群体选择的过程中会产生悖论，它们反映了社会的反常状态。

在博弈论领域，从个体选择到群体选择的拓展，在多人博弈理论中备受关注。多人博弈理论有一个假设，每个可能的联盟（coalition）对所有备选策略排序时，依据的是其成员的支付总和。① 在博弈论中，每个人参与博弈的目的都是实现他的个人利益，这种假设前提使得博弈中的个体不会陷入阿罗

---

① 肯尼斯·阿罗. 社会选择与个人价值[M]. 丁建峰，译. 上海：格致出版社，上海人民出版社，2020：81.

所言的群体选择函数的悖论，但是他们可能会陷入其他的悖论。因为他们分属于不同的群体活动的类型，指导他们行动的群体态度之间也存在差异。

从个体选择与群体选择的关系视角出发，可以澄清个体悖境与群体悖境的关系机理。在个体选择中，主体可以做出的合理选择不止一个，但是彼此不可兼得，因而产生个体悖境。在多主体参与的群体选择中，就群体中的个体而言，针对他人的行动选择，个体可以采取的合理的策略选择可能不止一个，每个个体同样会面临个体悖境；就个体所形成的群体而言，伴随着个体选择发展为群体选择，因为群体的意向态度存在分歧，理性的策略选择可能产生不合理的结果，因为理性选择的不合理性，群体陷入悖境。

从个体的理性选择到群体的理性选择，群体会陷入悖境。从个体不完全理性的选择出发，群体选择更容易陷入悖境。在理性选择中，主体选择的集合是全部的备选方法，但是在个体的有限理性行动中，个体不可能找到全部备选方案，有限理性主体可能的选择方案十分有限。并且，在理性选择中，行动主体能够对备选方案的可能结果进行精准判断，在此基础上做出最优选择，而在个体的有限理性行动中，有限理性主体不可能具有完备的知识和信息。即便行动主体能够了解全部知识和信息，对偏好的价值预期也可能发生偏差，不能对偏好的价值做出精准排序和加权。在此基础上形成的群体选择，不可避免遭遇群体悖境，个体悖境与群体悖境都是社会行动主体需要解决的难题。

第三节　群体意向与群体选择

主体的期望与置信常会陷入悖谬困境，导致主体在实际的客观选择行动中进退维谷，这是个体行动的悖境。而当个体行动向多主体进行聚合或合成时，在多主体构成的群体行动中，行动悖境仍然会出现。根据行动的发生机制，个体的意向态度影响客观的行动选择。在群体行动中，合成群体的意向态度也会影响群体的行动决策。要对群体行动的悖境进行解析，首先要对合成的群体意向态度进行说明。本节将对群体态度的不同形式进行区分，进而对不同群体态度指导下的群体行动模式进行分析。由此说明，主体在不同的群体行动模式中，会面临不同的行动难题，群体行动的悖境不可避免。

一、群体意向的分类

在主体行动的相关解释理论中，心智意向也被称为意向态度或心智态度。那么，群体的心智意向可以概括为群体态度或群体意向。阿罗在自己的理论中将其称为社会态度，在他看来，社会态度之间会存在分歧。群体态度有不同的形式，克里斯汀·李斯特（Christian List）曾做出过总结，群体态度可以被区分为聚合态度、公共态度和协同态度三种类型。对于聚合态度的定义，李斯特借用了安东尼·奎因顿（Anthony Quinton）的精确描述，与个体一样，群体也被认为是有情感、信念和态度的，但它们的言说方式是隐喻性的。将代表心智态度的谓词归属于一个群体，常常是通过将心智谓词归属于群体中的成员这种间接的方式。① 针对群体态度的界说，奎因顿以工人阶级进行例证。在他看来，工人阶级整体上决定抵制反工会法律，也就意味着全部或大部分产业工人都持有相似的意愿。

李斯特赞同奎因顿对群体态度的描述，在他看来，对于群体聚合态度的界说依赖于所使用的具体聚合规则。一个聚合态度就是通过一定的统计标准或聚合规则，对群体中全部或大多数个体成员的意向态度进行汇总或总结② 例如，在一个多主体构成的群体中，如果多数成员都持有意向态度 φ，聚合规则是少数服从多数的原则，那么多数人的意向态度 φ 就是该群体的意向态度。对于信念而言，一种信念被称为聚合信念当且仅当群体中的全部或大多数个体持有此信念。

按照李斯特的观点，形成聚合态度的方式有两种，一种是直接聚合，另一种为行为聚合。相比之下，直接聚合是比较常见的方法。界说一个群体的聚合态度，可以按照适合的聚合规则，对相应个体的意向态度进行统计，或将其看作个体意向的函数。在直接聚合模式中，个人的具体意向先被抽离，然后再加以聚合，这一点在社会选择理论的偏好加总中得到了广泛研究。行为聚合与直接聚合不同，群体意向并非个体成员的意向态度的函数。总体的态度是间接地作为个体行动的"意外"属性的，反过来揭示行动主体的态度。以金融市场的预测行为为例，主体的意向和市场的偏好影响市场的价格波动，对市场生产进行预测的群体态度并不是个人态度的直接聚合。直接的聚

---

① QUINTON A. The Presidential Address：Social Objects[J]. Proceedings of the Aristotelian Society，1975(76)：1-27.

② LIST C. Three Kinds of Collective Attitudes[J]. Erkenntnis，2014，79(9)：1-22.

合态度和行为的聚合态度，都在群体的行动选择中发挥重要作用。

　　相对于群体的聚合态度而言，个体的具体意向之间可能存在差异。然而，当行动主体由单主体转变为多主体时，主体的心智意向可能转变为共同态度。群体行动不一定是合作的，但某个心智意向却可以是群体成员公共持有的，该意向态度是所有个体意向系统中的共同元素。按照李斯特的理解，公共态度首先是群体中的所有成员都持有的态度，而每个个体也都知道或相信任一其他个体都持有这个态度，更进一步，每个个体也都知道或相信任一其他个体也都知道或相信每个个体都持有这个态度……。① 与聚合态度允许个体之间的差异不同，公共态度中的个体态度是一致的。群体中的每个个体都持有某个意向态度，这是一个客观的事实，并且此事实是大家的公共觉识。对于公共态度，克莱伦斯·欧文·刘易斯（Clarence Irving Lewis）、奥曼等人都做出了研究，尽管是以公共知识的形式。在当代学者中，蒙然②、里斯姆和玛格丽特·吉尔伯特（Margaret Gilbert）③等人对集体信念的界定与公共态度相似。

　　群体的公共态度与聚合态度并不相同。群体的聚合态度可以表示为群体中的所有成员都有此意向态度，如果用 p 来表示主体之间相同的个体态度，聚合态度即 Ep，可以表示为 $T_1p \wedge T_2 p \wedge \cdots \wedge T_np$。公共态度与之不同，假如群体中的每个个体均持有某意向态度，每个成员均知道或相信群体中的所有个体均持有某态度，持续下去，以至无穷，该共同态度就是群体的公共态度，用 p 来表示每个个体的相同态度，公共态度即 Cp，表示 $p \wedge Ep \wedge EEp \wedge \cdots$④就信念而言，某个对象或事件可以为每个个体所相信，却并非就是群体的公共信念。⑤ 也就是，公共态度要求每个个体在聚合态度的基础上完全互知。这也说明，原初的非公共态度能够转变为共同态度。

　　在群体行动中，因为多主体博弈的参与，公共态度发挥其具体实践性功能的过程相对复杂。在具体的群体互动中，主体的行动选择并非彼此隔绝，个体的意向态度会相互影响，每个人的决策选择并非完全受个体的意向支

①　LIST C. Three Kinds of Collective Attitudes[J]. Erkenntnis, 2014, 79(9)：1-22.
②　LISMON L, MONGINP. On the Logic of Common Belief and Common Knowledge[G]// BACHARACH M, GERARD-VARET L, MONGIN P, et al. Epistemic Logic and the Theory of Games and Decisions. Boston：Kluwer Academic Publishers, 1997：3-34.
③　GILBERT M. On Social Facts[M]. New York：Routledge Press, 1989.
④　弓肇祥. 认知逻辑新发展[M]. 北京：北京大学出版社, 2004：211.
⑤　潘天群. 社会决策的逻辑结构研究[M]. 北京：中国社会科学出版社, 2003：103.

配，还会受群体中其他成员的意向态度影响。由此，群体成员的行动选择依赖于个体对他人心智意向的熟知程度。在主体行动发生前，个体总是会搜集与行动相关的信息，从而对此产生置信，如果主体相信的对象被证立为真，信念会转变为知识。在西方哲学史上，公共信念的思想可追溯至休谟，在休谟的《人性论》当中就含有公共信念概念的萌芽。因为奥曼的贡献，对于公共信念等群体态度的关注逐渐渗入至博弈论和行动理论研究中。

协同态度与聚合态度、公共态度均不相同。假如一个群体的成员持有协同态度，他们可以被视为一个意向共同体，也就是说，该群体是独立的理性主体，群体中的所有成员具有同一的期望或信念。一个群体理性主体是不同个体组成的群体，该群体中的所有成员均由一致的意向组织起来，他们都具备执行行动的能力，去实现与信念一致的期望和目标。与聚合态度、公共态度相比，协同态度影响下的群体成员互相分享公共信念、价值、规则、目标等，他们将自身看作胜任群体行动的社会集体，在集体的立场上进行思考和实践推理。① 群体理性主体作为一个系统整体，其协同态度并非通过个体表现出来。协同态度作为共同体或集合体的态度，与个体所持有的意向态度形成对比。一个特定的群体能否成为集体理性主体，取决于它如何被组织起来，具备充分结构的组织或群体才能成为集体理性主体的备选者。

心智意向指导行动，在共同体或集合体中，理性的群体成员按照协同态度去行动，而不是任何单个成员的心智意向。因为协同态度和组织结构的差异，集合体之间各不相同。不同于公共态度和聚合态度，协同态度不能被归约为个体态度。塞尔对集体之意向性特别关注，但他并不认可这一观点。根据塞尔的理念，集体意向可以被看作个人意向的一种特殊形式。安东尼·梅耶斯（Anthonie Meijers）不赞同塞尔的观点。在布莱特曼看来，协同的意向并不是一个单个的态度，而是所有参与人的一个关联咬合态度的网络。② 根据协同态度的定义，聚合规则不能保证完全的、一致性的协同态度的实现，多数规则不能构成集体维度的理性能动性的基础。

也就是说，协同态度的实现并不停留于单纯地依靠合成规则，持有协同态度的群体并不是个体的简单集合，而是共同体达成的群体共识。规则、共识、共同的价值观念和需要维持的秩序构成了共同体的核心。要就公共问题

---

① TUOMELA R. Cooperation as Joint Action[J]. Analyse & Kritik，2010(2)：65-86.

② 吴树仙. 意向性与决策：可能的融合[M]. 北京：清华大学出版社，2012：104.

达成共识或形成一致，形成协同行动的共同体，需要诉诸共识生产的制度和民主机制。协同态度指导下的集体行动是群智、群思、群商、群策、群力的过程，集体中的成员要就公共问题或该行动候选项形成一致的知识性认识，对决策和行动规则达成同意。同时，集体中的所有成员也要形成价值共识，所有利益相关个体都认同选择的结果。

协同态度的形成，需要内在的集体成员中个体的心智意向趋向一致，也需要外在的规范保障。美国当代经济学家考希克·巴苏（Kaushik Basu）认为，社会规范可以被划分为三种类型。第一种是理性限定规范，即限制个体的理性选择的规范，它阻止个体去选择某种特定行动，例如限制偷窃行为，缩小了行动者的可选择空间，改变了行动者的可选择集合。第二种是偏好变异规范，即改变个体偏好的规范，这种规范随着时间的推移可能成为个体偏好的一部分。例如，个体喜欢某种事物，但因为理性限定规范，禁止接触这种事物，随着时间的推移，个体的偏好发生改变，不再喜欢这种事物。第三种是均衡筛选规范，指协调人们在众多的纳什均衡中选择某个特定的纳什均衡的规范，但是策略与行动的选择完全是当事人的自身利益所在，这种规范不改变博弈本身，而改变博弈的均衡结果。① 这就说明，规则和规范可以协调个体之间的行动，促进社会秩序和社会共识的实现。

二、群体选择的模式

群体的聚合态度、公共态度和协同态度是影响群体行动的三种意向态度，它们相互联系，也存在巨大差异。尤其是，前两者群体态度能够归约于个体态度，而协同态度则不能。按照现实矛盾理论的说法，在主体行动的不同情境中，行动主体有三种不同的模型，分别为因果模型（causal model）、立意参量模型（purposive-parametric model）和立意策略景象（purposive-strategic image）。② 根据悖境的形成机制，在立意参量和立意策略模型中，主体都可能面临行动悖境。要对产生群体悖境的群体行动情境展开分析，个体主义立场可以提供一种研究模式。正是因为群体互动的参与，群体行动中的所有个体成员都可能会遭遇悖境。因此，要对群体悖境进行解析，把对行动情境的

---

① BASU K. The Role of Norms and Law in Economics：An Essay on Political Economy[J]. Working Paper, Department of Economics, Cornell University, 1998.

② 乔恩·埃尔斯特. 逻辑与社会[M]. 贾国恒, 张建军, 译. 南京：南京大学出版社, 2015：216.

具体分析与对群体做出选择的集体意向的分析结合起来很有必要。实际上，正是在群体聚合态度影响下的群体选择情境中，行动的主体是立意参量行动者。正是在群体公共态度影响下的群体选择情境中，行动的主体是立意策略行动者。

在群体行动中，每一意向个体都对其他成员的心智意向具有一定的认知，认知程度的高低影响个体的偏好和选择。每个意向个体对他人心智意向的认知主要有三个层次：完全不知道、部分知道或完全知道，意味着不同个体之间完全不互知、不完全互知或完全互知。在不同的意向和行动情境中，参与者的实际选择并不相同。首先，在群体中的成员完全不互知的意向和行动情境中，即便参与者知道部分信息，但他对其他个体的策略选择并不知晓，只能参照自身与他人的假定关系来做出选择。实际上，聚合态度或群体态度影响下的群体行动便是如此。在聚合的群体行动中，群体成员本质上都是立意参量行动者，彼此的意向态度并不透明，个体自由地做出选择，如果群体中的所有成员同时这样做，自由选择可能产生不自由的结果。

其次，在群体中的成员部分互知或不完全互知的意向和行动情境中，行动个体根据对他人意向态度的认知和占有的信息来进行推理，在此基础上做出选择和决策。最后，在群体中的成员完全互知的意向和行动情境中，群体成员的心智意向便为公共态度。行动参与者可以将其他成员的信念和知识集合起来进行推理，得到显性知识和信念所蕴涵的隐性知识和信念，在此基础上做出最优选择。潘天群认为："这种根据某个群体中的某些人或所有人掌握的知识进行推理得到的知识是一种隐含的知识。隐性知识不为任何单独的个体所知，但是所有主体知道的知识汇集起来可以得到这个知识。这种隐含知识概念同样是分析社会现象的有用概念。"①从群体成员完成不互知的意向和行动情境过渡至群体成员彼此互知的行动情境中，伴随着群体成员的意向态度逐步透明，行动参与者随之由立意参量行动者转变为立意策略行动者。因而，公共态度指导下的策略行动也是群体的自由选择行动。然而，群体的自由并不保证集体的理性，群体中的所有行动者也都可能遭遇行动悖境。

群体中的个体成员对其他成员意向态度的认知影响主体的选择和决策，也导致了相应的行动结果。群体态度指导下的主体选择与其结果之间可以有三种关系。首先，行动主体能够预测自身选择所产生的结果，因而，行动者

---

① 潘天群. 博弈生存：社会现象的博弈论解读［M］. 南京：凤凰出版社，2010：33.

对他人的选择及其手段—目的关系做出了正确判断，在此基础上进行选择。其次，主体的行动为行动者带来满意的结果，然而，该结果并不是按照行动者原初的计划安排所产生的。再者，主体的选择所产生的结果在行动者的意料之外。① 其中，第三种关系的存在说明行动者的意向态度与客观行动出现了矛盾，主体的实际所为与其心中所想出现了偏差，个体的心智意向没有得到实现。行动悖境的存在，解释了主体的心智意向与其行动结果之间相悖的境况。

与个体行动相比，正是由于不同个体的参与，群体的互动关系相对复杂。群体选择的实际结果偏离主体预测的方向，这是常见的境况。尤其是在群体聚合态度指导下的群体行动中，主体间的心智意向并不透明，建立于假设关系之上的群体行动常会导致悖谬的结果。然而，即便群体成员之间持有公共态度，彼此在理性选择的情境中完全互知，谬误的结果也会出现。尽管每个成员都是在相同的心智意向支配下进行选择，行动者也能预见行动的结果，为了保障自身的利益不遭受损害，每个主体只能采取策略行动，从而做出相同的对自身来说有利的选择。策略行动可以看作理性行动的子变种。在策略行动中，不同主体之间存在互依性，每个行动者的收益受其他参与者的偏好及其通过策略理性做出的选择的影响，也依赖于其他行动通过利他主义和协同性所获得的收益。② 这就隐含：在公共态度意向下的群体行动中，如果群体成员依靠战略理性进行选择，群体悖境同样不可避免。

在具备自主能动性的集合体中，影响群体行动的意向态度是协同态度。区别于聚合态度与公共态度，协同态度对群体的主观能动性和选择的合理性提出了要求。一个群体能够成为群体理性主体，其条件就是群体行动的模式能够得到解释或被"合理化"。协同态度影响下的群体行动是共同体的行动，共同体并非个体的简单集合，其成员拥有群体共识和共同的价值观念。因群体意向态度的一致性，行动悖境可以被避免。换句话说，协同态度影响下的主体行动建立在公共合作基础之上。根据图梅勒对行动的界定，相对于群体偶然的弱联合行动而言，协同态度指导下的群体行动是一种强合作行动。强

---

① 乔恩·埃尔斯特. 理解马克思[M]. 何怀远，译. 北京：中国人民大学出版社，2008：19.

② 乔恩·埃尔斯特. 理解马克思[M]. 何怀远，译. 北京：中国人民大学出版社，2008：9.

合作行动以完全的集体意向性为根基，是集体的内在联合行动。① 布莱特曼也持有相似的观点，在他看来，集体意向应该指导群体形成合作计划和统一行动，换句话说，合作计划和统一行动可以被解释为协同意向的诉求。② 也就是说，协同态度是群体一致行动的必要条件。

群体一致行动建立在协同态度之上，然而，协同意向是群体意向态度的理想境况。协同态度形成，并不意味着协同行动的出现，集体契约、社会规范等都是保障协同行动的现实条件。在对博弈和社会的关系进行深入研究上，张维迎提出社会规范发挥提供激励、协调预期和传递信号等功能。③ 限制理性选择和改变偏好的规范有助于协同态度的形成，从而诱导人们相互合作。在群体行动中，行动者可能遭遇囚徒困境的困扰。社会规范可以通过改变博弈的支付结构，为行动主体提供一种激励，使个体效率和社会效率保持一致，从而实现帕累托最优。当博弈中有多个均衡，因为行动的悖境，个体不能有效做出最恰当选择。在这种情景下，社会规范的一个重要功能就是通过预期协调促使个体选择一个特定均衡。此外，在个体博弈中，不同行动者之间的信息分布是不对称的，遵守社会规范可以向他人传递自身愿意与他人合作的信息。因为社会规范是对人的自由和行为的约束，遵守规范意味着让渡一部分个人自由给共同体，以此维护集体的稳定与协同。同时，信息的传递有助于个体放弃不愿意合作的意向，促进协同态度的实现。

从根本上说，社会的规范和规则是在长期的相互博弈中人们之间达成的普遍共识。社会规范的三个基本功能相互联系，尽管有些社会规范可能并不同时具备这三种功能，而只具备其中的一种或两种，但它们共同在协同态度的趋向和集体性示范的避免方面发挥着重要作用。当然，在实际的互动中，共识生产、公共参与和民主协商等也是协同态度实现的制度基础，秩序重建、利益协调与社会管理创新等也是协同态度实现的重要保障。

第四节 群体悖境的形成机理

群体悖境是多主体在群体行动中可能面临的境况，构成了群体行动的障

---

① TUOMELA R. Cooperation as Joint Action[J]. Analyse & Kritik, 2010(2): 65-86.

② 吴树仙. 意向性与决策: 可能的融合[M]. 北京: 清华大学出版社, 2012: 104.

③ 张维迎. 博弈与社会[M]. 北京: 北京大学出版社, 2013: 337-338.

碍。要消除群体悖境的恶性循环，必须探究群体悖境的形成根源。研究个体选择和群体选择的过渡机制，可以发现主体选择的合成中存在着困境。在将众多个体理性人的选择加总为公共理性选择的过程中，因为策略理性的影响，如果多主体按照聚合或公共的意向态度去行动，可能导致"群体悖境"的产生。在将"个体悖境"推进至"群体悖境"时，"聚合悖论"和"合成谬误"构成两者过渡的中介。研究偏好的聚合悖论与选择的合成谬误，可以透视出群体悖境的形成机理。

一、偏好的聚合悖论

偏好是主体的一种认知状态，它是主观的，从而是具有内省能力的。[①]因为偏好与认知紧密关联，偏好成为哲学、博弈论、决策论和效益理论等学科的核心概念，偏好及其逻辑性质在行动哲学和理性选择理论中尤其占有十分重要的地位。在哲学和逻辑学之中，因为冯·赖特的工作，大家开始关注偏好之间的相容性问题。在博弈论和决策理论中，一个理性的参与者会去比较可执行的行动集合中的各个候选项所导致的结果，进而选择那些能够达到自身最偏爱的结果的行动。在计算机科学和人工智能领域，信念、偏好、意图和目标决定着"主体（agent）"的行为。在经济学领域，偏好被认为是"假设的选择"，选择被看作现实性偏好。在冯·赖特看来，即使不存在实际选择的问题，主体也可以存在内在偏好。所以，偏好并不只是纯粹的关于"哪个更好"的关系，在不完全信息的情况下，偏好与信念、知识都具有密切的关系。最直接的，某人偏爱一个事物胜过其他事物，当且仅当他相信他的这个偏好状态。因为偏好中的意向因素，在个体行动中，可能会出现偏好悖境。

在个体决策中，一个理性个体能够在不同候选项中给出自己的判断和偏好的排序，使得个体的偏好满足可比性和传递性，不会出现不一致。而且，个体理性总是会去追求能够带来最大收益的偏好。个体理性的可满足条件，也可以拓展至集体上。集体理性的内在要求应是集体性判断或偏好满足可比性和传递性，其外在表现应该是追求集体性偏好或效用最大化。[②] 但是，人们可以具有不同类型的目标，追求不同类型的价值，在这个维度上的个体理性常会导致集体的非理性。这就意味着，偏好和选择进行聚合时，多主体也

---

① 刘奋荣. 动态偏好逻辑[M]. 北京：科学出版社，2010：118.
② 蒋军利. 决策、理性与博弈——理性决策的基本问题研究[M]. 重庆：西南师范大学出版社，2020：114.

会面临悖境。

　　在聚合行动中，主体的意向关系是晦暗的，行动个体不能得知他者的心智意向，群体中的个体参与者是根据自身与他人的假设关系来进行选择的。在不透明的意向关系中，个体可以故意隐藏自己的意向态度，有意去改变偏好的聚合结果。例如，某市要求对其地标性建筑进行设计，在经过几轮投票之后，甲、乙、丙三个人的方案胜出，由招标组进行最后表决。其中，某个投票者倾向于丙>乙>甲，但是，他猜测到甲和乙应该是多数人的偏好。为了避免无效的投票，他策略性地偏好于乙，以阻止甲的设计成为最终的投票结果。实际上，投票者在其选择过程中，也面临着悖境的困扰。该个体的真实意向是一个备选项，作为聚合结果的意向是另一个候选项，冲突的双方不可得兼，投票者陷入悖境。为了应对这个问题，在经济学的机制设计理论中，如何设计策略防护规则去激励个体如实表达自我偏好，是一个至关重要的问题。①

　　聚合态度是个体态度的合成，根据给定的聚合规则，两者形成具体的附生关系。按照方法论个体主义的原则，群体决策的制定可以还原至个体的行动来得到解释。对于群体的聚合行动，个体首先依据个体的偏好来限定决策方向，之后根据偏好来搜集信息。在此基础上，形成群体的意向偏好，并执行能够使得偏好成为现实的最佳策略。这是个体偏好聚合为群体偏好的理想状况，其成立的前提是所有个体的偏好无差别。在此情境中，通过个体意向聚合所形成的便是协同意向，协同意向指导下的行动能够保证所有个体理性联合，并且任何行动者都不会偏离此偏好。当然，在群体的聚合行动中，这一理想性的决策状态缺少强有力的支撑。现实中的个体行动者会因其非理性而改变偏好，或因利己主义而选择投机行动，在此情况下，个体偏好与群体偏好的齐一性便会被打破，协同意向不可能形成。

　　在聚合行动中，个体能否真实地表达自己的偏好，对聚合结果的形成至关重要。如果个体真实表达其偏好，聚合结果便是群体自然的倾向。遗憾的是，理想的聚合结果只能发生在特定的案例。在实在的聚合行动中，个体选择的动机难以判断，需要现实的制度机制来约束个体，使其真诚表达其偏好。如果现实个体受情绪等非理性因素所支配，或因投机心理而隐藏其真实偏好，由此形成的聚合结果不能体现群体的真实意愿，该结果便不具备社会

———————————
　　①　ELSTER J. The Possibility of Rational Politics[J]. Crítica：Revista Hispanoamericana de Filosofía，1986，18(54)：17-62.

价值。例如，即便群体中的所有个体的真实倾向都是偏好 $a>b$，作为聚合结果的群体选择却可能是 $b>a$，该结果不能代表行动者的真实意向。

由此可知，聚合态度指导下的群体选择缺乏稳定性，简单的多数投票规则难以保证聚合行动的合理性结果。在极端的情况下，任何策略都可能被偶然的多数所改变，既定的事态也可能被多数人的瞬时激情所扭转。对此，群体可以做出战略性防护，制定稳定性策略以避免简单多数规则在行动中起决定性作用。否则，群体中的个体非理性会对群体的理性行动和策略选择形成威胁。尤其是在囚徒困境中，当参与的博弈人数较少时，获悉他们的偏好情况以及预测他们究竟会做出何种选择是比较容易的。尽管可能会出现搭便车难题，也可以找出这种行动的实施者并予以惩罚，从而进一步促进合作策略，避免悖境的出现。但是当参与人数较多时，单一个体对团体产生的影响相对减小，个体很容易偏好非合作策略。在大型的社会或团体中，倘若仍然依赖自愿遵从行为，个体的非合作的偏好和选择进行聚合，会导致搭便车现象，群体陷入悖境。

基于非理性的偏好合成机制，群体的偏好形成会陷入悖境，即便是个体如实表达自身的偏好，理性进行决策选择时，聚合悖论仍会出现。聚合态度是个体态度直接合成的结果，当群体中的所有成员将意向态度汇集在一起时，却可能出现不一致结果。个体选择具有直观特性，一个给定的选择 a，要么它是正确选择，要么不是。给定的两个选择 a 和 b，要么 a 比 b 好，要么 b 比 a 好。在个体的意向选择向群体聚合时，"a 是最佳选择"或者"a 比 b 好"之类的意向在聚合态度中所占据的程度，可以由支持它们的个体占据全体的比例来计算。因而，在多数决定结果的聚合行动中，假如某个行动被群体选择，它必须被大多数行动者合理地遵守。然而，将个体的心智意向聚合为群体意向时，结果会出现矛盾。以一个直观的期望选择为例：

	φ	ψ	$\varphi \wedge \psi$
成员 A	期望	期望	期望
成员 B	期望	不期望	不期望
成员 C	不期望	期望	不期望
多数	期望	期望	不期望

图 4-1

从最后一行横向上看，期望 φ 的成员占据多数，期望 ψ 的成员占据多数，按照合取规则，期望 $\varphi \wedge \psi$ 的成员应该也是多数。但是，从最后一列纵向上看，根据聚合的多数原则，多数人不期望 $\varphi \wedge \psi$，这是一种悖谬的情境。

在投票中也存在类似的悖谬情境。设想在一次公开的投票活动中，最后的角逐在大卫（D）、凯文（K）和托比（T）三位候选人之间展开，三位投票者需要对三位候选人进行偏好排序。三个投票者的偏好如下：

投票者 1	投票者 2	投票者 3
D	K	T
K	T	D
T	D	K

图 4-2

从投票者的视角来看，第一个投票者的偏好是 D>K>T，第二个投票者的偏好是 K>T>D，第三个投票者的偏好是 T>D>K。加总规则为多数原则，根据投票者 1 和 2 的偏好，可得到 K>T。根据投票者 1 和 3 的偏好，可得到 D>K。按照理性偏好的传递性，由 K>T 和 D>K 可得 D>T。然而根据投票者 2 和 3 的偏好，可得到 T>D，由此便出现了矛盾。从候选人的视角来看，对于 D 来说，投票者 1 和 3 均偏好 D>K，只有投票人 2 认为 K>D，根据多数原则，与候选人 K 相比，D 胜出。对于 K 来说，投票者 1 和 2 均偏好 K>T，只有投票人 3 认为 T>K，根据多数原则，与候选人 T 相比，K 胜出。根据偏好的传递关系，D>K 和 K>T 可得 D>T，这就意味着与候选人 T 相比，D 胜出。但是，对于候选人 T 来说，投票者 2 和 3 均偏好 T>D，只有投票人 1 认为 D>T，根据多数原则，与候选人 D 相比，T 胜出，同样会得到矛盾。

孔多塞发现在投票中会出现循环型悖论，提出了投票悖论，说明按照多数原则将个体的偏好向群体偏好聚合会产生矛盾。埃尔斯特也看到了这一矛盾，如果群体选择由多数人投票来表决，就存在数列个体偏好，导致非传递性社会偏好。即使其中的个体皆为理性化群体，类似悖谬境况也会出现。在投票悖论的建构中，每个个体都是理性的，但遵照多数胜出规则得到的群体偏好不满足传递性要求，群体选择结果不满足公共理性。这也就说明，当个体依照自身偏好进行决策时，会对群体偏好的结果造成影响，二者之间的关系会出现失衡。个体投票者真实地表达自身的偏好，同时也遵守投票规则，但是根据聚合规则得到的群体偏好中会出现矛盾。在自我的偏好与聚合的结果之间，主体面临意向选择的冲突，这是一个心智悖境。

如果在实际的投票中，每个投票者偏好的候选人都是自身利益的代言人，投票者期望表达自己的真实意愿，不愿意改变自身偏好，实际的投票结果却可能完全相反。这就意味着，即使群体中的每个成员的利益都能够被满足，群体的利益也不一定能得以实现，试图通过群体选择使个人偏好达到全体一致的理想状态的设想存在着困难。根据埃尔斯特的观点，如果给微弱多数但远非全体一致的意见加上一些个体偏好，就不能导致非传递性社会偏好。对于不相容析取选择(A，B，C)，比如A，满足所有相关个体都认为它不是最好的，或者都认为它不是最坏的，或者都认为它不是中等的，它们之间是不相容析取关系，这是阻止投票循环出现的充分条件。[①]

在投票问题方面，除孔多塞之外，阿罗、阿马蒂亚·森等人都做了重要工作。阿罗对投票悖论进行深入研究，他以投票悖论为基础，从社会福利函数出发分析群体偏好加总问题。在他看来，任何社会选择程序都必须满足一组最低条件要求，即：

(1)无限制原则(原则U)：个体可以有任何偏好，而且民主选择，个体对候选项可以选取所有逻辑上可能的偏好排序。

(2)独立性原则(原则I)：不相干的选择互相独立，群体对任意两个候选项的偏好排序只依赖于群体等级中的所有个人对它们的偏好排序，与其他因素无关。

(3)一致性原则(原则P)：社会价值与个体价值之间存在正向关联，如果所有个体都偏爱一个候选项胜于另一种选项，那么社会排序也以此方式排列这两种选项。

(4)非独裁原则(原则D)：不能使社会偏好排序总是和某一个体的偏好排序一致，而不管其他个体的偏好如何。

阿罗将孔多塞悖论给予了形式化，从而说明，不可能找到一个同时满足无限制原则、独立性原则、一致性原则和非独裁性四个公理的社会偏好函数。阿罗证明，满足以上原则的民主决策的规则是不存在的。当候选项不少于三个时，不存在任何能同时遵循上述条件的加总规则(社会福利函数)，或者说满足条件(1)(2)和(3)的规则是独裁的结果。"阿罗不可能性定理"说明

---

① 乔恩·埃尔斯特. 逻辑与社会[M]. 贾国恒，张建军，译. 南京：南京大学出版社，2015：104.

由个体偏好得到的社会偏好不能相容，没有办法合理反映社会偏好。[①] 依靠简单多数的规则，在不同的个人偏好中选择出共同一致的偏好，是不可能的。也就是说，在现实社会中，不可能通过一定的程序"合理地"反映群体中每一个个体的偏好。虽然得到了一个否定的结论，但阿罗的成果激发了人们研究社会选择问题的热情。

阿马蒂亚·森证明了自由社会中的帕累托最优无法实现，他将权利或自由看作社会算法，通过形式化方法，证明福利主义的社会算法与个体权利的社会算法之间不相容，个体自由权利和帕累托效益不可能同时实现。森利用社会软件，定义了一个从个体偏好序列 R_1，R_2，…，R_n 到社会偏好上的社会决策函数 F，即社会偏好 $R = F(R_1, …, R_n)$。如果 R 总是包含至少一个最佳元素，没有其他选择优越于它，F 就是一个最优社会软件算法。然而，结果却表明，自由社会中的权利持有与最优化不相容，换句话说，帕累托最优和自由权利不能相容，这一结果也可以被呈现为囚徒困境结构。[②] 因此，偏好聚合中的悖论表明群体会同时面临悖境，群体自由存在自毁的可能性。

二、选择的合成谬误

偏好的聚合悖论是群体行动的障碍，在聚合态度指导下相似情境中都可能会出现悖境。然而，即便群体成员持有的是公共态度，群体行动中的悖境依然会出现，这是一种选择的合成谬误。社会科学的研究发现，在现实中存在许多事与愿违的社会现象。从部分看某一个体的行动是合理的，而加总起来的结果却是不合理的，这是一种因为合成或加总而形成的谬误。萨缪尔森就曾将"合成谬误"引入经济学研究，并用其证明市场失灵。在他看来，市场失灵问题的解决需要政府的干预。奥尔森的搭便车难题在本质上也是个人理性行动无法合成为集体理性结果的合成谬误，哈丁提出的"公地悲剧"也是利用合成谬误来分析现实困境。根据这些社会理论家的致思路径，可以利用合成谬误来揭示社会中竞争与冲突的内在机制，分析群体悖境的形成机理。

在逻辑学上，谬误被看作一种推理性错误，欧文·柯匹（Irving Copi）和

---

① ELSTER J. The Possibility of Rational Politics [J]. Crítica：Revista Hipanoamericana de Filosofía，1986，18(54)：17-62.

② Keith Dowding, Martin van Hees. Freedom, Rights and Social Software [G] //Jan van Eijck, Rineke Verbrugge (eds.). Games, Actions and Social Software. Springer, 2012：14-28.

卡尔·科恩(Karl Cohen)在《逻辑学导论》一书中将其界定为一种看似正确但经过检验可证其为错误的论证类型。① 谬误有多种类型,一些社会理论家利用逻辑谬误去对社会范式进行研究。其中,合成谬误是被使用较多的一种。在萨缪尔森将合成谬误引入经济学领域之后,合成谬误在实在中具体领域的解题功能逐步被发掘,通过合成谬误来诠释社会现象的例子举不胜举。然而,合成谬误的本质是一种逻辑谬误,社会理论家在利用它的同时,却忽视了它内在的逻辑机理。这种强烈反差的表现便是,合成谬误的应用之地得到开发,而在具体应用中对理论基础的描述尚属阙如。对于这种现象,埃尔斯特曾有精准描述:"合成谬误对于社会科学的重要性常常得到随口的传承,它却并未成为系统分析的对象。"②

根据柯匹、科恩等人对谬误做出的划分,合成谬误在谬误家族中属于含混谬误。按照柯匹的理解,在具体的论证过程中,同一词项在前提和结论中的内涵可能不一致。也就是,某个词项在前提中是一种内涵,但在结论中其内涵却发生了变化。如果依照这样的标准进行推理,自然会产生谬误,这种谬误可定义为含混谬误。③ 含混谬误存在显性和隐性之分,显性含混谬误在推理中易于被识别,隐性的含混谬误却不容易识别,是欺骗性较高的错误之一。合成谬误可区分为两种不同的类型。第一种是从部分到整体的无效推广,也就是从部分具备的属性推理得到全体具备的属性。例如,某件家具的每个组成部分都很轻,推理得到,这件家具整体上重量也很轻。第二种形态是从分子到汇集的无效推广,也就是从单个分子具备的属性得到汇集总体具备的属性。例如,一辆长途汽车的耗油量比家用小汽车的耗油量大,所以全部长途汽车比全部家用小汽车的耗油量大。

依照柯匹的观点,合成谬误的第一种形式是:对象 a 的每个组成部分具有属性 p,所以,对象 a 在整体上具有属性 p。但是并非所有类似的推理都是无效的,判断其是否有效部分依赖于 p 所表示的属性。例如,这把椅子的每个部分都是白色的,因此,这把椅子是白色的。这个例子也是由部分具备的

---

① 欧文·柯匹,卡尔·科恩. 逻辑学导论[M]. 张建军,潘天群,顿新国,等,译. 北京:中国人民大学出版社,2007:90.

② 乔恩·埃尔斯特. 逻辑与社会[M]. 贾国恒,张建军,译. 南京:南京大学出版社,2015:124.

③ 欧文·柯匹,卡尔·科恩. 逻辑学导论[M]. 张建军,潘天群,译. 北京:中国人民大学出版社,2007:106.

属性推得整体具备该属性，但它并不是无效推理。相反，如果 a 的所有组成部分都是白色的，而它整体上不是白色在逻辑上不可能成立。另外，并非所有合成谬误都源于词项在推理中的意义含混。例如，某物品的每个零件都是正方体，因此，这个物品是正方体。这个推理无效，尽管它是一个合成推理，而且，该谬误不是源于词项意义含混，因为正方体在推理中的含义一致。

部分合成谬误并不属于含混谬误，这对柯匹的定义提出疑问。而后，关于合成谬误的认知引发了论辩。理查德·科尔（Richard Cole）、詹姆斯·布洛伊（James Broyles）等也加入了争论队伍。科尔为科匹的界定提供辩护，布洛伊则与之恰好相反，[①] 两人就合成谬误的特征描述未达成共识。然而，他们论辩的核心没有超出词项是否存在歧义的范围，论证方法也没有突破传统逻辑的局限。随着模态逻辑的发展及其语义学的提出与完善，埃尔斯特从模态视角对合成谬误进行分析，使得学界对现实矛盾的研究成为可能。

模态合成谬误是埃尔斯特在对社会科学的形式化分析过程中提出的重要概念。他敏锐地抓住了合成谬误的本质，对它做出了新的诠释。在埃尔斯特看来，在现有的理论研究中很多都涉及合成谬误。就合成谬误来说，属性名称在推理中出现歧义是多数情况，少部分谬误的出现并不涉及词项的含混。而且，部分-整体型谬误大多出于词项含混，元素-集合型谬误则不是。[②] 然而，埃尔斯特并没有从传统的视角出发来界定合成谬误，而是引入了模态逻辑的公式提出了"模态合成谬误"。

自现代模态逻辑创立之后，模态逻辑的可能世界语义学随之提出并逐步确立。特别是克里普克以"可及关系"为核心的可能世界理论的提出，使得现代逻辑手段刻画的"逻辑必然"之外的"现实必然"成为可能。[③] 在克里普克所提出的语义学中，可及关系是对可能性的一种刻画。可能性可分为两种，一种是逻辑可能，逻辑上无矛盾就是逻辑可能，穷尽所有逻辑可能就是逻辑必然，它们受逻辑规律限制和支配。另一种是现实可能，对可及关系的解释是关于事实的就是现实可能，穷尽所有现实可能即为现实必然，它们受经验规

① BROYLES J. The Fallacies of Composition and Division[J]. Philosophy & Rhetoric，1975，8(2)：108-113.

② 乔恩·埃尔斯特. 逻辑与社会[M]. 贾国恒，张建军，译. 南京：南京大学出版社，2015：128.

③ 张建军. 当代逻辑哲学前沿问题研究[M]. 北京：人民出版社，2014：10.

律限制与支配。所以，可及关系的解释存在相对化分层，模态逻辑中不存在能够涵盖所有可能解释的普遍有效概念，有效性是相对解释而言的。

以巴坎公式为例。1946 年美国著名的女性逻辑学家露丝·马库斯(Ruth Marcus)提出巴坎公式 Bf：$\lozenge \exists xFx \rightarrow \exists x \lozenge Fx$ 及其逆公式 Bfc：$\exists x \lozenge Fx \rightarrow \lozenge \exists xFx$。两者的有效性对应于个体集之间的特定关系，Bf 对应于收缩的个体集，即 w 的可及世界 w' 里的个体在 w 中都有，$Rww' \Rightarrow H(w') \subseteq H(w)$；Bfc 的有效条件为：$Rww' \Rightarrow H(w) \subseteq H(w')$；Bf 和 Bfc 的对应框架分别是收缩框架和扩张框架，因为等同框架既是收缩的也是扩张的，故在等同框架上，Bf 和 Bfc 都成立。将一阶经典谓词演算系统 Q 与模态逻辑系统 S5 相结合，得到模态谓词演算系统 QS5。QS5 是一阶谓词逻辑的模态扩张，Bf 和 Bfc 都是 QS5 的内定理。根据可靠性定理，Bf 和 Bfc 在系统 QS5 中是有效的。

与巴坎公式具有相似形式的有如下两个公式：$\square \exists xFx \rightarrow \exists x \square Fx$ 及其等价式 $\forall x \lozenge Fx \rightarrow \lozenge \forall xFx$。尽管在形式上相似，它们却并非 QS5 的定理，在逻辑上是无效式。埃尔斯特将 $\forall x \lozenge Fx \rightarrow \lozenge \forall xFx$ 界定为"模态合成谬误"，指代从任何单一个体可能具有某属性，推出可能所有个体都具有该属性。模态合成谬误公式是从物模态到从言模态的谬误转换，出于纯粹的逻辑的原因，谓词 F 不可全称量化，即前件中的谓词 F 不能有效地转移至后件中。在埃尔斯特之前，没有学者将该公式与合成谬误联系起来。埃尔斯特通过形式刻画，将合成谬误从传统上的非形式谬误转变为无效模态推理的形式谬误，意味着在该公式中，可能出现前件真而后件假的情况。该公式的逆是有效式，这也就意味着模态合成谬误不存在相应的分解谬误。模态合成谬误将谬误的基础定位于属性不可普适化，如若强制进行全称量化，必然导致荒谬的结论。例如，任何一家工厂都可能产能过剩，由模态合成谬误公式可得，可能所有工厂都产能过剩，这个结论不能被接受。

使用模态逻辑的工具，合成谬误转变为算子和量词的无效转化，以此可避免传统上对合成谬误之定义的争论，使学界对合成谬误的认知更加精准。模态合成谬误的出现有多方面的原因，属性谓词出于逻辑上的不可能、因果上的不可能或概念上的不可能，不能有效地从个体向全体量化。逻辑上不可能的合成是因为其违反了逻辑规律或规则，例如，所有人的奔跑速度都高于人们的平均速度，这在逻辑上是不可能的，其中包含着自相矛盾。因果上不可能的合成是因为其违背了因果规律。只要没有逻辑矛盾出现，在逻辑上就能够成立，但某些属性的合成却违反现实规律。例如，任何健康女子奔跑的速度都等于人们奔跑的平均速度，这个结论不包含矛盾，在逻辑上是可能的，但在因果上是不可能的，其违背了物理规律。概念上不可能也是合成谬误出现的重要原因。任何一架飞机都可能因为某个故障而不能正常起飞，不能得到所有飞机都存在不能正常起飞的可能性。如果可能性存在，此情境下的"飞机"也就失去了飞机的本质。将模态合成谬误应用于主体行动中，就会发现，许多可以用模态合成谬误公式描述的情境中都包含着悖境。

利用模态合成谬误公式，可以对社会中的实在困境进行解析，揭示悖境背后的逻辑机理。亨特曾对模态合成谬误进行评价，主体的意图或信念之间的关系，出于纯粹逻辑上的理由，导致无法同时全部实现那些意图或信念。在此基础上，可以探讨社会实践中这类非融贯性的必要条件和后果。① 在群体行动中，聚合态度和公共态度指导下的群体行动都可能出现悖境，其根源就在于，群体中的每一个个体的心智意向非协调地向群体意向转变。换句话说，代表个体意向的心智谓词 F 无效地转移至群体中的全部成员中。在此意义上，偏好的聚合悖论也是模态合成谬误公式的一个特殊范例。

从群体中的个体来看，因为群体行动中的多主体博弈，每个成员都理性地选择行动，然而，当所有个体都以此意向为导向进行选择时，个体行动的结果可能与意向相反，这是群体的悖境。这也表明，现实中真实存在着与群体选择相关的悖境，模态合成谬误是这种群体悖境形成的重要原因。例如，因为汽车行业的蓬勃发展，许多家电企业将巨额资金投入汽车行业，试图获取额外的利润，但现实的结果却恰好相反。每家企业都意向从汽车制造中获取利润，这种意向态度向群体进行合成，形成了轰轰烈烈的"造车运动"。然而，随着竞争的加剧，汽车制造从暴利行业演变为低利润行业，这便是模态合成谬误所导致的困境。当然，并非所有的模态合成谬误都与悖境相关，但主体的行动悖境可以由模态合成谬误加以阐述。

本章小结

本章描述从个体悖境到群体悖境的过渡机制，揭示群体悖境何以形成。

---

① 伊安·亨特. 分析的和辩证的马克思主义[M]. 徐长福，刘宇，译. 重庆：重庆出版社，2010：53.

根据现实矛盾理论建构的解释哲学，"功能解释"面向现实结果，"因果解释"面向因果关系，"意向解释"则面向意向结果。"个体悖境"和"群体悖境"以因果性和意向性为框架，"个体悖境"可归入子意图因果性，"群体悖境"可归于超意图因果性。因此，在"个体悖境"转向"群体悖境"的过渡机制研究中，有必要对意向态度与客观行动的关系进行具体的分析。

　　本章第一节从理性选择的解释理论入手，以社会学和经济学视角进行解析，明确了个体理性选择的解释机制。通过描述作为意向态度的期望、信念如何影响主体的客观行动，说明心智意向在理性选择中的重要意义。本章第二节关注个体选择至群体选择的延展问题。在方法论个体主义看来，所有的社会现象原则上都可以根据个体的特性、目的、信念和行动来解释。① 对群体悖境进行研究，需要从个体选择出发，进而过渡至群体选择。在不同的群体选择中，因为意向态度的不同，可能导致不同的选择结果。本章第三节区分群体态度的类型，并对群体态度指导下的群体行动模式进行区分，明确聚合态度、公共态度指导下的群体行动都会面临悖境。本章第四节揭示群体悖境的形成机理，即便群体中的所有个体皆为理性，个体形成的群体也可能非理性，偏好的聚合悖论就是这个难题的典型范例。在更宽泛的意义上，偏好聚合悖论可以通过模态合成谬误得到诠释。模态合成谬误可被界定为属性谓词的不可普适化，由此可解释群体悖境的形成机理，使得对群体悖境的形式化研究成为可能。

---

　　①　俞吾金. 埃尔斯特的《理解马克思》述评[J]. 云南大学学报，2002(2)：70-78.

第五章

群体悖境的逻辑结构

对单一的认知和行动主体而言，个体悖境出现的一个重要情境便是个体的心智行动。主体的期望行动或置信行动面临两难选择，进而导致他在客观行动中陷入悖境。当个体参与至群体行动时，模态合成谬误会将社会悖境的形态从个体维度拓展至群体维度。个体悖境主要表现为主体的内省悖境，当不同个体同时采纳了部分信念并据此进行理性选择时，在意向主体的现实交互与博弈竞争中，悖境可能上升至人际层面。在实在的群体互动中，每个成员均为变量，个体决策的意向态度受到他者影响，行动结果在意愿之外。

本章对模态合成谬误导致的群体悖境进行解析，指出群体悖境实质也是主体的行动悖境，并描述其逻辑结构。首先在同时行动的静态博弈层面，刻画群体选择的反终极悖境和次优态悖境。然后，在序贯行动的动态博弈层面，分析群体的相机行动悖境和连续行动悖境。最后，本章基于群体悖境的视域，对当下的社会内卷化现象进行解读。

第一节　群体悖境的形式

在群体行动中，每个主体在做出选择时，自身的独立决策会受到群体中的其他个体决策行动的影响。个体决策受他人影响的方式不同，主体交互行动的模式就不同。① 在不同的互动模式中，群体行动的组织结构和互动情境存在区别，在聚合和博弈的互动情境中，个体的心智意向会向多主体合成，因为心智意向的不可普适化，多主体的心智行动陷入悖境。因为意向态度对

---

① ELSTER J. Rationality, Morality, and Collective Action [J]. Ethics, 1985, 96 (1): 136-155.

群体选择行动的影响,多主体的客观行动会同时陷入悖境。利用模态合成谬误,可以分析群体悖境的逻辑结构。本节将表明,因为理性的错位,群体的心智行动悖境导致客观行动悖境。在不同的群体行动情境形式中,群体悖境呈现出的具体形态存在区别。但是,其中的情境之"悖"都可通过 $\varphi \wedge \neg \varphi$ 所表征的矛盾境况来加以描述。

一、群体理性的错位

悖境与悖论不同,悖论的中心是"真"或"属于",悖境的中心则是合理性。悖论与悖境都是对悖谬的揭示,但两者描述的存在悖谬的对象不相同。理论事实与现实事态分属于两个不同维度,但是两者之间并不完全割裂。在关于泛悖论的讨论中,王习胜曾对作为现实事态的困境做出了描述。在他看来,"把视域由纯粹理性向实践理性拓展,便会发现在实践理性领域也会存在悖论问题,这种悖论的出现不仅仅是实践者主观断定的问题,它在交往实践中发生,是客观存在的,是从事社会交往活动的实践主体遭遇到的现实困境"①。在这个拓展视角下,王习胜开始注意实在中的困境问题,并对主体实践理性中的悖论进行研究。其中,他所关注的一个突出领域是道德实践领域。按照理论理性与实践理性的区分标准,王习胜将道德悖论分为理论型和实践型。其中,理论型的道德悖论仍然是理论维度的矛盾,表明主体所持有的不同道德准则或理念之间出现了冲突。理论型道德悖论能够析出矛盾等价式,实践型道德悖论的本质不是悖论,而是悖行,揭示的是主体道德选择层面的冲突,是实在中客观的辩证矛盾。

王习胜对道德悖论和道德悖行的分析很有启发意义,可以将其拓展至对一般性悖论和一般性悖行的分析。主体的思想域中存在着悖论性的矛盾信念,在矛盾的意向态度指导下,主体的实践行动陷入悖行。在道德悖行中,至少有一个行动是主体必须要采取的,尽管主体所能选择的每个行动都会涉及道德上的坏事。主体只能在不同道德候选项之间进行权衡,陷入道德悖行之中。从道德选择推广至一般性选择,主体候选项中的集合不只关于道德选择,而是一般性选择,悖行同样不可避免。王习胜所说的悖行,指的是主体在客观行动中的类悖论困境。实际上,在行动意义上,心智行动的悖境也是悖行。

---

① 王习胜. 泛悖论与科学理论创新机制研究[M]. 北京:北京师范大学出版社,2013:28.

对个体行动者而言，心智行动的悖境也会导致主体在客观的行动选择中陷入悖谬状态。在个体行动中，通常假设主体的行动选择是一致的自利行为。但是从个体行动的意向态度上看，主体理性的认知推理和行动选择的合理性预设中时常包含矛盾，主体在候选集合中不知道该如何取舍，导致了个体的选择悖境。如果行动个体参与到群体选择中，群体中的所有个体同时要在两难或多难情境中做出选择，试图将个体意向转变为实践，会导致群体在客观行动的情境中陷入悖谬。个体悖境向群体悖境的转变，蕴含着心智行动悖境向客观行动悖境的转变。

在群体行动中，就群体中的个体而言，个体是选择参与行动，还是选择搭便车，这是心智行动的悖境。而一旦搭便车成为群体中的多数或全部个体最佳的意向选择时，群体行动之间的张力便随之产生。即便在部分情境下的主体决策中，个体意识到自己在以后可能后悔当下的抉择，但在此时的选择情境中，个体必须做出这一决策。这种悖境既发生于心智行动层面，也表现在客观行动层面，其产生情境是多主体的交互选择情境，可以视之为"群体悖境"。群体悖境可以是主体意识之外的结果，也可能在行动者的意料之中。在行动理论中，占优策略、期望效用最大化等原则通常被视为个体选择的合理性原则，然而，将这些理性原则应用于多主体的策略互动时，个体理性和群体理性的错位便表现出来，群体的理性选择产生不合理结果。

群体悖境的形成机理在于模态合成谬误导致的个体与群体理性错位。在微观或局部层面看似正确的事情，在宏观或全局上并不正确，这是萨缪尔森所使用的合成谬误。① 对群体中每一个个体都有利的事，不一定同时对全体成员都有利。为避免公共悲剧，可以改变群体行动的规则。合成谬误的理性错位也是哈耶克、埃尔斯特等人关心的话题，他们从理性选择的视角着手分析。不管是政治学的理性选择理论、经济学的公共选择理论、探讨如何将个体理性聚合为社会理性问题的社会选择理论还是用以研究人与人之间策略互动的博弈理论等，都是进行行动解释和预测的理论。它们的基本理论公设是理性人，这一公设也成为群体行动相关理论备受争议的焦点。对于理性选择，埃尔斯特的思想体系中存在着矛盾。起初，他认为理性选择是社会行为的有效解释理论，但在其学术生涯后期，他认为没有任何非意向性的总体机

---

① 保罗·萨缪尔森，威廉·诺德豪斯. 经济学[M]. 萧琛，译. 北京：人民邮电出版社，2008：5.

制可以模仿理性，正常人不可能按照经济学的理想模型做决定。

对于市场决策意义上的理性，埃尔斯特提出了一个反例，对理性错位进行了注解。在他看来，从父母为子女做出所谓"最优化选择"的立场看，考虑子女自身要"适应生存"，为此需付出巨大的精力和成本，父母的最优选择应该是不生孩子；但为了所谓"人类"作为一个物种的"适应生存"，父母的最优选择应该是多生孩子。在这一命题中，局部效益最大化和整体效益最大化是矛盾的。在很多情境中，人们总是被要求放弃局部利益，以此实现整体效益最大化。然而，埃尔斯特否定了这种简单思维，利用囚徒困境、保证博弈等模型对现实中的矛盾问题展开分析。在他看来，在囚徒困境的博弈结构中，对个体来说，公共合作的最优选项既达不到，也不稳定。要实现公共合作，必须保证信息完整。要使"整体最大利益"超过"局部利益"，必须占有足够多的有关"整体"的信息，而这正是博弈中的囚徒最缺乏的。经验说明，所谓"信息完整"几乎不可能做到。在特定情境中，表面的最优决策，事实上却是非理性的。选择或追求理性本身的行动未必得到理性的结果，经济学的短期利益与长期利益存在极大的矛盾，这是一种理性的错位。

个体理性错位会导致不同的矛盾情境，基于模态合成谬误，群体理性错位会导致一系列社会问题。就主体行动来说，个体悖境因单一主体在心智或客观行动中的理性错位而出现，群体悖境则是群体在心智或客观行动中理性错位的结果，不同个体同时持有某个信念或意向并就此进行行动选择。但是，该信念或意向对任一个体都可能是真的或理性的，因为模态合成谬误，在逻辑上不可能对群体来说是真的或理性的。[①] 每个个体的理性成立，群体理性却并不成立，理性在特定情境中的全称量化不能实现。多主体同时意向 φ 也意向 $\neg\varphi$，这是群体的心智行动悖境。根据特定的合理性原则，群体中的每个个体选择了 φ，因为模态合成谬误，群体选择的实际结果却是 $\neg\varphi$，这是群体的客观行动悖境。所以，群体的客观行动悖境同样与心智行动上的悖境相关联。还以萨缪尔森的例子为例，为了保证自己能够看清表演，个体应该选择站起来 φ，但是出于群体的考虑，他应该选择不站起来 $\neg\varphi$，心智行动悖境产生。如果某一个体的原初意向是选择不站起来 $\neg\varphi$，但他猜想到如果其他人选择站起来 φ，自己现在的权益也将得不到保障，所以该个体也无奈

---

① 乔恩·埃尔斯特. 理解马克思[M]. 何怀远，译. 北京：中国人民大学出版社，2008：37.

选择站起来 φ。个体理性的错位经过合成，群体中的每个个体都不约而同选择站起来，群体所面临的难题依然没有得到解决或改善，这是一种群体悖境。

　　模态合成谬误可用于对特定社会现象的分析，模态合成谬误与博弈理论、行动理论结合起来，刻画了群体悖境的形成机理。主体间的交互认知和行动是博弈论研究的主要论题，同时，也是认知逻辑和动态逻辑研究的主要问题。所以，逻辑和博弈论之间的交叉点也越来越多。按照高夫曼的观点，情境不一致需要根据博弈的词汇来理解。① 只要群体中的个体都在相同的意向指导下做出选择，只要群体所形成的意向不是协同意向，彼此之间的博弈关系就会存在，个体理性出于不合适的全称量化，形成群体理性的错位，群体悖境不可避免。利用模态合成谬误等逻辑语言对群体现象进行研究，有助于揭示群体悖境的逻辑结构，也使得对社会现象的分析性研究成为可能。

二、群体行动的悖谬情境

　　从当代社会科学方法论的演进来看，对行动选择、认知互动与合理性的日益关注，催生了社会研究的逻辑框架，推动了分析工具的不断更新。其中，最引人瞩目的就是博弈论从经济行为的分析工具到社会互动的整合性理论、从单纯数学模型到社会科学方法论的演变。② 在这个方法论融合的大背景下，应用于主体互动分析的博弈理论也可以与逻辑分析相结合。实际上，逻辑不仅是有益的方法论工具，在理论的实质建构上也可以发挥重要作用。逻辑理论不仅适用于已有知识的形式化，还可以用于科学创造和构建。③ 群体悖境的模态合成谬误注解，就是在践行这一理念。逻辑理论可以为主体的行动悖境构建模型，并将其应用于社会的理性选择。

　　实际上，群体悖境早在两千多年前就已被亚里士多德注意到，他在《政治学》中提及："一件事物为越多的人共有，人们对它的关心就会愈少。人们最关心的是自己的事物，对公共事物则很少顾及。或者说，对于公共的一切，他们至多只关心其中与个人利益相关的事物。即使没有其他的原因，若

---

① GRATHOFF R. The Structure of Social Inconsistencies[M]. Netherlands，1970：10.
② 任晓明，陈晓平. 决策、博弈与认知：归纳逻辑的理论与应用[M]. 北京：北京师范大学出版社，2014：248.
③ 乔恩·埃尔斯特. 逻辑与社会[M]. 贾国恒，张建军，译. 南京：南京大学出版社，2015：2.

是人们认为某一事物已有他人来管理，便会更多地倾向于忽略这一事情。这正如家庭中的情况一样，成群的奴仆往往不如少数几个更得力。"[1]这是西方思想史上关于多主体交互行动导致群体悖境的最早阐释。作为一个重要的哲学问题，其问题症结就在于群体中的自我理性与自我参与的集体理性之间出现了冲突，或者说，是作为分子的自我理性与汇集整体的理性之间出现了冲突。

可以把亚里士多德的悖境建构描述成一个简化的双人互动形式：在 a 与 b 的互动行动中，从个体 a 的角度来说，给定某一情境 q，由于个人、社会等多方面因素的影响，可能衍生出一系列不完全相同的情境 q_1、q_2、q_3、…、q_n，假定对于每一个不同情境，主体都对应一个心理预期收益 t_1、t_2、t_3、…、t_n，假定 t_1、t_2、t_3、…、t_n 所代表的收益并不等同，其中 t_1 代表 a 的利益最大化。t_1、t_2、t_3、…、t_n 之间为不相容关系，有且仅有一个为真。从个体 b 的角度来说，给定某一情境 q'，由于个人、社会等多方面因素的影响，可能衍生出一系列不完全相同的情境 q_1'、q_2'、q_3'、…、q_n'，假定对于每一个不同情境，主体都对应一个心理预期收益 t_n'、t_{n-1}'、t_{n-2}'、…、t_1'，假定 t_n'、t_{n-1}'、t_{n-2}'、…、t_1' 所代表的收益并不等同，其中 t_1' 代表 b 的利益最大化。t_n'、t_{n-1}'、t_{n-2}'、…、t_1' 之间为不相容关系，有且仅有一个为真。在 a 和 b 共同参与的行动中，遵从经济人的理性原则，个体都从自身利益最大化的角度出发，q_1 和 q_1' 是两者的最佳选择，但是因为模态合成谬误，合理的行动在一定情境中反而导致了不好的结果。a 和 b 在实际的博弈策略中，都面临着困难。

近些年来，随着行动理论的发展，与群体悖境相关的话题逐渐引发人们的兴趣。约翰·达利(John Darley)等人在社会心理学领域发现了类似的悖境。对于突发性事件，旁观的人数愈多，规模愈大，人们愈加不愿意干涉与己无关的事情，反而是只有自己一个人时，个体更愿意提供帮助，这是一种旁观者效应。[2] 在这种心理机制的影响下，旁观者越多，个体参与其中的抑制程度反而越高。埃里克·帕奎特(Eric Pacuit)和罗希特·帕里克(Rohit Parikh)等人也讨论过相似的现象，针对不公正的社会现象，每个人都期望别人会选

---

① 亚里士多德. 政治学[M]. 高书文，译. 北京：中国社会科学出版社，2009：44.
② DARLEY J, LETANÉ B. Bystander Intervention in Emergencies：Diffusion of Responsibility [J]. Journal of Personality and Social Psychology, 1968, 8(4)：377-383.

择愤怒发声，而自己则保持沉默。① 这种意向进行合成，必然导致悲剧性结果。正如道格拉斯·霍夫斯塔特（Douglas Hofstadter）的总结，个体水平的漠不关心会导致社会大众丧失理智。萨缪尔森用合成谬误将旁观者效应的本质揭露出来，并将它用于经济学领域相关的问题研究，以揭示社会现实问题中的恶性循环。埃尔斯特更进一步，利用来自现代逻辑尤其是模态逻辑的形式化方法，刻画了社会科学中的合成谬误。②

与自然科学相区别，社会科学可以基于主体的行动的视域来对社会事件做出解释。③ 模态逻辑便是解释科学的一个有力方法论，既能够对主体的期望、信念和认知进行刻画，描述主体纯粹的认知选择世界，还能够与实在的可能性嫁接，描述现实中主体的意向活动。通过模态合成谬误的媒介，主体的纯粹理性与实践理性勾连起来。群体悖境的隐性致因便是模态量化的合成谬误，行动群体或共同体以模态合成谬误起基础作用，将会导致群体悖境。④ 这就说明，认知和行动主体的意向选择不可以全称量化地强制转移至群体。在公式 $\forall x \Diamond Fx \rightarrow \Diamond \forall x Fx$ 中，其前件为真，而后件为假，必然会产生谬误。

在威尔逊看来，利用模态合成谬误来分析群体悖境的产生和形成机制，是一个非常深刻的洞见。⑤ 对个人来说可能成立的属性，同时对所有个体来说却是不可能的，恰好描述了个体选择到群体选择之理性错位中所产生的类悖论困境。模态合成谬误与博弈论相结合，可以刻画群体悖境的不同结构形式。反终极悖境、次优态悖境、相机行动悖境、连续行动悖境都是群体悖境的不同博弈模型，其根源都与选择行动中的模态合成谬误相关。在社会现象的解释理论中，行动殊型作为单次的事件或行动，对它的特定解释不能成为纯粹形而上学的普遍性原因。对于行动普型，就必须要澄清其周期性的行动

① PACUIT E，PARIKH R，COGAN E. The Logic of Knowledge Based Obligation[J]. Synthese，2006(31)：311-341.

② WILSON T. Review：Social Theory and Modern Logic：Reflections on Elster's Logic and Society[J]. Acta Sociologica，1982，25(4)：431-441.

③ FREDERICK D. Popper，Rationality and the Possibility of Social Science[J]. Theoria，2013，28(76)：61-75.

④ 曾庆福. 埃尔斯特模态合成谬误思想解析[J]. 河南社会科学，2011，19(6)：52-54.

⑤ WILSON T. Review：Social Theory and Modern Logic：Reflections on Elster's Logic and Society [J]. Acta Sociologica，1982，25(4)：431-441.

模式。① 在此基础上，推进对社会悖境的研究，就是要从行动主体的意向态度出发来解释社会行动。

第二节　同时行动悖境

从个体选择到群体选择，行动主体由子意图因果性转变为超意图因果性。多个主体均以自身的心智意向进行合成推理，所形成的是群体意向。主体在非协同的群体意向下进行选择，必然伴随着博弈关系。与博弈困境相关的群体悖境是群体非合作博弈不可避免的难题，因而也备受博弈论关注。根据群体博弈中行动发生的时序关系，主体的博弈可分为静态博弈和动态博弈。在静态博弈中，多主体同时采取行动，即便是非同时采取行动，后行动者也不知道前者的选择结果。而在动态博弈中，多主体进行序贯行动，后行动者能观察到前者的选择结果。在两种博弈行动情境中，群体都可能面临悖境。

在静态博弈中，所有行动者都在同一个时间进行决策。在每个决策结点，主体进行选择的集合也是相同的。但是，同时行动并不意味着悖境避免。如果个体与群体中的其他个体并不互知，所有个体同时在聚合的意向态度下做出选择，就会出现反终极悖境。即便个体与群体中的其他个体之间完全互知，所有个体同时在公共意向态度指导下行动，也会出现次优态悖境。

一、反终极悖境

在群体行动中，多个主体在目标和行动相互制约的条件下，根据各自掌握的信息、知识、信念通过认知推理进行决策，在策略互动中谋求目标的实现。在非协同的群体交互行动下，博弈不可避免。在一个 n 人博弈的正规形式中，一个博弈可被定义为：$G = \{S_1, S_2, \cdots, S_n; u_1, u_2, \cdots, u_n\}$，其中，$S_1, S_2, \cdots, S_n$ 为参与人的策略空间，$u_1, u_2, \cdots, u_n$ 为参与人的收益函数。② 具体到每个参与人来说，他的行动选择是参与人在某个时点的决策变

---

① ELSTER J. Explain Social Behavior [M]. Cambridge：Cambridge University Press, 2007：9.

② 潘天群. 博弈论与社会科学方法论[M]. 南京：南京大学出版社, 2015：18.

量。如果用 s_i 来表示第 i 个参与人的特定行动，那么 $S_i=\{s_i\}$ 表示可供 i 选择的所有策略的集合。均衡是所有参与人的最优战略组合，即 $s^*=(s_{*1}, \cdots, s_{*i}, \cdots, s_{*n})$。其中，$s_{*i}$ 是第 i 个参与人在均衡情况下的最优策略，也是第 i 个参与人所有可能策略中能够使 u_i 最大化的策略。均衡为行动者的策略组合，均衡结果便是这种策略组合所产生的结果。在博弈行动中，参与人的选择可能是离散的，也可能是连续的，可以是同时做出的，也可以是有时序的。选择顺序影响博弈的结果，即便是同一个体或同一个策略集合，选择顺序不同，结果便不相同。

在行动同时发生的群体博弈中，群体中的每个个体都对其他成员可能做出的选择进行合理预测，针对他人可能的抉择，个体制定自身的策略选择。这种心智意向进行合成，群体中的每个成员非协调的同时在预测的假定关系上进行选择，因为模态合成谬误，群体中每个成员的行动结果都不是自己原初的心智意向。这是一种悖谬的行动情境，借用萨特和埃尔斯特使用的"反终极"概念，可以将这种悖境称为反终极悖境。在反终极悖境中，个体的心智意向不可被全称量化，如果个体强制向群体聚合，群体实际的行动结果便出现偏离，因而只得到非意图结果。群体中所有成员最终的行动结果与其原初的心智意向之间出现了间隙，这是基于模态合成谬误而导致的矛盾情境。①

哈丁的"公地悲剧"可以通过反终极悖境来加以描述。在思维与决策的关系研究中，公地悲剧被普拉特称为公众陷阱，被普劳斯称为集体陷阱。假定 n 个牧羊人共同拥有一片草地，每个牧羊人都具有在草地上放牧的自由。根据草地的情况，每个牧羊人都决定自己养多少只羊。因为每只羊都要保证一定数量的草的供给才不至于饿死，所有草场能够承载的羊的数量有限，存在一个最大可存活量。当草地上的羊不多时，任何一个牧羊人增加自己养羊的数量所产生的不利影响并不大。倘若将个体的这种意向进行全称量化，所有牧羊人都这么想，基于模态合成谬误，公共的悲剧由此产生。

在上述群体同时行动的博弈情境中，每个牧羊人都有一个策略选择 s_i，以此来最大化自己的收益，结果却事与愿违。将其称为"悲剧"隐含着这样的信息，每个当事人都知道资源将由于过度使用而枯竭，但每个人对组织事态的持续恶化感到无能为力。究其原因，每个个体都是行为利己主义的，只关

---

① 乔恩·埃尔斯特. 理解马克思[M]. 何怀远，译. 北京：中国人民大学出版社，2008：124.

注个体的利益，从而无法形成有效的合作。尽管在博弈中，每个养羊者在决定增加羊的饲养量时，已经考虑到会对现有的羊的价值产生负效应，但他们各自都只是考虑对自己羊的影响，而不是对所有的羊。结果是，纳什均衡的总饲养量大于社会最优的饲养量，基于纯粹个体理性原则的互动陷入了"理性的自负"之中。[①] 在制度经济学领域，公地悲剧的案例说明，如果一种资源没有排他性的所有权，就会导致对这种资源的过度使用。[②] 公海捕鱼也是类似的情况。

反终极悖境的任一范例都涉及模态合成谬误，反之则不成立，模态合成谬误的许多实例并不是反终极。在形成反终极的悖谬情境中，行动主体按照自身的心智意向同时进行自由选择，其选择的依据是自身与他人之间的假定关系，即每个个体都是立意参量行动者。根据模态合成谬误，推理的前件为真，即个体的理性成立，也就意味着在关于每个个体行动的假定中不存在任何矛盾。但是，推理的后件为假，即群体非理性成立，也就意味着在心智意向合成的群体行动中，行动的结果并非个体的意向结果，而在所有个体的意图之外。究其根源，群体的非理性来源于个体心智意向的不一致关系。在形成反终极的群体行动中，群体的意向态度是聚合态度，不可避免地会产生悖境。

从反终极的形成过程来看，其形成与主体的博弈行动密切相关。在理性的行动中，如果所有行动者都有一个占优策略，并且所有行动者通过占优策略所产生的结果都优于所有其他结果，在此行动情境中，行动结果符合每个成员的最大利益。缺少以上任一特征，都会出现反终极悖境。在聚合的群体行动中，行动者可能缺少占优策略，在不确定的条件下寻求最优行动方案，行动者会陷入个体悖境。对整个群体来说，同样因为不确定性，群体要想达成意见一致的行动方案，是极为困难的。群体中的所有个体都在对他人行动预期的假设关系基础上行动，影响主体选择的个体理性原则与集体理性原则相冲突。按照两个不同的合理性理由，他们应该选择 φ 又应该选择 $\neg\varphi$，群体中的所有个体都面临行动悖境。

从反终极的形成结果来看，其结果形成与合成的整体谬误相关。在完全信息的静态博弈中，如果所有参与人预测一个特定的纳什均衡 s^* 将会出现，

① 朱富强. 博弈思维和社会困局[M]. 北京：经济管理出版社，2017：176.
② 张维迎. 博弈论与信息经济学[M]. 上海：上海人民出版社，1996：82.

那么没有人有兴趣做不同的选择。也就是说，纳什均衡是参与人将如何博弈的一致性预测。但是在反终极悖境中，群体中的所有成员在自身心智意向驱策下的选择都是合乎理性的，行动结果却是偏离意向的群体非理性。原因就在于，个体的心智意向会向群体的心智意向聚合，在聚合的群体策略选择中，主体意向之外的群体非理性出现，这是整体的行动谬误。在公地悲剧中，每个人基于个体理性而不断增加对公共资源的使用，有限的自然资源招致掠夺性开发，可能导致公共资源的枯竭，也就必然无法维持可持续发展以实现社会的共同利益，这是一个冲突的结果。

具体来说，反终极悖境的一个要素是群体成员对他人行动预期的假定关系。主体该如何选择，都以对他人将做什么的预期为基础。另一要素则是行动形成的非意图后果，这就说明群体博弈的意图结果并不是反终极悖境。这种非意图后果来源于行动者自身，是个体对聚合态度下的行动情境做出反应的结果，所以反终极悖境中的行动者等于或包含于受害者之中。此外，反终极的非意图后果是正常技术理性下的行动结果，但关于初始条件的假定是错误的，并非对于目标与手段之间的技术关系缺乏审视而形成的结果。反终极悖境是诸多个体理性行动的统计求和，作为反终极的无意识后果，是代替而不是附加到有意识结果上而产生的无意识结果，而且是为行动者自身而非仅为别人产生的结果。[①] 在形成反终极的立意参量行动中，为了实现自己的意向行动 φ，群体中的成员立足个体理性原则来进行选择，倘若群体中的所有成员都有如此意向，基于模态合成谬误，群体实际的行动结果却是个体意向的对立面 $\neg\varphi$，个体理性不能保证合成的群体理性成立，群体在实际的行动中遭遇悖境。

对于反终极所表现的群体悖境，许多学者做出过类似的描述。埃尔斯特在意向主体的社会选择层面上论证反终极的社会矛盾。在埃尔斯特之前，哈耶克、萨特、罗伯特·诺齐克（Robert Nozick）等诸多哲学家都对与反终极相似的行动困境做出过阐述。哈耶克指出个体选择的实际后果可能会偏离自身原初的设计，萨特关于水土流失的论述与公地悲剧相似，诺齐克关于公共物品乏供（non-provision）理论的分析也是反终极的实例。随着博弈理论的蓬勃发展，格雷斯夫、谢林和布东等人将其应用于对主体行动的分析。根据格雷

① 约瑟夫·麦克卡尼. 埃尔斯特、马克思和方法论［G］//罗伯特·韦尔，凯·尼尔森. 分析马克思主义新论. 鲁克俭，王来金，杨洁，等，译. 北京：中国人民大学出版社，2002：116.

斯夫的观点，社会中存在着不一致现象，这是特定社会互动所致的分裂性结果，是行动者的原初意向与其期望达成的目标之间出现的失调。① 谢林用博弈理论来描述主体行动中的非意图后果，布东则以主体行动的意向模型为基础，提炼出一个"反常结果"的概念。"反常结果"也是"聚合结果"或"合成结果"，其弱化的含义可理解为某些个体之行动聚合的非意图结果，其强化的含义可表述为与零和博弈相关的主体理性选择的非意图结果。② 在弱化的意义上，"反常结果"不仅与波普尔所言的意向行动的非意向后果相关，也与罗伯特·默顿(Robert Merton)的目的行动的非期望后果相关。以上案例都与反终极的群体悖境相似，共同揭示了群体中个体的理性选择可能产生非理性结果，这是群体互动中的辩证冲突。与之相比，反终极的特殊之处是它是基于模态合成谬误而对主体行动的悖谬情境做出刻画。

在社会科学的许多文献中，都可以找到群体悖境的范例。萨缪尔森曾例证，为了保证自己能够看清正在上演的话剧，群体中的每个个体都可以踮起脚尖，倘若这种意图由个体上升到每个人，所有人都这么做，群体陷入谬误之中，结果却没有得到改善。斯密对"看不见的手"的论述、黑格尔对"理性的狡计"的阐述也可以描述为反终极悖境，即所有个体都根据自身的心智意向进行选择，选择结果却在个体的意向之外。马克思关于资本主义社会基本矛盾的描述在本质上也是因模态合成谬误而产生的反终极悖境。此外，反终极模型也可应用于对经济现象和社会现象的分析。因为模态合成谬误的因素影响，公共利益并不是个体利益的结果聚合，与一致性选择所能获得的某些其他结果相比，不和谐的私人选择尤其可能会导致对所有人都不利的结果。③

布坎南也对反终极悖境的相似现象进行分析，在他看来，搭便车是个体实现其自身利益最大化的重要方式。但是，基于模态合成谬误，个体利益的实现与集体利益的实现存在冲突。根据布坎南的观点："如果集体行动以集体利益为目标，个体会自忖不参加任何以自身利益为代价的集体努力，期望

---

① GRATHOFF R. The Structure of Social Inconsistencies[M]. Netherlands, 1970: 12.

② PARIJS P V. Perverse Effects and Social Contradictions: Analytical Vindication of Dialectics[J]. The British Journal of Sociology, 1982, 33(4): 589-603.

③ 乔恩·埃尔斯特. 市场与论坛: 政治理论的三种形态[G]//詹姆斯·博曼，威廉·雷吉. 协商民主: 论理性与政治. 陈家刚，等，译. 北京: 中央编译出版社，2006: 4.

他人能够承担责任带来自身期望获得的利益。"①简·艾克(Jan van Eijck)等人也讨论过现实中的反终极问题,他以气候保护为例,某些国家为气候保护进行投入,搭便车者享受气候福利,却不愿承担成本。② 国家之间经常出现自身利益与集体利益相对抗的悖境。如果个别国家的不作为意图进行合成,结果便是全球悲剧。

美国人本主义经济学者马克·卢兹(Mark Lutz)和肯尼思·勒克斯(Kenneth Lux)等曾指出,人们能够利用的资本分为两种,一种是自然赋予的,另一种是人类所创造的。在个体理性的驱动下,人们看到了资源带来的收入,却忽视了资源的存量也在被消耗。从代际的视域看,当下的人们享受资源开发带来的红利,环境恶化的成本却主要由子孙后代承担。基于当下利益的考虑,人们不会去考虑资源枯竭与环境恶化造成的长期后果。即便从现世的视域出发,悖境也不可避免。因为市场竞争的普遍存在性,每个市场主体都可能为自身利益的实现而对公共资源进行掠夺性开发,却让环境恶化与资源枯竭的非意向后果由其他主体去承担或者共同承担。③ 个体的搭便车思维进行合成,资源枯竭与环境恶化成为唯一纳什均衡的必然结果。

诸多社会理论家都对反终极悖境做出过讨论,比较之下,以模态合成谬误为分析视角来对它们进行解析,正是悖境理论的特殊之处。埃尔斯特曾用逻辑公式来刻画现实矛盾,麦克卡尼认为这是其研究旨趣中最具特色的工作。④ 悖境理论则更进一步,将现实中的矛盾与主体行动结合起来。模态合成谬误是模态推理谬误,模态合成谬误视域下的反终极提供分析群体悖境的基本模式。在反终极悖境中,群体同时根据参量关系展开合理性行动,却导致非意向结果。也就是说,群体成员对彼此的选择展开预测,如果以此假定关系为依据进行行动,因工具理性的局限,群体行动产生悲剧性结果,这是群体行动经常遭遇的悖境。

① BUCHNAN A. Revolutionary Motivation and Rationality [G]//COHEN M,NAGEL T,SCANLON T. Marx,Justice,and History. Princeton:Princeton University Press,1980:270.

② EIJCK J V,VERBRUGGE R. Discourses on Social Software[M]. Amsterdam:Amsterdam University Press,2009:201.

③ 朱富强. 博弈思维和社会困局[M]. 北京:经济管理出版社,2017:177.

④ 约瑟夫·麦克卡尼. 埃尔斯特、马克思和方法论[G]//罗伯特·韦尔,凯·尼尔森. 分析马克思主义新论. 鲁克俭,王来金,杨洁,等,译. 北京:中国人民大学出版社,2002:111.

二、次优态悖境

次优态悖境是群体同时行动悖境的另一种形态。在策略性互动的情境中，每个认知和行动个体都具有理性能力，并且所有群体成员持有公共知识或公共信念。策略互动不仅涉及不同个体之间的关系，而且涉及个体理性与群体理性之间的关系，还涉及个体认知与公共认知之间的关系。群体中每个成员的心智意向都以对他人的理性认知为基础，每个成员的策略选择都以他人可能的选择为前提，个体针对其他人的策略选择而做出最佳的应对。然而，在以公共意向为指导的交互行动中同样会出现悖境。次优态悖境是群体中每个成员可能的选择结果与实际的选择结果之间存在间隙而产生的悖境。

在群体行动中，每个成员都以最大化自我的期望效益为目标，倘若这种心智得以全称量化，因为模态合成谬误，得到的却只是帕累托次优的后果，这是一个非合作解的故意实现。① 例如，在囚徒博弈的情境中，双方都依据占优策略来进行选择，针对一方的任意策略，另一方都不需要变更自身的策略，由此保证自己的效益 u_i 得到最大赋值。然而，个体的这种心智意向进行合成，基于模态合成谬误，个体意图的最大收益并没有得到实现，而只得到次优的结果，这是一种群体悖境。次优态悖境也是实在中的普遍现象，表明从个体期望效用最大化出发的选择不一定能够实现。

次优态悖境也是因群体在实际行动中的博弈关系而导致的悖境。在次优态悖谬情境的形成过程中，指导群体行动的是公共态度，行动主体具有完美信息，并且能够做出正确的预测。群体中的每个成员都选择占优策略，从前策略情境转移至策略情境，行动主体都无须修正自身的选择。与反终极悖境的非意图后果不同，次优态悖境是可预见的悖境，其后果是行动主体有意向的后果。② 在囚徒困境中，所有个体都希望只有自己按照占优策略选择 φ，并且其他个体不选择 φ，这种希望搭便车的意向进行合成，事实上所有人都选择 φ 时，反终极悖境出现。当所有个体都根据占优策略选择 φ 时，大家都知道此策略不能得到最优效益，但是如果只有自己不选择 φ，自身的收益将

① 乔恩·埃尔斯特. 逻辑与社会[M]. 贾国恒，张建军，译. 南京：南京大学出版社，2015：164.
② 约瑟夫·麦克卡尼. 埃尔斯特、马克思和方法论[G]//罗伯特·韦尔，凯·尼尔森. 分析马克思主义新论. 鲁克俭，王来金，杨洁，等，译. 北京：中国人民大学出版社，2002：117.

低于其他所有人，害怕成为傻瓜的心智意向进行合成，事实上所有人都选择 φ 时，次优态悖境出现。

次优态和反终极都是群体同时行动的悖境形态，但是两者存在很大差异。从形成的原因上看，反终极悖境是出于群体原初意向与现实结果之间的张力，而次优态悖境出于群体行动的可能结果与实在结果之间的间隙。对于群体的策略，每个个体都有占优策略，个体也预测到他人将采取此策略。此时，如果有人愿意背离此策略，其他人的收益会更高。出于自身利益的考量，没有人选择偏离此策略。从形成的结果上看，区别于反终极悖境的非意图结果，次优态悖境的非合作解是有意识的结果，其帕雷托次于个体策略选择可获得的某种其他收益集，并且所有个体都意识到了这一点。在次优态悖境中，指导个体选择的期望效用最大化原则和占优策略原则结果冲突，所有个体在策略互动中都遭遇行动悖境。

利用囚徒博弈的困境可以对次优态悖境做出明晰诠释。假定在囚徒博弈中，博弈双方的支付矩阵如图 5-1：

	A 坦白	A 不坦白
B 坦白	-5, -5	0, -8
B 不坦白	-8, 0	-1, -1

图 5-1

囚徒困境博弈是静态博弈的经典范例，它对现实生活中的许多现象做出了抽象概括，部分奠定了非合作博弈的理论基础。在囚徒博弈中，博弈双方具备公共知识，而且能够预测对方的策略选择。给定 A 坦白的情况下，B 的最优战略是坦白；同样，给定 B 坦白的情况下，A 的最优战略也是坦白。(坦白，坦白)是此案例的纳什均衡，而且是占优策略均衡。但是，比较之下，(坦白，坦白)是次优的选择，(不坦白，不坦白)才是最优选择。

在次优态的悖谬情境中，信息是一个重要元素，每个行动者都掌控其他行动者的信息。① 在完美信息博弈中，每个行动者都有相关方面的完全信息，包括其他行动者的能力、偏好、信念和个人策略映射到的结果的收益结构。②

① 乔恩·埃尔斯特. 逻辑与社会[M]. 贾国恒，张建军，译. 南京：南京大学出版社，2015：164.

② ELSTER J. Marxism, Functionalism and Game Theory[J]. Theory and Society, 1982, 11(4)：453-482.

但即便如此，A 和 B 都同时陷入悖境。在(不坦白，不坦白)的策略选择下，A 和 B 共同得到最大期望效用。但是，该最优解并非纳什均衡。根据两个不同的策略选择原则，A 和 B 既应该选择 φ 又应该选择 $\neg\varphi$。在囚徒博弈中，次优态是可预见的结果。但是，如果自己拒绝坦白，另一方却选择坦白，对方会因而获益，而自己会受到重罚。尽管知道坦白不是最佳方案，为避免自身受到损害，自己也应该选择坦白。这种心智意向进行合成，博弈双方都会采取占优策略。在次优态悖境中，相比搭便车的可能收益，避免单边利益受损更符合个体偏好，因为模态合成谬误，双方都得到次优结果。因为它不满足个人理性要求，不能实现帕累托改善，博弈双方都陷入悖境。

在次优态悖境中，群体中的所有成员都是立意策略行动者。每个参与者的实际选择都受他人的策略选择影响，但是，每个个体的实际选择彼此相对独立。纳什均衡是所有成员的一致性选择，却不意味着它是最优的选择。囚徒困境是很多社会情境的基础，除此之外，还能够界定"确信博弈"的选择模型，如图 5-2：

	A 利他	A 利己
B 利他	8, 8	-9, 4
B 利己	4, -9	0, 0

图 5-2

与囚徒困境博弈不同，在确信博弈的模型中，(利他，利他)和(利己，利己)都是博弈的均衡点。而(利他，利他)是该博弈的解，因为它的支付优于(利己，利己)。然而，在特定前提下，基于确信博弈的策略选择也可能产生次优态悖境。倘若 A 或 B 只知道自己的收益，但他怀疑对方的收益结构是一种囚徒困境，或者是，他怀疑对方怀疑他的收益结构是一种囚徒困境，那么他预期对方会选择利己策略。在此前提下，他自己也不得不选择利己策略。这就表明，如果博弈参与者缺少聚集于这个解所需要的信息，同样会产生次优态悖境。[1] 在确信博弈情境中，利他选择不可能个体性地得以实现。个体预测到他人会选择利他行动，个体自身也会偏好选择利他，如果他人偏向利己，个体也会偏向利己。或者是，群体成员可能因为信息的缺乏，深陷选择的非合作模式中，从而产生群体悖境。

---

① ELSTER J. Explaining Technical Change[M]. Cambridge University Press, 1983: 80.

　　针对群体的同时行动，反终极与次优态共同揭示了其中可能出现的悖谬式情境。反终极是群体行动的非意向后果，次优态是意料之中的结果，从参量理性向策略理性的转变造成了行动者的行动差异。在反终极悖境的形成机制中，个体基于不透明的心智意向实施立意参量行动，他可以自由地、最优地适应一种常量或参量环境。这种假定本身是相当相容的，但如果所有行动者同时都那样做，那么就产生反终极，并会阻碍自由。在次优态悖境的形成机制中，个体基于完全透明的理性实施立意策略行动。策略行动是集体自由的典型，包含其他理性行动者的预期，因而没有反终极之危险。① 尽管有此区别，反终极悖境与次优态悖境之间存在着一种形式的重叠，也存在一种实质相似性。在群体的博弈行动中，如果存在占优策略，为获取自身利益的最大化，因为行动合成的整体谬误，形成的是反终极悖境。在群体中的成员缺乏个体理性时，反终极悖境可以避免。如果群体行动中不存在占优策略，或是因为信息的缺乏，博弈的解不会实现，形成的是次优态悖境。在群体互知或不完全互知的行动情境中，因为模态合成谬误，群体悖境不可避免。甚至在一些行动情境中，反终极悖境和次优态悖境还可能会相伴出现，共同构成群体同时博弈行动的障碍。而在没有均衡点或有多个均衡点但无解的博弈中，主体可能采用混合策略，更容易陷入群体悖境。

　　与反终极悖境相似，学界对次优态悖境的关注由来已久。在哈耶克的社会科学理论中，就已提及次优态悖境的相似情境。基于方法论个体主义的立场，哈耶克和波普尔都依据个体选择来诠释社会现象，从而关注群体中的个体互动及其结果。在他们看来，群体选择能够归约于个体选择，一些情境中的主体互动会产生非意向后果。将主体行动与博弈理论关联之后，谢林、布东和埃尔斯特等人也以个体范式为基础，为群体中的主体互动提供解释。其中，布东反对决定论，他认为主体行动并不是由社会性的规则或社会性的角色决定。主体互动是社会变迁的重要因素，应该取而代之以行动者的互动理论。② 布东所倡导的反常结果，按照菲利普·范·帕瑞斯（Philippe van Parijs）的理解，是主体的非意图后果，但其强化的界说是与零和博弈相关的群体选择的非意图结果，不管主体有没有预见到，它都是不符合主体意向的

---

① 乔恩·埃尔斯特. 逻辑与社会［M］. 贾国恒，张建军，译. 南京：南京大学出版社，2015：123.

② PARIJS P. Perverse Effects and Social Contradictions：Analytical Vindication of Dialectics［J］. The British Journal of Sociology，1982，33（4）：589-603.

一个次优后果。①

戴维德·高蒂尔(David Gauthier)等人也曾对次优态相关的社会现象进行过论述。根据高蒂尔的观点，群体互动有两种不同的情境。其中，第一种是主体绝对竞争的行动情境，在互动的情境中，每个个体都期望实现自身效用的最大化。如果任何个体都不能单边来提升自身的效用，即便是所有行动者一起，也无法通过策略的转变或调整来增强自身的效益，在此情境中，主体行动得到帕累托最优的结果。第二种情境是主体非绝对竞争的行动情境，在此情境中，绝对竞争的前提不能实现，类似于在囚徒博弈困境中，群体互动的外在条件可能形成次优的均衡后果。② 通过对两种情境进行对比，高蒂尔意欲表明，当行动主体位于次优的行动情境中时，需要转变自身的策略选择才能实现个体效用的最大化。在他看来，在囚徒困境博弈中，意图去合作是合乎理性的。然而，高蒂尔并未识别其中蕴含选择的合成谬误。在现实矛盾理论中，埃尔斯特也没有悖境的理念，但他对次优态的界定事实上即群体悖境。

次优态悖境的抽象结构可以在囚徒博弈中得到刻画，对此，现实社会中有大量的范例。也就是说，实在中的许多现象都可以重塑为次优态悖境。按照理性选择理论的观点，社会资源再分配就是要趋向帕累托最优。③ 然而，公共利益的实现在根本上只是达成了一种均衡。在这一历程中，群体中的多数成员都期望分配方案对他更为有利，最低限度是不会对自身不利。因为根据模态合成谬误，可能出现反终极和次优态悖境，共同构成群体利益实现的阻碍。在公共经济学中，公共治理的一个核心问题就是如何保证个人有效地提供公共产品。但是，公共产品的供给也存在着次优态悖境。公共产品没有排他性，私人物品具有排他性，所以，在公共产品的供给中，个体缺乏积极性，每个人都希望他人可以提供产品，而自己可以搭便车。如果所有的成员都如此思考，便会产生反终极悖境。然而，公共产品的供给有利于整个社会的效用。在公共产品博弈中，博弈方都提供物品，将实现共赢。然而，每个

①　PARIJS P. Perverse Effects and Social Contradictions: Analytical Vindication of Dialectics [J]. The British Journal of Sociology, 1982, 33(4): 589-603.

②　HARTOGH G. The Rationality of Conditional Cooperation[J]. Erkenntnis, 1993, 38(3): 405-427.

③　乔恩·埃尔斯特. 市场与论坛：政治理论的三种形态[G]//詹姆斯·博曼，威廉·雷吉. 协商民主：论理性与政治. 陈家刚，等，译. 北京：中央编译出版社，2006：4.

人都不提供物品才是占优策略均衡，不管他人是否提供，自己都不提供是个体的最优策略，但是因为模态合成谬误，公共产品的供给不会实现，这是一个次优态悖境。

具有囚徒困境形式的情境中都可能产生次优态悖境，除此之外，还有关于时间的动态次优态悖境，例如，代际间博弈所形成的悖境。在广义逻辑悖论的研究中，合理行动悖论也描述了与主体行动相关的次优态悖境。社会科学领域也存在次优态悖境的大量范例，例如，在对发达工业社会的批判考察中，法兰克福学派的主要代表赫伯特·马尔库塞（Herbert Marcuse）所刻画的"单向度"的人与"单向度"的社会，可以重塑为一种群体悖境。马尔库塞利用"单向度"一词来批判资本主义发达工业社会，在他看来，整个社会只存在单一的价值取向和判断标准，持有批判性精神的个体与社会格格不入，单向度成为现代社会的内在特征，单向度的人与单向度的社会相互融合。马尔库塞认为，发达资本主义社会实际上是一个集权主义的社会，劳工阶层本是资本主义的掘墓人，却成了丧失批判能力的人。劳工阶层不想被同化，他们为寻求改变而"斗争"，但事实是在斗争中越来越无力，越来越单向度化，这也是一种悖境。

在现实社会中，许多基于博弈分析的案例都可以重塑为群体悖境的结构。博弈论、理性选择理论与逻辑方法的结合，为实在中行动悖境的分析提供了强有力的分析工具。当然，按照安东尼·吉登斯（Anthony Giddens）的理念，这些方法都与实在中的交互行动存在差距，其适用范围十分有限。① 但是，尽管对群体悖境的逻辑刻画受限于对理想化理论模型的使用，受理性计算收益的理性人假设约束。但是在现实行动中，行动主体或者不知道全部备选方案，或者无力计算行动后果，或者出于外生事件的不确定性，主体总是有限理性行事。理性指代在给定条件和约束的限度内适于达到给定目标的行动方式，现实主体的理性自然不是寻求最优，甚至不能保证主体决策的前后一致。但正是如此，现实主体更容易面临悖境。行动悖境的确是现实中会真实存在的一种境况，社会悖境正是对现实中真实存在的特定行动困境现象的刻画。

---

① 安东尼·吉登斯. 社会的构成[M]. 李康，译. 北京：生活·读书·新知三联书店，1998：447-448.

第三节　序贯行动悖境

在群体选择中，除同时行动之外，群体还可以进行序贯行动。按照著名经济学家莱因哈德·泽尔腾（Reinhard Selten）的理念，在一个动态的群体博弈中，理性的参与者总是会选择向前看，不管他在选择行动发生之前如何制订自身的行动计划，在实际的博弈情境中，还是应该根据他人的抉择来选择最优的行动。动态博弈中的这种理性选择是一种序贯理性（sequential rationality），与同时行动中的一次性最优选择相比，序贯理性要求参与者在时序性的决策结点上都要选择最优行动。正是因此，序贯行动对主体的理性能力提出了更高的要求。然而，在序贯行动中，主体也可能面临悖境的困扰。相机（discretion）行动悖境和连续行动悖境都是序贯行动悖境的重要类型，两种悖境的形成都与动态博弈中的"相机难题"有关。序贯行动悖境揭示了多主体在过程理性和结果理性、当下理性与长远理性之间抉择的行动悖境。

一、相机行动悖境

在《国富论》之中，斯密提及只寻求自我利益的个体被无形之手指挥着去推进社会利益。① 根据斯密的理念，与群体自觉行动可能产生的结果相比，市场调节所形成的社会结果可能更加优越。在哈丁看来，斯密的理论存在着理论预设，他假设了推动个体意向实现的决定实际上便是社会整体上的最优决定。② 遗憾的是，基于模态合成谬误的群体悖境的出现，已然证明这一理论预设不能成立。如果主体纯粹只是以个体私利为行动出发点，行动后果只能是损人且不利己。在群体博弈的纳什均衡点，每个个体都根据他人可能的选择来决定自己的选择，期望在自己选择占优策略的同时其他个体不会如此选择，然而现实的情况是所有个体均会选定占优策略，因为模态合成谬误，群体均陷入群体悖境。在多主体的同时行动中，反终极悖境表征个体理性与集体理性之间的冲突，次优态悖境表征期望效用最大化原则与占优策略原则之间的冲突。实际上，在群体行动中还可能出现其他悖境，例如，过程理性

---

① 范如国. 博弈论[M]. 武汉：武汉大学出版社，2011：2.

② HARDIN G. The Tragedy of the Commons[J]. Science, 1968, 162(3859): 1243-1248.

与结果理性冲突所导致的悖境。博弈中每个参与人的选择过程都是理性的，但是选择结果可能是不合理的。① 在序贯行动中，这一悖境表现得尤为明显。

在序贯行动中，参与者的集合、行动的顺序、行动空间、信息集合、支付函数，甚至自然选择的概率分布等都是行动情境的重要因素。除此之外，战略也是主体必须考虑的一个重要概念。战略是参与人在给定信息集合下的行动规则，它规定参与者在何时做出何种选择。从根本上说，战略和行动是两个不同的概念。当然，在同时的群体行动中，战略和行动是相同的。战略依赖于参与者所获得的信息，因为所有参与人同时行动，没有任何人能获得他人行动的信息，战略选择也就是行动选择。例如，如果 A 和 B 同时行动，每个人就只有两种战略，即（合作，非合作）。但是，在序贯的群体行动中，信息集包含了一个参与者有关其他参与人之前的行动的知识，战略告诉该参与者如何对其他参与者的行动做出反应。所以，在序贯行动中，战略是参与人的"相机行动方案"。② 战略可以决定 A 和 B 在何时应该选择合作，何时选择非合作。如果某一参与者总是序贯理性的，那么他所采用的战略将由他在每一个结点上的最优行动组成。换句话说，该战略将不仅是事前最优的，同时也会是事后最优的，其满足动态一致性的要求。

然而，在序贯行动中，个体对群体行动情境做出预测的有效性，决定着主体在实际行动中的策略选择。尤其是，他人行动选择的可信性，直接影响着主体的心智意向。在序贯的选择情境中，主体可能面临相机难题。"相机难题是动态博弈中的重要问题，它对纳什均衡在动态博弈分析中的有效性进行了质疑。在静态博弈中，各博弈方都没有动力去改变占优策略组合，纳什均衡具有良好的稳定性，各博弈方能够一致预测到该均衡的最终形式，从而在博弈开始之前就制定完全的行动选择计划。"③在群体的序贯行动中，每个参与者都在自我可以有效把控的策略备选项中进行选择，然而，其候选策略集合可能内含某些不可信的因素，群体序贯行动的纳什均衡因此充斥着不稳定性，主体选择的过程理性和结果理性出现冲突，群体陷入相机行动悖境。

相机行动悖境可以在最后通牒博弈或者海盗博弈的情境中得到刻画，所有个体都理性地计算每一个行动备选项，而实际的行动后果在意料之外。在序贯行动中，假定只有两个主体参与选择，可以构成一个最后通牒博弈。最

---

① 曾庆福．博弈论中的辩证思维思想[J]．河南社会科学，2014，22（7）：89-91.

② 张维迎．博弈论与信息经济学[M]．上海：上海人民出版社，1996：50.

③ 范如国，韩民春．博弈论[M]．武汉：武汉大学出版社，2006：129.

后通牒博弈是一个非零和博弈，在这种博弈中，其中一位参与者提出方案，另一位参与者做出响应。根据理性原则，提出方案的人只需要分配给响应者最小单位的资源，因为比一无所得要好，响应者就应该同意此方案。但在实际的资源分配中，事实并非如此。以下为例：

假设艾伯特和贝尔德都具有高度理性，两人共同分配 5000 美元奖金。现在规定，由艾伯特提出分配方案，贝尔德作为响应者，对分配方案是否通过进行表决，只有一次提出方案和表决方案的机会。对于艾伯特提出的方案，如果贝尔德表示赞同，则此方案得以通过。如果贝尔德表示反对，则奖金会被收回，两人都将一无所得。

在以上案例中，艾伯特在研究奖金分配时不仅要考虑自身的利益，也要考虑贝尔德的意向。因为两人都具有高度理性，对艾伯特来说，分配给贝尔德最小单位的奖金，哪怕是 1 美元，贝尔德就会赞同方案通过。如果他表示反对，奖金将被收回，两人都将一无所获。所以，对艾伯特来说，分配给贝尔德 1 美元就是最佳方案，这符合过程理性。对贝尔德来说，得到 1 美元奖金至少比一无所得要好些。但是，这只是艾伯特理想的分配结果。对贝尔德来说，通过艾伯特的提议自己只得到最小单位奖金，如果反对的话，尽管自己一无所得，也几乎没有任何损失，而艾伯特则损失较大。因而，贝尔德不会通过艾伯特的分案，结果是艾伯特也将一无所得。如果艾伯特考虑到贝尔德会有这种理念，他会根据贝尔德的意向来制订方案。在此博弈中，艾伯特从自身利益最大化出发，只分配给贝尔德最小单元奖金而贝尔德表示通过，这是唯一的子博弈精炼纳什均衡。但是，艾伯特会理性地预期贝尔德的反应，即使他在方案制订中理性做出最优选择，结果也可以损人不利己。主体决策的过程理性和结果理性之间存在着间隙，艾伯特和贝尔德都遭遇相机行动悖境。

在类似最后通牒博弈的情境中，如果有更多主体参与，它会演变成一个海盗博弈。海盗博弈也是一种非零和博弈。具体来说：

5 名海盗共同找到了 100 枚金币，针对金币的分配问题，他们达成一致。首先按照 5 个人的等级来进行排序，由等级最高者首先提出分配方案，其他人共同表决是否接受此方案。如果半数以上的人认可此方案，则依此方案进行分配，如果方案不被认可，此人将被扔进大海。再由排在第二位的人提出分配方案，序贯进行下去。

海盗博弈同样说明，群体中的个体成员遵循理性原则的行动选择会导致意向之外的结果。假定 5 名海盗都具有高度理性，按照等级排序依次为 A、B、C、D、E。首先由 A 提出分配方案，为争取更多金币且不被扔进大海，A 明白至少要获得两名海盗的支持，其争取的最佳对象是在分配博弈中处于不利地位的人。因此，A 不仅要思量自己能争取到的利益，还要思量每个海盗可能会支持的分配方案。A 从最后两个决策者出发进行思虑，如果 A、B 和 C 被扔进海里，D 就可能独自占有全部的金币，因为 E 一个人的表决无法否定 D 的方案。D 的方案可以被 E 预测到，为争取到金币，E 需要争取其他人的支持，E 至少希望 C 没有被扔进海里。对 C 来说，他可以预测到 E 的考虑。因此，他只需要分配给 E 最小单元的金币，即可获得 E 的支持，所以（99∶0∶1）是 C 针对 C、D、E 3 人制订的分配方案。B 可以预测到 C 的分配方案，他意识到自己可以争取 D 的支持。所以，他只需要分配给 D 最小单元的金币，即可获得 D 的支持，即（99∶0∶1∶0）是 B 针对 B、C、D、E 4 人制订的分配方案。A 可以预测到 B 的考虑，他只需要分配给 C 和 E 最小单元的金币，就可以争取到两人的支持。所以，（98∶0∶1∶0∶1）是 A 所制订的最利己的方案。

从过程理性的视角来分析，A 所提出的分配方案将获得一致通过。这也说明，谁的等级最高，最先提出分配方案，谁的收益最佳。但是，A 的分配方案也可以被 B、C、D、E 预测到。即便他们不通过 A 的方案，自身也没有多大损失。为争取更多的金币，他们可能会违反过程理性投票，以争取结果理性。出于这种考虑，在海盗博弈中，每个参与者不仅要考虑自身的利益，还需要思考他人的行动选择，以及彼此间互动的可能结果。结果是，所有的参与者都遭遇行动悖境，这是一种相机行动的悖境。

在相机行动悖境中，群体中所有成员都面临过程理性与结果理性之间的悖谬。在形成相机行动悖境的群体选择情境中，基于理性的过程选择，结果却可能反理性。为改进结果的收益，群体在选择过程中不得不反理性。对每个成员来说，根据过程理性原则，应该选择 φ，基于结果理性选择，又应该选择 $\neg\varphi$，这种心智意向进行合成，基于模态合成谬误，群体陷入行动悖境。尤其是，在群体的序贯行动中，行动选择的顺序对于行动结果至关重要，群体中的成员谁先单边反理性，谁行动的结果便为最佳。为优化行动的结构，如果所有成员随之都违背过程理性，群体不可避免地遭遇相机难题。

对理性的主体而言，一种选择在制定时是最优的，在没有新信息出现的情境下，它在执行中也应该是最优的，这是理性选择的动态一致性。在静态博弈的同时行动中，战略或行动一经选定，便不再改变。而在动态博弈的序贯行动中，群体成员面临着相机的可信性问题，即便原初的战略计划被给定，主体也可以选择不按此执行，每个行动主体都根据他人在不同时序可能采取的决策来调整自身的策略选择。个体在博弈之前做出的最优策略，在博弈中不一定最优。如果个体在行动过程中改变策略，行动结果反而可能得以改善。因而，在序贯行动中，行动主体可以做出威胁或承诺，接到威胁与承诺的主体需要对其真实性进行判断。因为事先的最优战略和事后最优战略会不一样，在序贯行动中，这种可信性问题十分棘手。① 在最后通牒博弈和海盗博弈中，如果群体中成员直接发出声明来影响他人的选择，群体选择的结果会发生改变。

二、连续行动悖境

在群体的序贯行动中，决定成员是否调整行动策略的一个重要依据是逆向归纳法。逆向归纳法也是倒推法，适用于对有限序贯博弈行动的分析。在多人的有限战略博弈中，可以用博弈树描述其策略选择状况。博弈树主要包括结、枝和信息集合等要素，其中，博弈树的树根对应初始行动；结包括决策结和终点结，决策结是参与者做出选择的时点，终点结则是博弈行动路径的终点；枝是一个决策结到其后续结的连线，每一个枝代表参与人的一个行动选择；信息集是所有决策结分割成的不同的信息集。对于有限博弈，在博弈树上最后一个决策结的集合，参与者将选择一个最大化自身支付的行动；给定这个参与者的选择，倒数第二个决策结上的参与者将选择一个可行的行动使自身支付最大化；一直逆推，直到初始结。实际上，在序贯行动的每一个决策结上，主体都面临着占优选择和劣选择的悖境。这就表明，在任意一个决策结上的主体决策都相当于一个新的博弈选择，为对其提供精准刻画，泽尔腾将其称为子博弈，所有子博弈中的最优选择就构成了原有博弈的精炼

---

① ELSTER J. Political Psychology[M]. Cambridge：Cambridge University Press, 1993：18.

纳什均衡。正是因此，博弈树所呈现的选择过程隐含了主体的连续行动悖境。

在序贯博弈情境的逻辑结构中，连锁店博弈或者蜈蚣博弈的情境能够描述群体的连续行动悖境。由于每个行动者的策略选择存有时间上的次序关系，每个子博弈都代表主体的一个决策时机，然而，行动者在每个结点的选择可能都面临着行动悖境。根据序贯理性，参与者在最终的子博弈上应该做出最优选择，然后逆推主体在每个子博弈上的最优选择。参与者在每一个时点上最优化自己的选择，其战略组合构成子博弈纳什均衡。以连锁店博弈为例。假定 A 企业在不同地区都有连锁店，但是每家连锁店都面临着潜在的竞争。面对新兴公司的竞争，A 企业有两种选择：其一是阻止策略，采取策略对新兴公司进行反击，在此博弈情境中双方的利益都将遭受一定损害；其二是达成妥协，新兴公司进入市场获取利润，A 企业遭受损失，但比阻止策略带来的损失要小。在此，A 企业面临着选择悖境。尤其是，必须考虑当下选择对后续准备进入市场的新兴公司所能产生的震慑效果。阻止策略尽管在当下的损失较大，但若能避免其他竞争者进入市场，长远看可能更为有利。与新兴公司达成妥协，A 企业在当下可以减小损失，但可能会有更多的新兴公司进入竞争市场，从长远看损失更大。

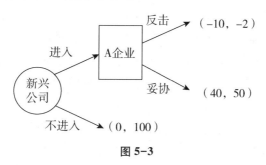

图 5-3

在连锁店博弈中，假定博弈双方都具有理性共识。在泽尔腾看来，如果 A 企业知道潜存着一定数目的竞争者，那么它施行阻止策略便不合乎理性。从最后的子博弈来进行分析，因为后续没其他新兴公司再进入竞争市场，A 企业采取阻止策略是非理性的。在倒数第二个决策结点，A 企业对新兴公司采取阻止策略也是不合理的，因为它并没有阻止成功，还有最后的竞争者出现。通过逆向归纳法，依次类推，可以得到在全部子博弈中 A 企业采取阻止策略是非理性的。但是，这与阻止策略的威慑效应相冲突，A 企业面临选择悖境。泽尔腾认为，在弱化的维度上，这是群体选择的非意图结果。与泽尔腾相反，孔斯在强化的维度上将其定性为主体的理性置信在逻辑上相互矛盾。① 这就表明，连锁店博弈既关联到群体心智意向的合理性问题，也本质地涉及群体在理性原则指导下的实际选择的合理性问题。因为序贯博弈的因素影响，群体的理性选择可能会发生转变，从而导致不合理后果。即使基于均衡路径的决策，也可能导致主体的非意向结果。

泽尔腾利用逆推归纳法，说明了 A 企业的市场反击威胁不可信。在一般性的意义上，泽尔腾试图表明，参与者在完全信息前提下的有限次序贯博弈不能达成合作行动。蜈蚣博弈也描述了相似的情境，逆推归纳法是逻辑严密的，但结果是违反直觉的。为更明晰地说明问题，可以假定三家企业之间的序贯博弈，需要考虑的因素包括：(1)三位博弈参与者；(2)三个参与者选择行动的时点；(3)三人在行动时可选择的行动集合；(4)三人在做出选择时有关对方过去行动选择的信息；(5)支付函数。如果新兴公司 B 进入市场，A 企业在决策结点对其采取阻止策略是不合理的。新兴公司 C 知道关于 A 企业在与 B 博弈时所采取的措施，从而认为 A 企业非理性，它并不追求自身利益的最大化，也可能对它的进入采取阻止措施。然而，在此前提下，新兴公司 C 不会再进入市场，A 企业采取阻止策略就是合理的，A 企业也是理性参与者。基于此，新兴公司 C 又应该相信理性的 A 企业不会对其采取阻止策略，C 公司会选择进入市场，A 企业会进一步遭受损失，采取阻止策略就不是合理的。在孔斯看来，矛盾等价式由此建立，A 企业对新兴公司 B 采取阻止策略既是理性的，又是非理性的。根据 A 企业可能采取的具体措施，新兴公司 B 和 C 也会做出应对。他们相信 A 企业是理性的当且仅当其非理性，在他们自身的序贯选择中同样会面临悖境。假如只有新兴公司 B 一家潜在竞争者，针对 A 企业的策略选择，B 可以选择再次进入市场还是退出，A 和 B 都面临着连续行动悖境。

以此案例为基础，可以对连续行动悖境做出进一步拓展。在更普遍的层面上，双人序贯的连续行动悖境可以用蜈蚣博弈图示为：

---

① KOONS R. Paradoxes of Belief and Strategic Rationality[M]. Cambridge：Cambridge University Press, 1992：28.

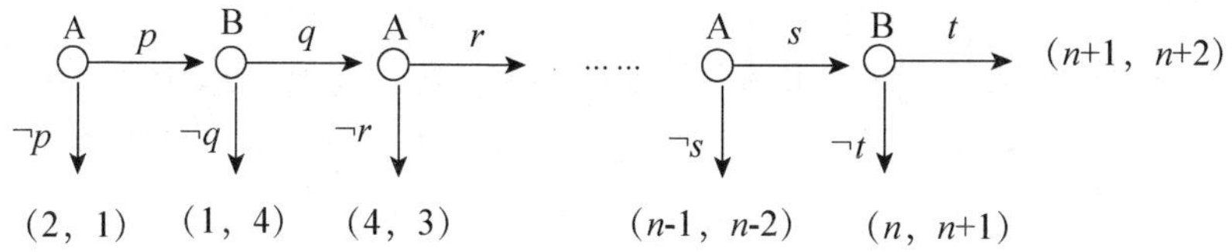

图 5-4

在 A 和 B"你来我往"的序贯博弈情境中，A 和 B 在每个结点都面临着行动悖境。在不同阶段的策略选择中，p、q、r、s、t 等可以代表相同策略，也可以是不同策略。即便是相同的选择，在序贯行动的不同阶段，其所得的效用和支付并不相同。在以上蜈蚣博弈中，A 如果在第一步选择 $\neg p$，动态博弈的行动情境即可终止，B 不会再遭遇行动悖境，这也是此博弈的完美纳什均衡点。在此，A 和 B 的支付为（2，1），它违反行动者的直觉，A 选择 p，B 选择 q，持续选择下去，双方的支付都可以更高。然而根据逆向法，此结果不能达到，这是一个悖谬。

对于逆推归纳法所产生的合理性悖论，奥曼认为，在扩展博弈的每一个结点上，参与者都有这样的共同知识：参与者将在以该结点为起点的子博弈中做出合理选择。据此，参与者在轮到自己做决定时，无须考虑以前的行动选择者是否理性，只要他认为后面的行动选择将是合理的，他就会选择"终止"。所以，奥曼给出了可理性化解子博弈完美均衡的认知条件，试图通过一个形式上相容的论证，来保证逆推归纳法悖论在逻辑上一致。肯·宾默尔（Kenneth Binmore）的观点却相反，根据宾默尔的理念，使理性的局中人遵循逆推归纳法所确定的均衡路径的，是他对偏离均衡路径之后果的考虑。然而，假若他偏离了均衡路径，他就是非理性的。[1] 宾默尔指出，在运用合理性概念评价行动时，要考虑局中人的非理性。从宾默尔和奥曼的争论中可以看出，逆推归纳法等推理形式与现实策略性互动中认知推理之间的不协调，也可以导致主体在行动上面临悖境。

相机行动悖境和连续行动悖境都是实在社会中时常出现的序贯悖境。在序贯行动中，如果理性共识的假设得到满足，每个个体都是理性的，并且每个人都知道自己和他者都是理性的。在战略选择中，行动前的理性选择在行动中或行动后可能并不成立，如果某个体单边反理性，结果反而可以出奇制

---

[1] 任晓明，陈晓平．决策、博弈与认知：归纳逻辑的理论与应用［M］．北京：北京师范大学出版社，2014：269.

胜。倘若所有主体都意识到这一点，单边反理性逐渐合成，群体悖境由此产生。逆向归纳法从最后的决策结开始往回逆推，每一步都剔除在该决策结上参与人的劣策略。正是利用逆向归纳法，主体在每一个决策结判断自身应该执行的最佳方案，但此建立在所有参与者的理性与可信基础之上。因为序贯行动的因素，理性可能发生偏离，主体之间的可信性会被打破。在选择过程中，主体重新进行判断或者改变偏好，并使自身意向进行聚合。偏好聚合和判断聚合是一个硬币的两个方面，偏好聚合在前序列上相当于特定判断的聚合，基于命题逻辑的判断聚合相当于特定偏好的聚合。① 随着主体偏好的改变，主体的选择行动随之改变，行动的结果也出现转变。

序贯行动悖境在现实社会中也存在诸多案例。例如，不同个体共同参与群体活动，尤其是联合行动之后的利益分配问题，不可避免地会涉及相机行动悖境。在利益或资源的分配中，群体成员之间的信任机制要经受利益冲突的考验。如果信任机制出现断裂，群体将陷入行动悖境。在国家之间的外交关系中，因序贯行动而诱发的悖境十分常见。每个国家的外交行动都以本国利益为根据，外交方针的制定必须考虑他国可能的回应，相机问题构成国家对外策略的主要威胁，序贯的动态博弈由此形成。为避免序贯行动悖境，在现实的选择情境中，群体行动的参与者可以采取"承诺行动"。在很多情境中，承诺行动具有非常重要的价值。参与者可以承诺保证自己不会选择某一行动，通过减少自己的机会选择，来改变其他参与者的最优选择。

序贯行动悖境与同时行动悖境都是和主体的心智行动与客观行动密切关联的悖境。但是，它们之间也存在差异。同时行动悖境结构以静态博弈与纳什均衡为根基，如果所有参与者按照理性原则做出最优选择，每个成员都按照同一心智意向行动，结果却是意图的反面，形成反终极悖境。囚徒困境博弈作为一个典型的非零和博弈，在其策略选择的支付中，可以出现双赢的结果，而且此结果是最优解，但现实中难以得到最优结果，只能得到次优结果。序贯行动悖境以动态博弈为基底，在群体中的所有个体均为理性的假设前提下，每个行动者各个时序都选择理性行动，但因在决策前后的动态不一致，个体原初的心智意向难以得到满足，理性选择的过程却没有造就最优化的结果，而反理性收益更佳，形成相机行动悖境。在序贯的选择行动中，先

① FALLIS D. Collective Epistemic Goals [J]. Social Epistemology, 2007, 21 (3)：267-280.

行动者对后行动者的应对策略进行预测，后行动者则根据先行动者的选择情况来调整策略，因为模态合成谬误，在决策结点，先行动者和后行动者相继陷入群体悖境。

相机行动悖境和连续行动悖境所揭示的群体悖境，也是基于完全信息动态博弈的悖谬情境。完全信息博弈在许多情况下并不成立，因为行动主体并不一定了解主体之间的偏好或支付函数，主体更容易面临悖境。宾默尔曾指出："通过逆向归纳来分析博弈时，我们不仅假定在整个博弈中而且在其所有子博弈中都会选择纳什均衡。"①因而，逆向归纳法不可能解释未预料到的风险出现时参与者如何形成自己的预期。泽尔腾秉持捍卫的理念，提出了均衡的"颤抖（tremble）"，以此解释主体在序贯行动中的偏离行为。这也说明，在不完全信息的博弈行动中，因为不确定性的参与，群体将走向贝叶斯决策，更容易陷入悖境。悖境的存在表明，无论是利己行动还是利他行动，理性人在最大化自身偏好时，需要相互合作，而合作中又存在冲突。冲突基于个人理性和个人最优决策，合作强调群体理性，寻求效率与公平。为实现合作的潜在利益和合作中的冲突的有效解决，理性主体会制定制度来规范主体行动。所以，解决个体理性与群体理性之间冲突的办法不是否认个体理性，而是机制设计，力求在满足个体理性的前提下促进群体理性。

第四节　社会的内卷化悖境

群体在同时和序贯行动中都会面临悖境，因为群体意向的观念并非协同，群体悖境不可避免。在现实中，主体为争夺有限资源而高强度竞争却导致自身"收益努力比"下降的社会内卷化现象，是群体悖境的典型体现。"内卷化"一词的拉丁文原意为"转或卷起来"，黄宗智所著《华北的小农经济与社会变迁》一书中译本将其中涉及的"involution"一词译为"内卷化"（又译为"过密化"或"内涵化"），"内卷化"一词开始进入汉语学术界，并在大范围内流传开来。"内卷化"最初是汉语学术界本土化的经济概念，而今已然由经济词汇演变为社会词汇，原本作为学术概念的"内卷"成为热词，被频繁地用于社会热点事件的讨论中，"内卷化"现象成为备受关注的话题。本节利用同时行

---

① 肯·宾默尔.理性决策[M].李娜，译.上海：上海人民出版社，2016：33.

动悖境和序贯行动悖境对社会的内卷化现象进行解析，归纳"内卷化"概念的内涵演变，揭示其在当下通行的意涵下如何表征群体悖境。

一、"内卷化"的演变

现有的关于"内卷化"概念的考察可追溯至德国古典哲学家康德，他首次提出社会演化进程中的"内卷"问题。在《判断力批判》中，康德对"内卷（involution）"与"进化（evolution）"两个概念进行区分，认为它们是演变的两个相反方向，前者向内，后者向外，在此基础上他提出与"演化理论（evolutions theorie）"相对照的"内卷理论（involutions theorie）"。康德认为，同类事物衍生出的有机物分为两种，一种是离析出来的东西，另一种是产生出来的东西，关于前者的学说是个体的预成学说，也叫作先成论，关于后者的学说是种类的预成学说，也叫作新生论。衍生能力是根据种族所分有的内在的合目的性预先形成的，特种的形式是潜在地预先形成，因而可以把相对立的个体预成理论更确切地称为"套入理论"。康德界定的套入理论就是一种"内卷理论"。美国人类学家亚历山大·戈登威泽（Alexander Goldenweiser）用"内卷化"来描绘一种内部不断精细化的艺术形式或文化现象，在达到一定的形态之后，既无法保持这种形态的稳定，也无法向新的更高层次的形态转变，只能在原有的路径、模式和框架下，向内演化或发展，结果是其内部更加精细化、复杂化。但其本质只是一种或几种模式的单调重复，没有实质的内容创新和想象突破。简言之，内卷的起源意义是向内演化，衍生为形式上的重复，极端表现为低水平的复杂化。

美国著名文化人类学家克利福德·格尔茨（Clifford Geertz）借鉴了戈登威泽使用的"内卷化"概念，他将"内卷化"视为一种生产的方式，用于对社会经济现象进行解释。在《农业内卷化》一书中，格尔茨用"内卷化"作为分析概念对农业和农村问题进行考察。格尔茨认为，印度尼西亚爪哇人因为资本匮乏，缺少消化剩余劳动力的能力，再加之行政限制，他们难以跨越固有的边界，劳动力只能投身于有限的农业生产。结果是，爪哇岛的农业无法向资本和技术密集的方向转变，而是不断向劳动密集型发展，从而导致农业生产内部日益精细化。在格尔茨看来，这一发展过程不是进化，而是内卷，他称之为"农业内卷化"。在缺少外部刺激和内部创新的模式下，每个农民都精耕细作，由于内部细节的过分精细使得原本的生产方式获得了刚性，行业保持稳定生产，没有进化到更高的阶段。

　　黄宗智认为，格尔茨的"农业内卷化"的要旨可以理解为，劳动力在单元土地上高度密集，然而单元劳动之边际报酬逐步递减。作为"内卷"的汉语引入者，黄宗智将此概念应用于对中国小农经济发展过程的解析。在他看来，在人多地少的农业模式下，会产生劳动力集约化到边际报酬收缩的现象，劳动投入越来越高而劳动回报越来越低的情况，以至形成一个顽固难变的封闭体系。刘世定和邱泽奇两位学者指出，"内卷化"可以界定为由于外在条件遭受严格限制，系统无法向外部扩张，只能在内部持续重复和精细化的过程。而黄宗智把内卷的概念引入对中国农业经济史的分析，在土地没有增长的条件下，面对人口增长的压力，只能靠精耕细作这种内卷的方式，投入更多的劳动力来提高土地的产出，陷入一种"高水平陷阱"，直到边际报酬接近于零。

　　按照刘世定和邱泽奇的说法，格尔茨与黄宗智在考察内卷化时对劳动的边际生产率的论述存在着差异。格尔茨对爪哇岛水稻种植业出现"农业内卷化"的分析，描述了在资本、土地被严格限定的前提下，剩余劳动力只能被吸纳至农业生产中，致使农业内部更加繁杂。在格尔茨的理念中，劳动边际生产率的变化不是"内卷化"的内容。黄宗智对边际收益递减的强调，增加了"内卷化"的内涵，改变了它的外延。尽管黄宗智对内卷化概念的定义与格尔茨存在分歧，他将农业生产内部精细化的"内卷化"转变为"无发展的增长"的"内卷化"，改变了"内卷化"的分析方向，但他用"内卷化"概念论述的问题值得重视，尤其是他对"无发展的增长"的概括，为今日之"内卷"的本土化和流行化奠定了方向。

　　"内卷化"的本源含义侧重于对某种经济形态尤其是某种农业经济内部细致、固守、稳定的变化过程的刻画，在黄宗智的研究之后，内卷化这一概念逐步突破农业领域的限制，开始向文化、技术、阶层、制度、国家、社会等不同领域拓展。从社会变迁的维度上看，内卷指代某种社会体系或社会制度在特定历史时期无法向外优化升级，只能在内部层次上自我复制、自我维系的现象。区别于建构的跳跃性变迁和演进的连续性变迁，内卷说明一种社会文化模式在某一发展阶段达到一种确定的形式后，便停止不前或无法转化的另一种高级模式。①

　　著名经济学家道格拉斯·诺思（Douglass North）将关于技术变迁过程中自

---

①　朱富强．博弈思维和社会困局［M］．北京：经济管理出版社，2017：217.

我强化现象的论证迁移到社会制度变迁方面，提出制度变迁过程中存在着严重的路径依赖。由于历史因素对现在和未来的强大影响，制度变迁的既定方向会在以后的发展过程中得到自我强化，结果可能是良性循环，也可能是恶性下滑，甚至被"锁定"在某种无效率的状态而导致停滞。这种技术演进和社会发展中存在的"锁定效应"和"路径依赖"，也是社会秩序变迁过程中的"内卷化"问题。一旦进入路径锁定状态，要摆脱就十分困难。从这个角度出发，可以理解原初有效的社会制度何以逐渐失效，原本高效率的社会何以逐步低下。

内卷化突出地表现在社会文化、政治体制等方方面面，即使特定的制度安排并非帕累托最优，但出于纳什均衡，它难以被改进。例如，政治体制的性质异化以及其功能失调的现象就是内卷化的一个重要表现。在西方的国家理论中，国家作为一个协作系统，本身为个人权利让渡的产物，但是可能蜕变为某些统治者牟取私利的工具，本应相互制约的政府部门，可能听命于某一强势的独裁者。政府部门的自我增生导致机构臃肿的现象也是一种内卷化，帕金森定律①是一个明显的表现。国家机构不是依靠提高效益，而只能通过复制旧有的国家和社会关系来增强其行政职能。也正因如此，建立一个理性制衡、真正高效的政治运行机制的意图没有得到实现，各方在相互博弈之中形成一个非意图结果。

美国历史学家杜赞奇（Prasenjit Duara）曾把内卷的概念拓展至行政和政治上，提出"政权内卷化"概念，用于解释 20 世纪前半期中国国家政权扩张产生的影响。清朝末期的新政意图加强国家的控制，但不是靠提高国家机构的效益，而是通过建立新的官僚机构，复制或扩大旧有的国家与社会关系，结果是基层的行政能力并没有增强，新增的官吏由为他人服务转变成为自我服务，最后导致农村社会的解体和革命，这是国家建设中的内卷化。

二、社会的内卷化

随着内卷概念被大众接受并迅速传播开来，国内诸多学者从"内卷化"的视角来透视中国的乡村、经济、社会、治理、教育、心理、文化等诸多方面，引起了社会强烈共鸣。与内卷的原初内涵相比，今日内卷概念的内涵与

---

① 帕金森定律是指一个组织在发展过程中会因业务扩展或其他原因而出现的一种现象，这一效应使得该组织的机构迅速膨胀，资源浪费，员工积极性下降。

原意差异并不大，但其外延得以扩大。现如今，大众所接受和使用的内卷概念延续了黄宗智界定的"无发展的增长"这一核心概念，但适用范围早已超出乡村社会的领域。原本用于诠释地区经济模式无法摆脱结构性格局以实现"进化"的内卷化，而今也适用于描述社会事件中非理性的内部竞争、内部消耗或停滞不前的情境。在旧的情境没有深化发展或创造创新等质变的前提下，人员投入愈加紧密、形式上疯狂扩张的状况，都可以纳入内卷的范畴。在解决不了资源的稀缺或短缺的情境下，集体陷入一个高度动态的陷阱，投入不断增加，能量却在不断损耗，除非情境发生改变，否则无法选择退出。社会群体之所以走进这种陀螺式的死循环，源自有意或无意竞争的参与，群体博弈的压力造就低层次的社会竞争，群体陷入悖境。对比看来，当下大众使用的内卷化概念实质上是对原初词汇的一种"误读"，但是精确描述了当下特定社会群体的人格特性和文化心理。

而今，社会发展呈现出自生自发的内卷化态势，这是人类社会演化过程中出现的一个普遍现象。内卷是群体悖境的重要表现，其机理就在于自我反馈的路径依赖造成的模态合成谬误。主体任何决策的提出都依赖于情境，取决于主体看待和解释世界的方式，受主体的选择性直觉、认知一致性、记忆偏差，以及情境变化等多种因素的影响。换句话说，主体的任何决策都有一定的认知结构在支撑。从思维维度上来看，当下社会内卷化的形成与群体博弈的情境密切相关，其隐性致因是群体决策的模态合成谬误，其形成与群体的选择悖境密不可分。因此，对于涉及主体互动关系的社会内卷化现象，可以根据主体行动的悖境来进行解析。

在致使内卷化的群体行动中，人们习惯于趋利避害。当决定收益时，人们倾向于规避风险，而当冒险可以避免损失时，人们反之寻求风险。在内卷化的形成机制中，群体趋利避害的意向态度进行合成，社会主体是一种竞争的博弈关系。在群体博弈中，人们在一定的行动规则和环境条件下，同时或序贯从策略候选项中做出决策并加以执行，获得相应的行动结果。在静态博弈中，如果所有博弈方都有占优策略，理性的博弈方按照占优策略去行动，达到"占优策略均衡"。如果只是其中部分博弈方有占优策略，可以重复剔除劣策略。但是，占优策略均衡只是在分析少数博弈时有效，不能解决所有的博弈问题。实际上，博弈方最佳的策略往往是根据对方行动的相机选择，一方采取的策略是他对于其他博弈方策略的预测的最佳反应。在群体博弈中，如果在某种博弈情境中，没有一个行动者能够通过单独行动来提升自身收益，也就是说，为实现利益最大化，任何个体都不会独自修正其策略，因为模态合成谬误，博弈中出现非合作博弈均衡。

内卷的非合作博弈最终形成一种群体悖境。在群体行动中，合作博弈关注利益的分配问题，即行动者在商定合作后如何就利益进行分配。非合作博弈关注策略的选择问题，即行动者在利益交织的对弈中如何实现利益最大。非合作博弈基于个体理性分析博弈方的最优策略选择，基本思维就是纳什策略。纳什均衡并不代表博弈参与者达成了整体最优结果。严格劣势策略不可能成为最佳对策，而弱优势和弱劣势策略也有可能达成纳什均衡。① 纳什均衡代表了一种成熟体系的终末期状态，但这种看似均衡的体系其本质是一种无法突破自我的悖境。斯密的理论强调，自由市场经济中从利己目的出发的个体行为将会导向社会福利的最大化，纳什均衡却发现，仅仅基于利己目的的行动，其结果往往是损人不利己。标准经济人之间的互动博弈中，每个人致力于选择可理性化策略来增进个人利益，运用最小最大化策略尽可能降低他人的机会主义行为对自己造成的损害。但是因为模态合成谬误，行动结果往往是主体的非意图或次优态结果。

囚徒困境的提出为社会现实领域普遍存在的社会关系做出了解释，引发了不同学科领域的关注，社会的内卷化也可以通过囚徒困境刻画的悖谬情境得到解析。囚徒困境只有一个纳什均衡，因为模态合成谬误，博弈困局往往成为纳什均衡的基本特征。公共品的供给不足等社会经济领域的类似现象可以形塑为囚徒困境，国际贸易、市场竞争等经济行为，军备竞赛等国际关系问题也可以通过囚徒困境得到解释。囚徒博弈没有帕累托最优纳什均衡，却存在帕累托劣解纳什均衡。次优解的存在表明，有一种策略可以使所有人获得更高的收益。表现在现实生活中，只要有人试图搭便车，因为模态合成谬误，就会出现悖境。例如，在集体行动、团队生产、卡特尔组织中出现的搭便车现象；在公共资源的使用中，常会出现的资源浪费和无效率的现象等。

以"全民培训班"为例，近些年来，要求为中小学生减负的呼声周期性出现，因为学生基于压力已经陷入恶性竞争的循环之中，他们的周末时间辗转于不同培训学校之间，失去了少年时代应有的美好时光，思维和实践能力却没有真正得到提高。"全民培训班"之所以能够兴起，重要原因就在于群体之间的非合作博弈的模态合成谬误。当下，升学标准主要体现的是应试能力，

---

① 朱富强. 博弈思维和社会困局［M］. 北京：经济管理出版社，2017：17.

由于资源的稀缺性和分配的等级性，就必然存在进入优质学校的激烈竞争。在应试教育的压力下，父母都希望自己的孩子能够升入更好的学校，从而迫使孩子承受更多的学习负担。因为模态合成谬误，"全民奥数""超前学习"成为社会潮流。在应试下的培训博弈中，都不参加培训班是最优解，但是为了避免落后，家长只能迎合社会潮流，都选择去参加培训班。可以用以下的博弈矩阵来表示，其纳什均衡是（参加，参加）：

社会潮流		学生家长 A	
		参加	不参加
	参加	−5，−5	10，−10
	不参加	−10，10	5，5

图 5-5

正因如此，尽管"减负"的呼声不断，实际情况却没有得到根本改善。目前，减负工作已然取得了一定成效，但问题没有从根本上得到有效遏制，相反有日益恶化的趋势，"第三学期"现象已成为全面推进素质教育的严重障碍。这种现象屡禁不止，是因为由社会个体所形成的秩序和组织，反过来对个体行动产生影响。

社会组织一旦形成，便具有独立的内聚力。卡尔·波普尔曾指出："社会群体大于其成员的单纯加也大于其任何成员任何时刻存在的诸多个人关系的简单总和……甚至可相信，群体可能保持其许多原有特性，即使它的原先成员都被别的成员所代。"①特定社会秩序的基本要素总是在演化中新陈代谢，但它同时也具备相对稳定的特性，具有一定自我生存的能力，这些社会特性反过来支配个人行为。尽管学生不断更替，但新成员的进入使其成为新的附属，使潮流和秩序保持稳定。其实，良性竞争能够激发学生的创造精神，促进教育的进步，为了应试需要的恶性竞争却适得其反。即便家长不希望学生投入内卷潮流，但是只要应试教育生态没有改观，家长的收益结构没有改变，家长就不会轻易选择退出，学生的"减负"就不会实现，这是一个悖境。要改变这种内卷化悖境，就要改变应试教育内容以及与此相适应的入学机制和资源分配。在优质教育资源稀缺的背景下，较为公平地分配资源、形成合理的人才评价机制，是解决问题的现实之道。

---

① 朱富强．博弈思维和社会困局［M］．北京：经济管理出版社，2017：217.

本章小结

社会科学不同领域都有对主体非意向行动后果的描述，现实矛盾的存在已然表明："那种认为各种意外结果是在活动者接受了作为模态合成谬误之例证的信念时产生的一般观念，是一种极为有力的观念。"[1]"悖境"正是对此类特殊矛盾情境的进一步精细刻画。因为模态合成谬误，个体悖境向群体悖境转化。群体悖境作为一个关系范畴，是具有辩证性质的客观矛盾。在现实中，事物往往具有相反相成的属性，群体悖境模型以选择 φ 和选择 $\neg \varphi$ 为内在结构，φ 与 $\neg \varphi$ 的矛盾关系贯穿始终，反终极和次优态的同时行动悖境，相机行动悖境和连续行动悖境等序贯行动悖境都清晰地反映了现实中的辩证矛盾情境。

本章第一节说明"群体悖境"是多主体的行动悖境。群体中的每个成员都遵循其与他人的假定关系行动，可能形成一种非意向结果，这是发生于整体上的模态合成谬误。[2] 群体悖境的出现，说明了群体理性可能发生错位，主体的理性选择存有域限。个体追求自我利益而采取的策略选择，不但没有实现预期，反而会与其初衷相悖。本章第二节对同时行动悖境的形式进行解析。在同时行动悖境中，反终极悖境彰显了意向和结果之间的悖谬情境，说明个体理性和集体理性可能不被认知和行动主体同时兼备，两者会出现辩证冲突。次优态悖境彰显可能与实际之间的悖谬情境，说明期望效用最大化和占优策略可能不被认知和行动主体同时兼备，两者会出现辩证冲突。

本章第三节描述了序贯行动的悖境，相机行动悖境和连续行动悖境是其重要类型。行动中的每个主体都理性地进行选择，结果却反而非理性。由于此悖境与动态博弈的相机难题有所关联，可将此悖境形态定性为相机行动悖境。相机行动悖境出现在序贯行动中，能够描述主体在时序的连锁选择中可能遭遇的悖境。在序贯行动中，因为时序上的先后关系，先行动者对后行动者的策略选择进行预测，因为预期的假定关系，群体交互行动的合成问题均

---

① 乔恩·埃尔斯特. 理解马克思[M]. 何怀远，译. 北京：中国人民大学出版社，2008：41.

② 王习胜. 泛悖论与科学理论创新机制研究[M]. 北京：北京师范大学出版社，2013：53.

遭遇连续行动悖境。本章第四节对社会"内卷化"现象进行解析，并且指出，内卷化现象作为一种社会困局，其本质是模态合成谬误所形塑的群体悖境。社会中的内卷化现象，可以通过同时行动悖境和序贯行动悖境得到分析。

　　社会悖境的不同形式阐释了主体选择的悖境问题，集中揭示了主体理性的错位与局限。当然。除以上类悖论困境之外，还有其他的悖境形态。例如，表面利益与实际利益之间的冲突也会导致悖境。在传统理论中，主体政治选择或经济行为所遵循的原则均为个体理性。然而，模态合成谬误表明，每个主体的个体理性不等于群体理性。引入悖境理论，从行动视域对现实中的矛盾和困境进行分析，可以清晰地呈现现实社会中一些冲突与竞争的逻辑机制，从而为此类群体悖境的化解开辟了路径。当然，对于社会悖境的分析也存在局限，特别是将"群体悖境"放置于逻辑理性与博弈理性模型下的理念，因完全理性假设的局限性限制了它的应用范围。但是，将社会行动与逻辑方法相结合的理念具有前瞻性，为现实中悖境问题的刻画创造了可能，这种探索也对社会科学研究主题的拓展十分有益。

第六章

社会悖境的走出机制

　　社会悖境是对现实问题的分析，通过对现实问题进行逻辑剖析，为摆脱现实中的恶性竞争开辟新的思路。社会悖境具有不合理的现实性，表明主体实在的认知和行动违反了思维规范、行动规范和社会规范。所以，社会悖境具有相对性，因此，社会悖境具有可解性。在社会竞争中，影响竞争结果的变量不完全由自己控制，个人决策的制定还要取决于他者的策略，完全基于自身利益的对弈双方往往两败俱伤，有效避免恶性竞争的一个方法是联合行动或寻求合作。当理性主体发现与他人一起行动能够得到回报或长期收益时，人们会相互激励，选择联合行动。在联合行动中，参与者签订有约束力和保障力的合约，共同坚持集体主义，进而保证团体理性，可以避免坠入模态合成谬误的陷阱。

　　对个体悖境而言，其突出的表现是心智维度的悖境。因为个体心智悖境的抽象结构和悖论所例示的结构相同，对个体心智悖境的化解可以从解决悖论的一般性方案中寻得思想资源。对群体悖境而言，只有首先剖析其形成症结，才能探索其化解之道。从个体选择到群体选择，博弈互动的模态合成谬误是群体悖境形成的重要因素。实际上，博弈是一种长期存在且无处不在的实践，构成了主体行动的特色元素。博弈为主体的认知和行动过程提供丰富的模型，也承载着主体生动的直觉。真正的博弈不只是关于行动和信息，还涉及参与者对结果的评估，正是信息、行动和评估之间的平衡驱动着理性选择。而在群体选择中，个体的认知和行动的情境并不恒定，行动情境在不断变化。[①] 本章从改变主体认知和行动情境的视域出发，探索走出社会悖境的有效路径。

---

　　① 唐晓嘉. 认知的逻辑分析[M]. 重庆：西南大学出版社，2003：134.

第一节　个体悖境的走出机制

悖境通常源于相互冲突的选择，雷歇尔认为："它们经常与利益冲突有关，这些冲突来自支持者与反对者对竞品的冲突，因此不同的观点会胜出，而组合观点或整体观点的前景是不切实际的。在这些情况下，相互冲突的评价中必须有一个被列为次等或者被牺牲掉，除非（更彻底地）它们都被抛弃。"①雷歇尔为悖境的化解指明了方向，问题在于，何以判断哪一个候选项应该被"牺牲"掉。实际上，悖境的化解就是在为这一判断制定标准。在理性选择理论中，主体在个体层次的行动为解释社会机制提供了微观基础。② 根据方法论个体主义原则，对社会悖境进行化解，也应该从个体悖境着手，首先探讨个体悖境可能的化解路径。

一、悖论消解的方法论启示

雷歇尔认为："通过消除疑难簇的不一致来解决悖论要求抛弃其中包含的某些导致矛盾的前提。"③雷歇尔的理念为悖论问题的解决提供了一般性思路。在雷歇尔之前的研究中，不同类型的悖论被单独地、孤立地处理，每个悖论需要被提供满足其自身需求样式的解悖方案。雷歇尔试图探讨处理悖论的一般方法，从"认知优先性"来探寻把握悖论问题的一般方式。雷歇尔提出了解悖论的基本思想，但是他的工作仍是极其初步的。他的解悖理念的核心是区分出悖论由以导出的前提集的优先性顺序，但是悖论的形成条件恰恰是难以找到这样的序列。

陈波曾指出，悖论的存在表明主体的思维在某些地方出了毛病，或者表现在前提中，或者表现在推理过程中，或者是在结论中，需要针对毛病进行

---

① 尼古拉斯·雷歇尔. 悖论：根源、范围及其消解［M］. 赵震，徐绍清，译. 北京：中国人民大学出版社，2021：224.

② 丹尼尔·利特尔. 马克思主义与大众政治：阶级冲突的微观基础［G］//罗伯特·韦尔，凯·尼尔森. 分析马克思主义新论. 鲁克俭，王来金，杨洁，等，译. 北京：中国人民大学出版社，2002：133.

③ 尼古拉斯·雷歇尔. 悖论：根源、范围及其消解［M］. 赵震，徐绍清，译. 北京：中国人民大学出版社，2021：51.

诊断和治疗。① 陈波所说的悖论之"毛病"出现的三个场所，与张建军对悖论三要素的界说整体一致。张建军更进一步对悖论的症结进行锁定，在他看来，任何悖论都是相对特定认知共同体的背景知识而言的，悖论性论证的依据是准确无误的逻辑推理。矛盾等价式成立是在经典逻辑中推得，所以"毛病"不会出现在推理过程中，而结论中的矛盾等价式恰说明了悖论的存在。在对后两个析取支命题的否定中，张建军诊断，悖论的"毛病"只能在前提中。悖论能够通过推理被揭示出来，恰恰说明原本被公认为正确的背景知识中存在着矛盾，出于主体认知能力的限制，至今才被发现。所谓背景知识得不到确证，它们的合取能够推得矛盾等价式成立，因而只能是一种背景信念。通过对悖论的症结诊断，可以在此基础上对这一悖谬的置信事实进行消解。

　　个体悖境尤其是心智悖境的逻辑结构与悖论存在相似之处。首先，在例示的结构上，心智悖境是个体对 φ 与 $\neg \varphi$ 同时发出了置信或期望行动，这与悖论的形成存在相通之处，悖论的症结正在于公认的背景信念中存在着矛盾性认知与置信。其次，因为心智行动及其产品之间的关联，悖境与悖论也可以联系起来。悖境是心智行动本身的悖谬，悖论是心智行动产品的矛盾。立足于悖境与悖论的相似性，悖境的化解可以从严格逻辑悖论消解中寻得方法论启示。

　　当然，悖境与悖论本质不同，悖论是主体认知和置信层面中的特殊矛盾，悖境则是主体心智和客观行动层面的特殊的辩证矛盾。悖论是理论事实，对其的解决是理论性问题，需要对主体的矛盾认知和置信进行修正。主体对悖境的情况认知是出于悖论研究的社会文化功能。对于二者的区别，可以通过理性选择的悖论来进行分析。在各种情境条件下，人们总是做合理的选择，但是，理性选择面临着理性要求悖论的挑战：

　　（1）理性要求我们选择（真实且实际的）可得到的最好选项。

　　（2）我们所能决定的是最好的，只是看上去是最好的：我们只能决定表面的最佳而无法更接近真正的最佳。

　　（3）为了让表面的最佳代替真正的最佳，我们很可能偏离主题：表面的最好可能与实际的最好完全不同。

---

① 陈波. 思维魔方：让哲学家和数学家纠结的悖论［M］. 北京：北京大学出版社，2014：8.

(4)理性对我们的适当要求就是在这种情况下做到最好的。

(5)根据(2)和(4)可以得到：理性对我们的要求只能是我们在明显可获得的多个选项中选择表面最好的选项。而(3)表明这个表面的最好可能不是实际的最好。

(6)(5)与(1)相冲突。

在以上几个条件下，{(1)，(2)，(3)，(4)}构成了不一致的四元组。① 这个悖论产生于真实的利益与表面的利益之间的潜在冲突，表明主体进行选择的行动理由存在着冲突。在此案例中，悖论被构造出来是属于思想域层面，而其内容是关于理性行动，表明了主体在行动层面的客观选择中因为理性的考虑反而陷入悖境。理性要求悖论说明了理性决策的内在困境。

对于理性要求悖论和理性决策悖境的关联可以在孔斯改良的纽科姆难题中得到进一步澄清：假设现在有两个盒子，第一个盒子中没有现金，第二个盒子内有 100 美元。现在要求纽科姆选择。他可以选择其中任何一个盒子，但不能同时选择两个盒子。罗威娜向他承诺，如果他做出的选择被认定是不合理的，他会得到 1000 美元奖金。假设二人都是理想的理性人，而且罗威娜会信守诺言，这些事实都是两人的公共知识。② 面对这样的情境，纽科姆应该如何回应，问题的关键就在于，何为"不合理的选择"。现在假定，不合理或非理性选择是主体的非最优选择，在主体总是诉求利益最大化的选择情境中不能被认可。现在，纽科姆在两个盒子之间进行选择，如果选择第一个盒子，其收益为 0，选择第二个盒子他可以得到 100 美元，所以选择第一个盒子是不合理的决策。然而，假如这一步合理选择的事实成立，纽科姆就可得到 1000 美元奖金，在此情境下，选择第一个盒子又比选择第二个多得 900 美元，选择第一个盒子又不是不合理的。由此可以得到矛盾等价式，选择第一个盒子是不合理的当且仅当选择第一个盒子不是不合理的。在此基础上，就得到了一个悖论。在双方认可的前提之下，合理推得了矛盾等价式。在此案例中，纽科姆根据双方约定的规则推理得到的矛盾等价式"他应该选择第一个盒子当且仅当他不应该选择第一个盒子"是悖论言说的情况，这是在认知层面。而在实际的选择行动中，他既应该选择第一个盒子又应该选择另外一

---

① 尼古拉斯·雷歇尔. 悖论：根源、范围及其消解[M]. 赵震，徐绍清，译. 北京：中国人民大学出版社，2021：224.

② KOONS R. Paradoxes of Belief and Strategic Rationality[M]. Cambridge：Cambridge University Press，1992：17.

个盒子的两难行动是纽科姆所遭遇的悖境，这是理性化的不合理性。

透过分析可以发现，类似的合理行动悖论都具有双重层次。对于它们的消解，也需要考虑双重维度。其一是在认知层面，需要对推得悖论的选择观念和选择原则是否合理进行批判性考察。需要通过对选择理念的修正，使得选择理论更趋近合理，为选择认知建构更加合理的理性原则和标准。其二是在实践层面，在实际行动中，理性主体总是被假定追求期望效用的最大化，最合理的决策是效用最大化的代表，但是理性的决策总是将实际行动者推至两难的境地。即便是在信息完全完美的情境中，行动悖境依然会出现。对于实践维度的悖境，不仅需要诉诸认知维度的科学理念建构，还要诉诸文化创新、制度建设和管理领域的科学推进。王习胜等学者对道德悖论的分析以及对其化解理念的探求，就是立足于这样的双重维度。① 所以，基于悖境与悖论的相关性与差异性，悖境的化解可以从广义逻辑悖论和泛悖论的消解中寻得方法论启示。

对悖论来说，解悖就意味着对认知共同体某个或某些信念进行修正。尽管这种修正十分困难，必须经过长期的探索和争论，认知共同体的信念系统才能得以变革，达成新的一致，实现新的发展。对于悖论的化解，对角线引理等具体的解悖方法、RZH 的宏观解悖标准以及雷歇尔所提出的一般性解悖方法论都是其重要的理论基础。除此之外，新近几十年产生和发展起来的信念修正理论也为悖论解决提供了一种新的思想资源。② 也是在对悖论解决的不断探索中，张建军对悖论解决理论中的认知、行动、情境等诸多要素进行整合，在"逻辑行动主义方法论"的基础上进一步拓展出了"悖境辩证法"。悖境辩证法的关联建构，说明了解决悖论与化解悖境之间存在相通之处，这为解悖理念的合理移植提供了理论依据。在悖境辩证法中，情境中的主体可以是认知主体，也可以是行动主体，可以是单一主体，也可以是共同体。在认知和行动情境中，都不能容纳矛盾因素的存在。悖论化解是要消除矛盾信念和矛盾认知，悖境的化解也可以从主体的心智行动和指导主体客观行动的心智意向着手。在个体选择中，对主体的心智选择进行修正。在群体选择中，对群体的心智意向进行剖析，在其基础上区分出群体选择实践中行动的不同层面，进而改变多主体行动的意向和理念，从而改变群体选择。

---

① 王习胜. 道德悖论研究的价值与意义[J]. 道德与文明，2008(6)：15-18.
② 袁永锋，张建军. 信念修正视域下的悖论研究初探[J]. 逻辑学研究，2019，12(2)：13-26.

二、个体悖境的化解机制

在对悖论多年的研究中,张建军为悖论研究开辟了语用学的视角,认为悖论本质涉及认知主体。在悖论的解决方面,相对于亚相容逻辑的解悖方法和语境迟钝方案,张建军对语境敏感方案进行了辩护,强化了语境敏感方案的优势地位。在他看来,在一般性层面,解悖就是信念修正。因而,在悖论研究的前沿问题中,信念修正理论与悖论研究的融合是一个最新的视角。二者能够融合的关键,就在于两者都致力于矛盾的发现与消除,悖论形成、发现与解决的过程就是一个信念修正的过程。基于信念修正的视角对悖论进行考察,可以发现,悖论之形成与信念修正理论中的信念膨胀相类似,悖论之发现就是理论内部的隐性矛盾被发现,悖论之化解就是理论巩固。① 整体上,两者都是主体接受了包含隐性矛盾的信息,随之该隐性矛盾被显性化,最后被消除的系列过程。

从信念修正的解悖路径来考察个体悖境,可以发现,个体悖境的化解就是要改变行动个体的心智意向,进而改变其实际选择,以免遭遇悖境。在个体的单独行动中,意向态度与客观行动紧密关联,在其他情境因素保持不变的前提下,心智意向层面的悖境被化解,客观选择层面的悖境也将随之消解。心智悖境的根源在于认知和行动主体并不是逻辑全知主体,位于全知与无知之间的有限理性个体总是会在信息的接受过程中,不可避免地招致矛盾信念。由于有限理性与绝对理性的间隙,心智悖境不可避免。当然,具体来说,某个主体面临心智悖境,有其具体的情境因素,信念修正、信念更新与弥补认知盲点等都是化解心智悖境的方法。

在主体认知和客观选择中,对于某个事件或对象,主体往往存有一个意向的论证序列。首先,主体形成一个初始的期望。在期望被给定的前提下,其他事项能够根据期望进行判断。对于一个期望,主体不一定非要实现它。信念和期望都与行动直接相关,两者的特性却不相同,信念以证据为基础。但是,期望影响主体对证据的搜集,新的证据能够支持甚至确证信念,也可以削弱主体的信念。直接相关的证据使得信念具有更强的认知定式,从而对主体行动更具指导性。而当主体搜集到的信息与初始的期望和信念相反时,

---

① 袁永锋,张建军. 信念修正视域下的悖论研究初探[J]. 逻辑学研究,2019,12(2):13-26.

主体会产生矛盾信念。当此矛盾意向是显性时，便于为主体所发现，而当此意向为隐性矛盾时，个体未必能意识到自身意向系统中存在矛盾，倘若以此心智意向为指导进行选择，便会遭遇心智悖境。但是，矛盾终究会被发现，当矛盾被揭示出来，主体才意识到自己信念系统中的不一致，并对其进行修正。

假定用 L 来代表个体的信念集合，φ、ψ、ω、λ、$B\varphi$、$B\psi$、$B\omega$、$B\lambda$ 都是 L 的元素，那么集合（φ，ψ，ω，λ，$B\varphi$，$B\psi$，$B\omega$，$B\lambda$）应该是相容的。现在（$\varphi \wedge \psi \wedge \omega \wedge \lambda \rightarrow \theta$），也就意味着（$\varphi$，$\psi$，$\omega$，$\lambda$，$B\varphi$，$B\psi$，$B\omega$，$B\lambda$，$\theta$，$B\theta$）应该也是相容的。但是，主体在现实中搜集到了新的证据来确证 $\neg\theta$，那么 $\neg\theta$ 也是主体的信念，即 $B\neg\theta$，由此，对主体的信念系统而言，$B\theta \wedge B\neg\theta$ 成立。在信念修正理论中，这一点同样可能成立。假设有一个新的与原初数据相矛盾的事实，将其添加至原初数据库中，就会产生矛盾。要保持新的数据库的一致性，就要对数据进行修正。① 如果此组数据被看作主体的信念集合，主体在置信选择中就会出现悖境。为化解悖境，可利用信念修正理论将信念库中的某些信念进行缩回。

在信念修正的逻辑中，一个信念状态通常用一组语句来表示，修正的主要操作是引入或移除代表信念的句子。在主流的信念修正理论 AGM 理论中，可以用语句集 Γ 来代表主体的信念集。对于任意语句 φ，它与 Γ 的关系分为三种：其一是 $\varphi \in \Gamma$，即 φ 是 Γ 中的元素，表明 φ 是主体所接受的语句；其二是 $\neg\varphi \in \Gamma$，即 φ 不是 Γ 中的元素，表明 φ 不是主体所接受的语句；其三是 $\varphi \notin \Gamma$ 且 $\neg\varphi \notin \Gamma$，表明 φ 是还没有被确定的语句。代表信念集的语句集 Γ 由主体所接受的语句所构成，Γ 内在一致，并且在逻辑上封闭。AGM 将信念修正的方式分为三种：

扩张：将一个新语句 p 及其逻辑后承一起添加至信念集 Γ 中，Γ 得到了扩张，新信念集表示为 Γ_p^+，或 $\Gamma+p$。

收缩：将语句 p 及其相关结论从信念集 Γ 中删除，保证删除后的信念集的逻辑后承仍然封闭。收缩后的信念集表示为 Γ_p^-，或 $\Gamma-p$。

修正：将某个与 Γ 不协调的语句 p 添加至 Γ 中，为确保信念集的相容

---

① GÄRDENFORS P. Belief Revision：An Introduction［G］//GÄRDENFORS P. Belief Revision. Cambridge：Cambridge University Press，1992：1.

性，需要将 Γ 中的一些语句进行删除。修正后的信念集表示为 Γ_{*p}，或 $K\pm p$。①

主体置信念系统中的隐性矛盾一旦被发现，就需要对其进行化解，以维持主体思想域的相容性。假设有语句 p 和 q，并且有 $p \wedge q \rightarrow r$ 及其逻辑后承，如果需要删除 r 来对 Γ 进行收缩，为保持收缩后集合的相容性，还需要删除 p、q 和 $p \wedge q \rightarrow r$ 中的至少一个。在需要修正或收缩的信念集 Γ 中，作为其代表的语句具有不同强度的认知牢靠性，应该删除认知牢靠度最低的语句。在与演绎封闭相关的矛盾信念的修正中，行动者可以利用认知理性，收集比原初信念更可靠的信息。通过信息的收集与整合，新信念进入主体的认知图景中。与初始信念不矛盾的信息使得主体的信念更加精确，矛盾信息则帮助修正错误的信念。通过信念修正，矛盾信念得到避免，心智行动悖境可得到化解。

在以相反经验或证据支持的矛盾信念中，尽管矛盾双方都有一定程度的认知基础，主体的置信对象在逻辑上却不能同时为真。在主体的决策中，行动者是否接受某信念由其置信程度来决定，而主体对某个备选项的置信程度取决于支持它的信息。但是，因为相反意向的存在，个体行动会遭遇悖境。为化解悖境，主体对矛盾性信息进行衡量，进而对信念进行修正。假设对于信念 φ，有 m 个证据确证它，对于信念 $\neg \varphi$，有 n 个证据确证它。主体在 φ 和 $\neg \varphi$ 之间进行抉择，其选择依据便是证据对双方的确证力度。如果用概率值来表示主体的置信程度，那么置信概率的强度便可由经验、信息或证据来决定。对于相反证据支持的矛盾信念，其置信程度之和必然是 1。如果可以增强与信念集相容的一方的证据支持度，个体接受与原初信念集相容的新语句。通过新信息的确证，可以得到某信念的后验概率，主体的置信状态能够得到改变。当个体对某信念的置信程度达到一定强度时，矛盾信念会得以消除。这是利用贝叶斯条件化对矛盾信念进行修正，从而化解个体的心智行动悖境。

认知和行动主体之所以能够添加新信息到信念集，基于两方面的原因：一是个体获得了关于世界的新信息，二是世界发生了变化。第一种原因是修正，第二种原因是更新。信念修正理论基于静态世界的信息变更来改变信

---

① GÄRDENFORS P. Belief Revision：An Introduction ［G］//GÄRDENFORS P. Belief Revision. Cambridge：Cambridge University Press，1992：3.

念，反过来，实在世界的状态改变也会促使个体信念进行更新。① 信念修正
与信念更新之间存在鲜明的差异，信念修正伴随主体了解关于静态世界的新
信息的过程，信念更新则用于模型化给定世界中的改变。② 在信念修正中，
实在世界的状态是静态的，而在信念更新中，实在世界的状态是动态的。信
念修正预设个体的行动情境是固定的，主体在静态的情境中获取新信息。信
念更新则假定个体的行动情境是进化的，个体行动具有时序关系，变化的行
动情境会引起信息的改变。

可以通过一个例子来说明两者的差异，假定在 t_1 时，个体观察到桌子上
并没有放书，其原初状态可以表示为 (a, t_1)，现向一个机器人发出指令，让
它在桌子上放一本杂志，机器人顺利完成任务并返回，此时桌子的状态为
(b, t_2)。与原初信念相比，个体对桌子的认知信念得以更新。假定在 t_1 时，
个体观察到桌子上有一个类似于杂志的物品，其原初状态可以表示为 (b, t_1)，然而通过进一步观察，个体得知这个物体实际上是一本字典，主体获得
了关于桌子的新信息，其信念可以修正为 $(b \wedge \neg p, t_1)$。③ 在某一特殊的情
境中，行动个体产生心智悖境，随着情境状态发生改变，个体的信念得以更
新，心智悖境便不复存在。产生心智悖境的具体情境只是主体所感知的现实
世界的有限部分，随着时空改变，产生悖谬的情境成为过去，主体的信念得
到更新，心智行动得以改变，心智行动悖境随之化解。

对于个体因置信或认知盲点而产生的心智悖境，其化解需要修补盲点。
索伦森将"置信盲点"的概念运用于对哲学问题的解析，在他看来，悖论的出
现是主体的思想域中存在着主导认知缺陷。之后，克里斯特·拜维斯特
（Krister Bykvist）等人也提出了与置信盲点相似的概念，即与命题态度 A 相关
的盲点："一个命题可能为真，但是主体 a 不可能对它有一个态度 A。"④阿南

① KATSUNO H, MENDELZON A. On the Difference between Updating a Knowledge Base and Revising It[G]//GÄRDENFORS P. Belief Revision. Cambridge：Cambridge University Press，1992：197.
② ISBERNER G K. Revising and Updating Probabilistic Beliefs[G]//WILLIAMS M，ROTT H(eds.). Frontiers in Belief Revision. Berlin：Springer，2001：399.
③ KATSUNO H, MENDELZON A. On the Difference between Updating a Knowledge Base and Revising It[G]//GÄRDENFORS P. Belief Revision. Cambridge：Cambridge University Press，1992：197.
④ RALEIGH T. Belief Norms and Blindspots[J]. The Southern Journal of Philosophy，2013，51(2)：243-269.

迪·哈汀盖蒂（Anandi Hattiangadi）也对盲点做出了论述。托马斯·罗利（Thomas Raleigh）认为，φ 是某个体的盲点，意味着 $\Diamond\varphi\wedge\neg\Diamond(\varphi\wedge B\varphi)$ 在某个体的信念系统中成立。① 伯纳德·林斯奇（Bernard Linsky）将个体的认知或置信盲点与逻辑悖论关联起来。辛提卡曾经将 $\varphi\wedge\neg B\varphi$ 用于对摩尔声称的非逻辑矛盾的说明，林斯奇持有相似的观点，他认为置信盲点可以在诸多悖论中出现。② 为化解相关的心智悖境，消除置信或认知盲点是可行的方法。通过搜集与盲点命题 φ 相关的证据或信息 ψ，从而对主体的信念集进行扩张，改变主体的信念状态，得到新的信念集 $K+\varphi$。新信念集 $K+\varphi$ 是相容的，并且在逻辑上封闭。

综上可知，信念的修正与更新、置信与认知盲点的修补都是化解个体心智悖境的重要方式，关键在于认知和行动主体能够精准把握信息，进而对个体心智行动的悖谬情境做出准确判断。在个体悖境的形成机制中，因为没有人际互动的参与，信息流转发生于个体与情境之间。信念改变是个体内在的心智行动，信息或经验的真实可靠性影响着主体的置信程度，新信息的搜集与引入是扭转矛盾信念双方置信度权重的重要力量。当然，主体的心智行动中也会有非理性因素的作用，情绪态度影响主体对行动理由的置信程度。

在实际的互动中，主体行动中的情绪态度与行动选择之间的相互作用机理相对复杂，一方面，情绪态度影响支持 φ 或 $\neg\varphi$ 的信念，随着对立信念的置信程度临时增强，主体可能陷入心智行动悖境，这就需要理性置信对非理性置信加以抑制或削弱；另一方面，情绪态度也会影响主体放弃 φ 或 $\neg\varphi$ 的信念，在情绪态度作用下，主体调用更符合自己预期的前提或理由，临时增强对它们的置信程度，从而放弃对立选择，避免悖境产生。在群体行动中，情绪态度对个体决策选择的影响更加明显。例如，在愤怒导致作恶的激进博弈中，主体可能选择致使对方获利最少的行动，而在愉悦的情绪影响下，主体的行动选择可能恰好相反。也正是因此，提高个体理性化程度是避免心智悖境的重要保障。

① RALEIGH T. Belief Norms and Blindspots[J]. The Southern Journal of Philosophy，2013，51(2)：243-269.

② LINSKY B. Factives，Blindspots and Some Paradoxes[J]. Analysis，1986，46(1)：10-15.

第二节　群体悖境的化解理念

群体悖境区别于个体悖境，群体悖境的出现与多主体交互行动密切相关。因为多主体参与所产生的模态合成谬误，群体陷入悖境之中。在现实矛盾理论中，埃尔斯特曾提出，给定某些结构条件，例如，群体成员之间的空间邻近性，或者群体内部的低流转率，矛盾便倾向于产生集体行动中以克服这些矛盾。然而，埃尔斯特未能指出达成集体行动的有效途径。本节对埃尔斯特在现实矛盾理论中提出的矛盾消解理念进行批判性考察，分析现实矛盾的化解之道。其中所蕴含的行动分层理念，可为群体悖境的消解提供方法论启示。然后从逻辑行动主义方法论的视域来分析群体悖境的症结，表明在塑述的"群体悖境"的形成机制中，不同主体之间的互动建立在个体意向的关系之上，需要讨论主体的言语行动与心智行动、客观行动三种层次行动之间的联系。进而表明，以宣告、交流、协商等"言语行动"为切入点，通过群体之间的信息传递促进协同意向的实现，是化解群体悖境的可能路径。

一、现实矛盾的化解之道

在现实矛盾理论中，埃尔斯特引进了经济学中的蛛网模型。蛛网模型刻画的是一种循环运动，人们能够做出某种理性行动或适合于他们的目标的决定，但这样做得到的结果与这些目标相矛盾。反终极等悖境都可以呈现为蛛网循环的形式，例如，每个个体都试图接受更高的教育，教育层次越高，就越有利于他的地位预期。然而，一旦所有个体都试图接受更高的教育，与大多数教育层次相联系的地位预期就趋于降低。为避免矛盾，可以转入一种新的模式。从蛛网模型中，可以看到行动层次的作用。为分析现实矛盾以及寻求矛盾的解决，埃尔斯特进一步借鉴了黑格尔对绝对精神之发展和演进的描述。在《精神现象学》中，黑格尔把精神的探险之旅区分成了不同的环节，意识本身是一个环节，自我意识是超越意识本身的更高环节，还有超越自我意识的环节，依次演进出不同的等级。更进一步，每个环节又可以区别出不同的层次。在每个环节的不同层次中，都有其特定的矛盾呈现出来。在主人与奴隶辩证法中，主人的期望悖境就是自我意识环节中的特定矛盾。

有关等级及其内在矛盾的论述在格瑞戈里·贝特森（Gregory Bateson）关

于"再学习"的论述中也可以看到，贝特森提出主体被迫通过第二层次学习衍生的矛盾而进行第三层次的学习。埃尔斯特由此得到启示，将现实矛盾的发生情境也区分出不同的等级。可以将主体的行动情境按照等级来划分层次，在不同的等级中，存在不同的矛盾模式。每次试图超越某个给定层次的矛盾都导致一个新的矛盾，直到最后。① 在初始层次的行动情境中，主体根据既定关系进行选择；转入第一层次，主体的选择依赖于假定所有其他个体均根据给定方案采取行动；……；主体在第 n 层次情境中的行动选择取决于假定所有个体均位于第 $n-1$ 的层次上。行动者认识到这个层次也存在内在矛盾，便会转入新的层次。

根据以上解决问题的思路，埃尔斯特对现实矛盾进行考察。在共同的单边优势假定的行动情境中，行动者认识到他们处于同一等级，并且此等级中存在反终极的内在矛盾。在反终极中，行动参与者持有可变的参量目标，他们依照相对可变的情境自由调整，以便最优地适应参量环境。单边优势的假定对任何个体来说都是相容的，然而，如果所有行动参与者都以此假定为行动前提，因为模态合成谬误，便会形成反终极悖境，阻碍自由。在这种情况下，主体可转入策略模式或者博弈模式。然而，这种模式中也会表现出各种各样的矛盾，次优态悖境就是其中之一。

在第一种反终极的社会存在模式中会导致矛盾，这些矛盾可以通过转变为第二种模式而消除。策略理性在某种意义上是集体自由的一种媒介，但是集体自由不能保证集体理性。囚徒困境表明，即使在透明的博弈理性中，行动者也会面临集体的灾难。这是一个人在把握他所不理解的因果力时的一种失败，个体知道他故意促成了一种帕累托次优的状态。在第二种模式的行动情境中，主体之间保持恒量互动，以此可以避免反终极的危险，但是会出现次优态的群体困境。作为立意策略行动者，其策略理性与参数理性相对立②，主体和他人互相构成彼此行动情境的内在因素。要克服次优态困境，就需要转入下一个模式，策略理性的博弈可以转入集体行动进行化解。③ 在黑格尔

① 乔恩·埃尔斯特. 逻辑与社会[M]. 贾国恒，张建军，译. 南京：南京大学出版社，2015：182.

② 约瑟夫·麦克卡尼. 埃尔斯特、马克思和方法论[G]//罗伯特·韦尔，凯·尼尔森. 分析马克思主义新论. 鲁克俭，王来金，杨洁，等，译. 北京：中国人民大学出版社，2002：118.

③ 乔恩·埃尔斯特. 逻辑与社会[M]. 贾国恒，张建军，译. 南京：南京大学出版社，2015：183.

的精神哲学中，一切矛盾都在绝对知识内得以调和。埃尔斯特从中得到启示，认为现实矛盾可以在集体行动的合作模式中被解决。对于主体的博弈行动，可以通过偏好、策略等因子对其加以模型化，通过对策略选择的结果进行预测可以得到博弈的解概念。① 根据行动的分层理念，如果均衡不导致唯一的行动模式，行动预测的结果集合中有合作解，同一层次中的行动者可以优先考虑协作。

在囚徒困境的博弈情境中，双方都选择合作才是最佳决策，协同合作是化解次优态困境的有效策略。人们从利己的非合作到利他合作的转变，可以从三个方面来分析。第一种方案是放弃理性，可以从主体的因果性来考虑，讨论行动者偏离理性选择的条件。在这一前提下，参与者不被看作理性行动者，而被视为因果过程的工具，不被看作"意图"的载体，而被视为"状态"的载体。但是，这种方案能否推广至现实生活或多人博弈难以界定。第二种方案是改变博弈，重复博弈可以导致偏好结构发生一种变化，使利他主义选择变成理性选择。在一定程度上，博弈重复的概率越大，主体合作的可能性越大。例如，囚徒困境博弈的结果发生转变，成为确信博弈的结构。当行动者彼此认识时，现实偏好结构可以使合作变成占优策略，这是一种平易的路径。第三种方案是尼格尔·霍华德（Nigel Howard）提出的"元博弈论"或马丁·舒比克（Martin Shubik）等人提出的"超博弈论"。相比之下，"超博弈论"更有前途，具有真正的解题能力。② 在连续囚徒困境的博弈序列中，如果所有博弈都同等重要，并且参与者知道博弈次数是确定的，他们可能每次都将选择非合作行为。相反，如果主体当前有一个占优策略，并且参与者并不知道博弈的次数，其由随机过程决定，此时合作行动可以是理性选择的，有条件合作策略可以成为它的解。

二、群体悖境的症结

从现实矛盾的化解之道中，可以寻求群体悖境的化解方案。一方面，埃尔斯特对行动层次的界说，对悖境的化解具有重要借鉴意义。因为不同的群体悖境形态，恰是出现于不同的行动情境中。另一方面，埃尔斯特注意到了

---

① HOEK W V D, PAULY M. Modal Logic for Games and Information[J]. Studies in Logic & Practical Reasoning, 2007, 3(7)：1077-1148.

② 乔恩·埃尔斯特. 逻辑与社会[M]. 贾国恒，张建军，译. 南京：南京大学出版社，2015：212-213.

主体内源性偏好的转变问题。实际上，两方面可以合而为一，即不同行动层次中主体内源性偏好的转变，是促进非合作向合作转化时必须思量的重要因素。在此前提得到满足的前提下，一旦行动者觉察到他们可能会在行动中遭遇悖境，便可以协作起来，去克服悖境。所以，必须去关注不同行动层面中的群体意向关系。尽管埃尔斯特倡导方法论个体主义，但他也曾明确，当聚合性实体出现在各种意向性关系中的时候，它们不能被还原为低级实体。①这也就意味着，集体意向的形成是解决问题的重要视角，集合性主体是避免悖境的行动主体。

消除现实矛盾需要寻找能同时满足各个行动参与者的策略选择，这一目标的实现，或者基于参与者策略选择平衡点的确定，或者基于协同的集体行动的实现。这就意味着，a 与 b 要在互动中达成决策上的共识，a 的心理预期收益 t_1、t_2、t_3、$\cdots$、t_n 与 b 的心理预期收益 t_n'、t_{n-1}'、t_{n-2}'、$\cdots$、t_1' 之间存在交集。即在 t_1、t_2、t_3、$\cdots$、t_n 中存在 $t_m(m \leq n)$，在 t_n'、t_{n-1}'、t_{n-2}'、$\cdots$、t_1' 中存在 $t_m'(m \leq n)$，使得 $t_m = t_m'$。或者是，在连续的囚徒博弈中，合作成为每个理性人可能的最好选择，重复博弈使得理性人走出现实困境。假设存在着一系列选择，博弈中的每个参与人都知道这一点，而且参与人都知道这不是最后一次相互之间进行博弈，大家还知道，对方会记得此前发生的事件，会由这些事件来指引自己的下一步决策。可能存在这样一种论证，一个新的情境将使大家在囚徒困境中都保持沉默，选择不坦白。假设 b 认为，a 是那种一般都会选择坦白的人。a 知道，为了避开保持不坦白可能导致的灾难性后果，b 也会选择坦白。博弈情况会反复表明，最终结果不是最好的结果。因此，a 会想办法让 b 相信 a 是那种一般会选择保持沉默的人。为了传播这一理念，一个办法就是在事实上保持沉默。a 也知道 b 会遵循相同的策略。在这种情况下，双方都保持沉默看起来就是一个合理的选择。

要使参与者相信彼此都会保持沉默，就要保证沉默成为群体知识。群体知识在多主体行动中非常关键，不同主体的交互行动都以群体知识为基础。在群体行动中，各个参与者往往由于各种原因只具有关于某次行动的部分信息，也就是说，在通常情况下，参与者的信息都是不完全的。公开宣告是行动者日常信息交流的一种形式，伴随着主体之间的交流过程，知识结构及相

---

① 乔恩·埃尔斯特. 理解马克思[M]. 何怀远，译. 北京：中国人民大学出版社，2008：5.

应推理会随之变化。实在世界中的主体行动应该是心智行动、客观行动和言语行动的统一。但是，个体的心智悖境在心智行动中形成，群体悖境因多主体行动的模态合成谬误而出现。根据方法论个体主义，个体心智行动作为单独行动，并不参与人际互动，而出现群体悖境的多主体行动作为聚合行动和策略行动，其中都缺失言语行动的因素。实际上，言语行动视角的引入，与现实矛盾的化解理念相契合。一方面，言语行动本身也是主体行动的一个层次；另一方面，言语行动是促进集体意向达成的重要媒介。因此，借鉴现实矛盾的消悖理念，可以运用言语行动对其进行拓展，从行动视域来对群体悖境的症结进行分析。

缺少言语行动的参与，个体的意向行动建立在"沉默计算"基础之上，难以就决策选择达成共识。实际上，博弈参与者的认知状态和意向态度密切相关，认知状态和意向态度在一定程度上决定了博弈的结果。奥曼曾指出，纳什均衡与相关均衡或其他化解概念相比，更强调参与者信念的独立性，博弈中的每个决策者独立地做出关于其他人行动选择的猜测。[①] 虽然博弈论的研究起点是完全信息博弈，完全信息假定所有人的支付函数是共同知识。但是，现实社会中的策略性互动实际上都不是完全信息博弈，或者是不完全信息，或者是不完美信息，参与者或者缺少对他人特征以及博弈结构的信息的了解，或者缺少对博弈进程信息的了解。在这样的情况下，不同参与者的策略选择存在诸多不确定性，主体行动更容易产生悖境。所以，言语行动的参与是改变主体博弈结构的重要方式，也是多主体共识产生的重要方式。

三、化悖理念的探索

群体悖境的化解，最重要的就是探究在群体互动中如何协同争取利益的增进。立足博弈思维，不能孤立分析个体的行动方式，还必须考虑个体行动对他人利益的影响。[②] 回归群体悖境的形成机制，可以发现集体意向对于改变主体行动模式的重要意义。结合逻辑行动主义方法论，能够得知言语行动在集体意向形成机制中的关键作用。在哲学领域，英国社会人类学家勃洛尼斯拉夫·马林诺夫斯基（Bronislaw Malinowski）最早提出"言语行动"的概念。

---

① 任晓明、陈晓平. 决策、博弈与认知：归纳逻辑的理论与应用[M]. 北京：北京师范大学出版社，2014：262.

② 朱富强. 构建协作策略的博弈思维：基于理论和实践的二维分析[J]. 经济纵横，2019(4)：1-11.

在他看来，语言不是反映的工具，而是一种活动方式。之后，奥斯汀提出了言语行动理论，塞尔等人进一步加以发展。言语行动理论是关于言语行动的哲学理论，根据奥斯汀的观点，语言是一种行动方式，言语行动是主体交流的最小单元。① 言语行动可被区分为三种：其一是以言表意，即言说、宣告或声明的行动，这是一种言内行动；其二是以言行事，即通过言说传达意图给他人的行动，这是一种言外行动；其三是以言成效，即言说作用在倾听者身上产生效果的行动，这是一种言后行动。例如，安娜对鲍勃说"去把窗户打开"就是一个以言表意行动，其言说行动促使鲍勃去把窗户打开即以言行事，鲍勃把窗户打开的结果是以言成效。

在不同主体的实在交流中，主体的言语行动往往是以言行事行动。以言行事涉及主体的心智意向，可以通过语旨力与命题内容两个方面体现出来。语旨力如断定、解释、命令等，命题内容则呈现情境状态。根据莱温斯基的说法，倾听者没有必要专门去识别语旨力，以言行事的特性能够从交流双方的心智状态中得知，尤其是交流双方的信念、意图以及公共知识。② 奥斯汀按照施为动词的不同，将以言行事行动分为评价行动等五类。塞尔探讨心智何以通过语言将人类与世界相关联，他对言语行动的不同语旨力进行区别，把言语行动划分为断言行动等五种类型。托马斯·鲍尔默（Thomas Ballmer）则诉诸语义相似性，把语义范畴划归至不同模型中。③ 在群体互动情境中，不同主体之间的交流往往被限定于同一个协议中。

按照逻辑行动主义方法论的理念，主体的心智行动、客观行动情境中总会有言语行动的参与。尤其是在群体的行动情境中，成员之间可以通过言语行动推进信息在彼此之间的流动。信息是多学科关注的话题，科学哲学、逻辑学、语言学等从不同方面来探讨信息，统计理论、博弈论、概率论等都是从不同视域来处理信息的理论。其中，与语言学和逻辑哲学都相关的情境理论，是研究语言和信息之间关系的专题理论。在情境理论中，主体的认知是

---

① AUSTIN J. How to Do Things with Words [M]. Oxford：Oxford University Press，1962：103.

② HADDADI A. Communication and Cooperation in Agent Systems [M]. Berlin：Springer，1995：46.

③ BALLMER T，BRENNENSTUHL W. Speech Act Classification：A Study in the Lexical Analysis of English Speech Activity Verbs [M]. Berlin：Springer-Verlag，1981：6-12.

具身的、情境的、发展的和动力学的。① 主体的所有的行动都发生于情境之中，根据沃夫冈·斯波恩（Wolfgang Spohn）的说法，主体的任何行动均是由情境所引发的，否则它便不能被视为意向行动。一个具体的决策情境至少能够引发出一个行动，根据情境可以判断哪一个行动最优。② 正是如此，计算和预测意向行动者在具体情境中的最优选择才是可能的。

然而，在实在的行动情境中，主体的不同行动可能会出现相悖，也可能会出现缺场。尤其是在群体悖境的发生机制中，指导群体选择的群体意向是聚合或公共意向，群体行动所依赖的知识是普遍知识和公共知识。群体中的行动者是立意参量行动者和立意策略行动者，支持行动的意向和知识仍然是私人性的，不存在信息的交换。在多主体博弈中，私人的行动意向进行合成，从而导致群体的利益都遭受损失，同时行动悖境和序贯行动悖境的症结皆在于此。另外，无解博弈也是群体悖境的一种形式。因为不存在博弈解，群体选择缺少明确的合理性导向，主体更容易陷入行动悖境。相比之下，反终极和次优态等悖境形态更具有隐蔽性。在以上群体悖境的逻辑机制中，主体遵守经济学的理性进行权衡算计，因为言语行动的缺场，不同主体无法分享私人性信息，协同行动的意向无法实现。

因此，对于群体悖境的化解，可以在博弈情境中引入言语行动的交流机制。言语行动根植于多主体互动的实际，推进信息在不同主体之间进行流动和交换。不同主体根据接收到的新信息，协调自身对行动的预期，调整自身的战略空间。通过重要信息的分享，行动者实在的认知情境和选择情境发生改变。伴随必要信息的交换，个体参与群体行动的意向态度因之改变，从而形成协同意向。在协同意向的指导下，主体就协同行动达成共识，集体一致理性行事。

---

① 唐孝威. "语言与认知文库"总序[M]//贾国恒. 情境语义学研究. 北京：中国社会科学出版社，2012：总序.

② SPOHN W. From Nash to Dependency Equilibria[G]//BONANNO G, LÖWE B, HOEK W V D. Logic and the Foundations of Game and Decision Theory. Berlin：Springer, 2010：144.

第三节　群体悖境的走出路向

从逻辑行动主义方法论对行动划分的视域出发，可以对群体悖境的症结进行剖析。言语行动从缺场到参与的转化问题，是群体悖境化解路向的关键。在与蛛网模式相似的行动分层结构中，个体从立意参量行动和立意策略行动转向集体理性行动，有利于实在矛盾的消解。但是，这一转向路径并未考虑言语行动的因素。实在的主体行动发生于情境之中，在情境中引入言语行动，能够进一步提升集体理性行事的可能性。本节将表明，针对群体行动的宣告和交流策略可以成为群体决策的重要变量。言语行动可以改变心智行动的意向，也可以改变客观行动的路向，有助于群体合作的形成。

一、群体中的认知

在主体行动中，关于客观世界状态的信息一旦为人们所知，便构成了知识。在个体的行动选择中，一个决定性的因素是他所拥有的知识。在多主体行动中，一个影响互动决策的重要因素便是知识在群体中的分布。[①] 正是因此，对群体知识的描述，是逻辑学、博弈论、决策理论等不同学科共同研究的重要主题。知识是人的心灵中的特殊存在，柏拉图曾用信念来定义知识，将其看作得到辩护的真信念。尽管这个定义受到了埃德蒙德·盖蒂尔（Edmund Gettier）的挑战，知识的属概念是信念已然被人们所接受。

在认知逻辑对知识的刻画中，个体 a 的知识应当满足以下公理：

K：$K_a\varphi \wedge K_a(\varphi\rightarrow\psi)\rightarrow K_a\psi$

D：$\neg K_a(\varphi\wedge\neg\varphi)$

T：$K_a\varphi\rightarrow\varphi$

4：$K_a\varphi\rightarrow K_aK_a\varphi$

E：$\neg K_a\varphi\rightarrow K_a\neg K_a\varphi$

公理 K 说明，知识是演绎封闭的，作为知识的逻辑后承也是知识，公理 D 说明相互矛盾的两个命题不能同时成为知识，公理 T 说明假命题不能成为知识，公理 4 和 E 表示知识是被主体自我反省的，4 是正反省公理，E 是负

---

① 潘天群.博弈论与社会科学方法论[M].南京：南京大学出版社，2015：90.

反省公理，说明个体应当知道他所知道的以及他所不知道的。

在个体知识的刻画之上，可以进一步界定群体知识。在多主体的交互行动中，群体知识是至关重要的影响因素。在逻辑学中，群体知识常常被细分为不同的类型，普遍知识、公共知识和分布知识是群体知识的三种形式。可以分别引入普遍知识算子 E_G、公共知识算子 C_G 以及分布式知识算子 D_G，使得对任一非空集合 $G=\{1, \cdots, n\}$ 所代表主体构成的集合，如果 φ 是一个公式，则 $E_G\varphi$、$C_G\varphi$ 和 $D_G\varphi$ 也是。① 在此基础上，可以对群体知识进行定义。

在认知逻辑中，普遍知识指代群体中所有个体共同知道的知识，可以用符号来表示其定义：$E_G\varphi =_{df} \bigwedge_{i \in G} K_i\varphi$。公共知识区别于普遍知识，公共知识的内容不仅为所有个体所知，而且所有个体也知道该群体内的其他所有个体都知道。例如，"红灯停"是所有汽车驾驶员的公共知识，"靠右行"是行人的公共知识，"路过斑马线要礼让行人"是汽车驾驶员和行人共同的公共知识。这就意味着，所有人都知道这条规则，并且所有人都知道所有人知道这条规则，等等。如果交通规则不能成为公共知识，就不能保证交通工具和行人的正常通行。这就说明，公共知识是建立在"互知"的基础之上，对于个体所知道的事实，都存在一个更高层次的知道状态。对个体所组成的群体而言，对某个命题的知道状态有无限个。

"公共知识"是与信息相关的重要概念，最早由美国逻辑学家刘易斯（C. I. Lewis）②提出，后来被奥曼等诸多学者所接受并展开研究。在《不一致的达成》中，奥曼对"公共知识"进行了界定。在奥曼的工作之后，主体行动中的知识日益受到博弈论领域研究者的关注。在理性选择理论中，"理性人"假设是所有参与者的公共知识，这是选择行动开展的基本前提。在博弈互动中，理性人假设、博弈规则等是大家的公共知识。在完全信息博弈中，每个参与者的支付情况也是公共知识。这就意味着，在一个由 n 个人组成的互动团体中，如果团体中的所有成员知道 φ，并且所有成员均知道所有成员知道 φ，……，那么 φ 是该团体的公共知识。可以借助公共算子 $E_G\varphi$ 来定义普遍算子 $C_G\varphi$：

① 唐晓嘉，郭美云. 现代认知逻辑的理论与应用[M]. 北京：科学出版社，2010：26.
② 本书外国人名汉译一般只列出姓氏（family name），在其首次出现时注明其 given name/middle name。但有些理论家的姓氏相同，如克莱伦斯·欧文·刘易斯（Clarence Irving Lewis）和大卫·刘易斯（David Lewis），故在其重复出现时列出 given name 或 middle name 的缩写加以区别。

$$E_G^0\varphi:\ =\varphi$$

$$E_G^1\varphi:\ =E_G\varphi E_G^0\varphi=_{df}E^G\varphi$$

$$E_G^2\varphi:\ =E_G\varphi E_G^1\varphi$$

……

那么：

$$C_G\varphi:\ =\wedge_{\infty n=1}E_{nG}\varphi,\ n=1,\ 2,\ \cdots$$

意味着团体 G 中的每一个成员 i 都知道 φ，并且 i 知道 G 中的其他成员也知道 φ，并且还知道 G 中的每个成员都知道 G 中的每个成员也知道 φ，等等。

知识与信念不同，人们所接受的知识是得到确证的真信念。公共知识在群体的交互行动中发挥重要作用。在现实行动中，每个行业都有一定的规则，这些规则是该领域从业群体的公共知识，以此保证具体领域的顺畅运作。但是在具体的行动选择中，每个人所掌握的信息并不等同。如果只有部分成员掌握某个信息，其他人不知道这些信息，而且也不知道已经有人掌握了这些信息。那么，在具体的群体行动中，掌握信息的成员将会占据优势条件。如果群体中的其他成员知晓有人优先掌握了有利信息，他们便会暂停行动，维持一种平衡状态。如果掌握有利信息的成员愿意向他人分享信息，原初的私人信息会转变为公共知识。知识是信念的一种类型，但两者特性不同。信念可能为假，未经确证的信念不能被传授。在特定群体中，群体成员可以有群体信念，但成员的私人性信念可能不被其他人所知，如果群体中的每个个体都向他人宣告自身所持有的私人信念，群体中的个体成员就会知道彼此的信念，一直持续，就可形成公共信念。

公共知识和公共信念有显性与隐性之分，显性信念为公共所互知，但在群体行动中，时常还伴随有隐性公共信念。主体行动发生于具体的情境中，存有与行动密切相关的背景知识，它们是影响主体行动的背后力量，也应成为行动主体的公共信念。这种公共信念与文化背景等社会因素有所关联，为行动的所有参与者共同持有，群体中的每个成员都可以通过反思得到，并且所有人都知晓所有人都能够通过反思得到。根据潘天群的观点，文化背景等因素具有隐蔽性，在具体的行动情境下，因为理性能力不足的限制，某些个体不能思虑到文化背景的因素。相比之下，文化背景对群体成员来说并非严格意义上的公共信念，可以将其界定为一种"弱公共信念"。① 弱公共信念也会影响行动主体的策略选择，对主体行动具有重要的指导意义。

除普遍知识、公共知识之外，群体还有分布知识。分布知识的直观含义是群体中所有个体的知识汇集起来，再经由推理得出的新知识。如果依据的推理规则和逻辑联系不同，得到的知识便有所不同。所以，分布知识有所区别。例如，假定有个体 a 和 b，a 知道 φ，b 知道 $\varphi \to \psi$，但 a 和 b 都不知道 ψ。如果将 φ 和 $\varphi \to \psi$ 合起来，那么可以得出 ψ。或者说，ψ 存在于 a 和 b 相合取的信息的逻辑后承当中。那么，ψ 就是分布知识。如果说"φ"和"$\varphi \to \psi$"是 a 和 b 各自原有的知识，那么经过推理得到的 ψ 便是隐含知识，而且是 a 和 b 的集体知识。个体 a 和 b 都不能单独地得到知识 ψ，而如果两个个体一致同意分享他们各自所知道的信息和知识，并且他们都有一定的推理能力，他们就能知道 ψ。

可以看到，分布知识是"隐藏"在群体之中的知识，只有群体中的某些人或所有人的知识"汇聚"在一起，才可以推理出这个知识。正是因此，对话和交流原则在分布知识的形成中至关重要。正是通过不同主体的对话和交流，群体中的个体实现了从"认知"到"互知"的转变。尽管交流原则不能增加群体总的知识量，但能够增加群体中每个个体的知识储备量。综合而言，普遍知识、公共知识和分布知识都是对群体中不同知识形式的描述，它们共同刻画了多主体的心智互动状态。

当然，不同个体对某个命题的认知，不可能总是达成一致。不同个体对同一个命题或同一事态之间可能持有不同的命题态度，形成认知分歧。认知分歧是一个群体认知概念，不同个体之间可能存在不同的分歧。对于一个命题 φ，如果一个相信 φ，另一个却相信 $\neg \varphi$，两人之间存在强分歧信念，即 $B_a\varphi$ 与 $B_b\neg\varphi$ 是强分歧信念。如果一个人相信 φ，另一个却不相信 φ，两人之间存在弱分歧信念，即 $B_a\varphi$ 与 $\neg B_b\varphi$ 是弱分歧信念。例如，对于好人是否有好报，不同个体的认知可能存在分歧。若甲相信好人得福报，乙相信好人会吃亏，甲乙存在强信念分歧。若甲相信好人得福报，乙不相信好人得福报，甲乙便存在弱信念分歧。

认知上的分歧会造成许多冲突，当分歧是发生在两个群体之间时，其损害更加严重。对于个体或群体之间的冲突，他们往往持有"共同的目标"。如

---

① 潘天群．合作之道：博弈中的共赢方法论[M]．北京：北京大学出版社，2010：80．

果双方都认为通过冲突得到的预期收益大于冲突成本，冲突便不可避免。在这种情境中，就需要协调并改变双方的认知，交流与对话是避免因认知分歧而造成冲突的有效方式之一。冲突因分歧而发起，因意向一致而结束，伴随着言语行动之下的信息流动，矛盾双方可以协同行事，实现共赢。

二、宣告、交流与信息传递

在群体博弈的传统研究中，行动主体总是被预设独立地进行选择，并且其选择是固定的，忽视了主体交流的因素。事实上，主体之间的对话和交流对主体的行动选择产生重要影响。例如，埃里克·莫林(Earieke Mohlin)曾利用案例分析方法来研究交流机制的作用，他对交流机制缺场和参与模式下的捐款活动进行对比，进而发现，在有交流机制参与的情境中，人们更愿意进行捐款，捐款额度也会更高。为排除其他因素对捐款实验产生影响，莫林引入了第三方作为交流展开的中介。然而，在可能存在的"关系效应"被排除之后，建立在对话和交流基础上的捐款总额仍然高于沉默建制下的捐款。① 莫林的考察说明，主体的交流行动影响主体的心智和客观选择。

在多主体博弈行动中，公共知识是完美合作的必要条件。言语交流行动有助于促进公共知识的形成②，还可以把群体隐性的分布知识转化为显性的群体知识，甚至消除群体中的认知分歧，使群体中的成员真正实现事实发现和信息之间的共享。主体交流有不同的形式，按照塞尔的观点，断言、指示、承诺、表达和宣告是言语行动的五种类型，其中，宣告的一个重要动机是行动者意欲改变某事物或事件的外部条件，或者是，表达者期望改变某种事态。所以，公开宣告作为一种言语行动，是主体之间进行交流的重要形式。在群体行动中，如果行动者可以公开做出宣告，公共知识就此形成，更进一步，主体还可以获得分布知识。

对主体相互分享信息的推理形式做出刻画是宣告逻辑的重要任务，其使

① GRDENFORS P. The Cognitive and Communicative Demands of Cooperation[G]//EIJCK J V, VERBRUGGE R. Games, Actions and Social Software. Berlin: Springer, 2012: 177.

② MOEEIS S, SHIN H S. Approximate Common Knowledge and Co-ordination: Recent Lessons from Game Theory[J]. Journal of Logic, Language, and Information, 1997, 6: 171-190.

命便是处理主体聆听他人的知识性宣告之后，主体自身的认知何以得到更新。① 例如，在艾伦和贝克参与的博弈行动中，艾伦问贝克："你会如实按照自己的意向进行选择吗?"贝克回应："会。"如果贝克始终是一个诚实的人，在艾伦提出问题之后，信息便开始在艾伦和贝克之间进行流动。通过贝克的回应，艾伦的知识状态便会得到更新。借助于图形，艾伦知识状态的变化可以得到清晰呈现。用 a 表示艾伦，b 表示贝克，用两个带标记的圆点表示可能世界，黑点表示艾伦所在的现实世界，两个圆点之间的横线表示艾伦不可区分这两种情形。用 φ 表示"贝克会如实按照自己的意向进行选择"，贝克知道命题 φ 代表的是一种事实，即 φ 在现实世界中为真，艾伦却无法确定命题 φ 的真假。但是，艾伦知道贝克知道 φ 的真假，所以他向贝克进行提问。在静态世界中，艾伦的知识状态图示如下：

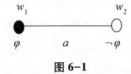

图 6-1

从形式上看，以上图示可以得到一个认知模型：主体集 $G=\{a,\ b\}$，命题集 $\varphi=\{\varphi\}$，$M=(W,\ R,\ V)$，其中 $W=\{w_1,\ w_2\}$，$R_1=R_2=\{(w_1,\ w_1)$，$(w_1,\ w_2)$，$(w_2,\ w_2)$，$(w_2,\ w_1)\}$，$V(\varphi)=\{w_1\}$。在此模型中，可以验证 $M,\ w_1\vDash\neg K_a\varphi$，$M,\ w_1\vDash K_a(\varphi\vee\neg\varphi)$ 等。可以说，$(M,\ w_1)$ 对主体的知识结构进行了刻画。经过艾伦和贝克之间的对话，信息在两人中间进行流动，艾伦的知识状态做出更新。因为通过贝克的正面肯定，$\neg\varphi$ 从艾伦的知识状态中得以删除，横线所代表的不可区分状态得到了摆脱。在更新后的知识状态中，艾伦知道 φ 在现实世界中为真。艾伦更新后的知识状态图示如下：

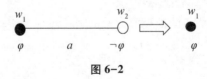

图 6-2

在更新后得到的知识状态中，$\neg\varphi$ 成立的可能世界被剔除，只剩下主体

---

① PUCELLA R, SADRZADEH M. A Runs-and Systems Semantics for Logics of Announce-ments[G]//BONANNO G, LÖWE B, HOEK W V D(eds.). Logic and the Foundations of Game and Decision Theory. Berlin：Springer, 2010：132.

所居的现实世界，其中 φ 所代表的命题为真，并且对艾伦和贝克都不存在不确定关系。此时，φ 成为群体的公共知识。贝克知道 φ，并且他在群体中公开宣告 φ，使得艾伦也知道 φ，他们都知道彼此知道 φ，而且艾伦知道贝克知道这个事实，贝克知道艾伦知道贝克知道了这个事实，艾伦知道贝克知道艾伦知道了这个事实，如此等等。可见，通过公告和交流，伴随着信息的流动，主体的信念结构得到改变。在知识的交互反省中，他们不仅知道事实的知识，而且知道他人所知道的高阶信息。[①] 以高阶互知信息为基础，主体可以进一步调整具体行动。

宣告与交流机制对主体认知的影响，在著名的泥孩难题中表现得尤为明显。有 k 个小孩在一起玩耍，某个人过来提醒他们有人额头上有泥点。从此人的宣告中，所有的小孩都得到信息，他们中有人额头上有泥点，但不能判断出自己额头上有无泥点。假定有 $l(l \leqslant k)$ 个小孩额头上有泥点，那么，此人追问"谁知道自己额头上有泥点"l 次后，k 个小孩都可以判断出自己额头上是否有泥点。设 $k=3$，$l=2$，a、b、c 三个小孩额头上有泥点分别表示为 p、q 和 r，"至少一个孩子额头上有泥点"就可以表示为 $p \vee q \vee r$。$p \vee q \vee r$ 的真值情况有八种，也就表示三个小孩对彼此是否有泥点的判断一共有八种情况。用结点表示这八种可能情况，其中，带 * 号的结点表明现实世界。用 C 表示无泥点，用 D 表示有泥点，那么 DCC 表示 a 额头上有泥点，而 b 和 c 没有，依次类推。用各个结点之间的横线表示不可区分的情况，如果是 a 无法做出判断，横线上则标记为 a，对 b 和 c 来说同样如此。在某人的公开宣告之前，三个小孩在静态世界中的知识状态图示如下：

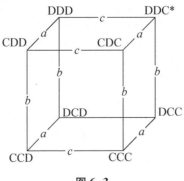

图6-3

① 唐晓嘉，郭美云. 现代认知逻辑的理论与应用[M]. 北京：科学出版社，2010：82-83.

在某个人做出"至少一个孩子额头上有泥点"的公开宣告之后，三个孩子的信念出现更新，与 CCC 相关的不确定关系被剔除。此时，三个小孩的知识状态更新为：

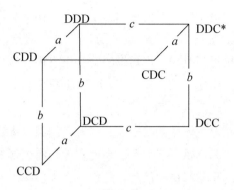

图 6-4

每个小孩都可以看到其他两个人额头上是否有泥点，在某人追问"谁知道自己额头上有泥点"，三个孩子同时声明自己不知道后，他们知道不止一个孩子额头上有泥点。此时，只有一个小孩额头上有泥点的连线也被剔除，得到：

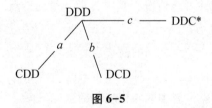

图 6-5

如果 a 和 b 互相看到对方额头上有泥点，而 c 额头上没有，他们就能判断出自己额头上有泥点，而 c 也能够从 a 和 b 的反应中判断出自己额头上无泥点，在此基础上，图示中的所有连线都可被剔除，知识状态最后的更新结果为 DDC。①

泥孩难题中的公开宣告是通过交流机制改变知识状态的一种理想情境，其中预设了个体公开宣告的内容为真。根据宣告获得的新信息，三个小孩的知识状态得到了更新。在原来的静态世界中，至少一个小孩额头上有泥点并

① 约翰·范本特姆. 博弈中的动态理论和认知逻辑［G］//约翰·范本特姆. 逻辑、信息和互动. 刘奋荣，余俊伟，译. 北京：科学出版社，2008：355.

不是三人的公共知识。随着三人的认知系统出现了变化，某个体宣告的具体内容，发展成为三个小孩的公共知识。当然，在实在的群体行动中，主体之间的心智意向并不相同，多主体的交流也十分复杂。公开宣告逻辑作为动态认知逻辑的基础，对宣告的新信息为群体接收后的内在意向变化进行了刻画。

公开宣告产生的信息流动能够影响行动参与者的背景知识和信念，在此基础上，行动者还可以进行论辩和协商，进一步就协同行动达成共识。在群体行动中，因为利益倾向的不同，群体的信念和意向经常会出现分歧。论辩和协商都是消除分歧致信念的有效方式，在一定意义上，其本质在于促使主体合理地接受一个信念。在认知逻辑中，信念为主体所接受可以分为两个层次，第一个层次是为普遍主体所接受，可以将其看作客观的可接受，第二个层次是为特定主体所接受，可以将其看作主观的可接受。① 在个体悖境的呈现形态中，隐性的置信矛盾是一种主要类型，一旦信念矛盾被揭示出来，个体需要对自身信念进行修正，实质就是处理信念的可接受问题。在群体行动中，为避免群体悖境，需要处理群体信念的可接受问题。在实在世界中，群体的"信念一致"与"信念不一致"是常见的现象，对它们进行关注对处理社会行动的相关问题起着重要作用。奥曼、刘易斯（C. I. Lewis）等人都对此进行关注，奥曼定理明确了行动者经过相互交流可以获得公共知识，刘易斯（C. I. Lewis）也意识到可以把成功交流视为可以传递信息这一合作难题的解。② 在实际的决策选择中，通过可信和有效的互动交流，群体的意向可能达成一致。

三、心智意向的共识生产

在哲学领域，对交流机制的讨论也是一个重要话题。在哈贝马斯的交往行动理论中，交往行动是主体最基础的一种行动类型。它以语言为媒介，通

---

① DUNG P. On the Acceptability of Arguments and Its Fundamental Role in Nonmonotonic Reasoning，Logic Programming and N-Person Games［J］. Artificial Intelligence，1995（77）：321-357.

② ROOIJ R V，SEVENSTER M. Different Faces of Risky Speech［G］//BENZ A，JÄGER G，ROOIJ R V. Game Theory and Pragmatics. London：Palgrave Macmillan London，2005：152.

过对话，达到人际的协调一致。① 根据图梅勒的观点，交流对于行动的解释至关重要，对主体达到协作态度也非常重要。② 在埃尔斯特看来，在实在的多主体选择中，群体一致的理性行事能够通过聚合偏好、过滤偏好获得，也能够经由公共协商得到建立。③ 由此可见，基于言语行动的交流机制是推进协同行动的重要方式。正如吴树仙的总结，主体遵循言语行动规则做出威胁、承诺、宣告和断言，传达着各自的意向性信息，一直持续，直到形成一个集体同意的决策意向。④ 在行动理论中，交流可以被看作一个伞状术语。交流机制为个体或群体提供信息，引导主体去实现意向行动，从而推动个体和群体改变。⑤ 也是因此，在实在的群体行动中，言语行动是重要一环。通过言语行动的交流互动，行动参与者可以根据他人的策略相机调整自己的意向选择，以避免模态合成谬误的群体悖境。

在可能产生同时行动悖境的行动情境中，因为言语行动的参与，群体态度可以由聚合态度、公共态度进一步演进为协同态度，行动参与者可以由立意参量行动者、立意策略行动者进一步演进为立意协同行动者。在协同的行动情境中，可以避免群体悖境。在关于主体意向性及其行动选择之间关系的哲学探讨中，言语行动总是与意向传达结合在一起。在吴树仙看来，信息的传递就是意向性的传递，或者说，意向性的传递经过言语行动来执行。通过设置共同遵守的言语行动的规则，社会的理性便可以表现出来。⑥ 个体有计划的交流行动不仅是理性的、有目的性的，而且是策略性的。在有言语行动参与的行动情境中，群体能够发起潜在的共识性信念。行动者可以就目标达成一致，主体在追求自身利益最大化的同时也考虑他人利益的最大化。这也表明，交流机制可以改变主体的策略空间，实现新的均衡。所以，言语行动是主体从非合作行动向合作行动演变的重要媒介。如图所示：

---

① 俞吾金，陈学明. 国外马克思主义哲学流派新编：西方马克思主义卷 [M]. 上海：复旦大学出版社，2002：237.

② TUOMELA R. A Theory of Social Action [M]. D. Reidel Publishing Company, 1984：13.

③ 乔恩·埃尔斯特. 市场与论坛：政治理论的三种形态 [G]//詹姆斯·博曼，威廉·雷吉. 协商民主：论理性与政治. 陈家刚，译. 北京：中央编译出版社，2006：11.

④ 吴树仙. 意向性与决策：可能的融合 [M]. 北京：清华大学出版社，2012：112.

⑤ MOOIJ M D. Human and Mediator Communication around the World [M]. Berlin：Springer, 2014：395.

⑥ 吴树仙. 意向性与决策：可能的融合 [M]. 北京：清华大学出版社，2012：112.

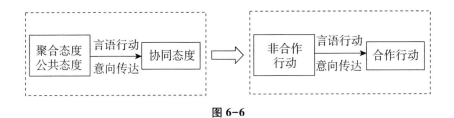

图 6-6

对于可能产生序贯行动悖境的行动情境，克里斯蒂娜·比基瑞（Cristina Bicchieri）认为行动者需要修正关于行动的假定，他借鉴泽尔腾提出的概念，将博弈中的报复看作"颤抖手"的无意后果，或者是主体执行意向选择的偶然失利。① 在连锁店悖论中，为克服连续行动悖境，比基瑞试图从信念修正的视角切入，限制 A 企业进一步的报复行动。然而，如果新兴公司并不关心 A 企业是否理性，A 企业也并不总是采取报复行动，比基瑞设想的化悖方案便不能实现。按照孔斯的理念，序贯行动中的行动悖境之所以出现，与行动者的置信盲点存在关联。在完全信息的策略行动中，尽管博弈双方如何做出选择的信息是透明的公共知识，但他们不能精准预见对方的策略抉择。② 在序贯行动悖境中，置信盲点能够抑制行动者对合作策略的认知与偏好。所以，通过交流机制下的信息交换和引入来弥补置信盲点，有利于序贯行动悖境的化解。

在序贯行动中，交流机制的重要性更为明显。例如，在艾伦（A）和贝克（B）的博弈行动中，艾伦面临两种选择，假如艾伦采纳方案 1，两人的收益为（1，0），如果艾伦采纳方案 2，贝克同样面临两种选择。如果贝克采纳方案 1，艾伦和贝克的所得为（0，100），如果贝克采纳方案 2，两人的收益为（90，90）。综合而言，艾伦应该采纳方案 2。然而，根据泽尔腾的逆推法，如果艾伦采纳方案 2，贝克会采纳方案 1 来确保收益最大，艾伦将一无所得。对比之下，艾伦应该采纳方案 1。在此序贯博弈中，艾伦首先面临选择悖境。如果艾伦采纳方案 2，贝克会面临选择悖境。如果在两人的序贯博弈中引入言语行动的交流机制，通过交流机制下的信息流动，双方都意识到选择方案

① BICCHIERI C. Common Knowledge and Backward Induction：A Solution to the Paradox ［G］//VARDI M. Proceedings of the 2nd Conference on Theoretical Aspects of Reasoning about Knowledge. Burlington：Morgan Kaufmann Publishers Inc.，1988：381-393.

② KOONS R. Paradoxes of Belief and Strategic Rationality［M］. Cambridge：Cambridge University Press，1992：150.

2能够共同得到较高支付，艾伦和贝克的合作可能得到实现。在艾伦做出选择时，贝克为确保艾伦选择方案2，如实告知艾伦他也会选择方案2，以确保两个人获得同等收益。如果贝克的声明有信誉保证，艾伦修正策略偏好，群体悖境可得到避免。

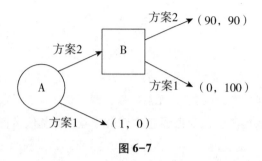

图6-7

所以，主体可以通过言语交流改变效用，调整心智意向和偏好结构。当然，在以上行动情境中，贝克的宣告并不意味着一定能改变艾伦的策略选择。一方面，必须明确宣告内容的真假。另一方面，还要保证贝克的不同宣告之间不存在矛盾。艾伦可以将宣告的不同信息进行聚合，对自身的心智意向进行修正。艾伦在初始阶段倾向于采纳方案1，在贝克做出宣告之后，艾伦采纳方案1的可能性会降低。但为确保合作的实现，必须要对贝克的行动选择进行约束。更进一步，如果艾伦和贝克的博弈继续持续，在贝克的策略选择之后，艾伦进入第二个阶段的选择，贝克针对艾伦的行动继续做出相机选择，两人都陷入连续行动悖境。为化解悖境，双方必须就联合行动的意向达成一致。在协同意向基础上，双方商定共同可接受的信息交换模式和决策选择模式①，制定承诺以保证合作策略②的实现。

基于言语行动形成意向的共识，在社会政治理论中也有充分的体现，哈贝马斯和泰勒等人都提出了基于言语行动的公共交往策略。在哈贝马斯看来，实现有效交往必须具备真实、真诚和正确的特性，保证语言在使用中被人们理解，实现人与人之间行动的相互协调。泰勒借鉴了哈贝马斯的观点，也关注言语行动对于交往互动的重要性。对于社会问题的解决，泰勒强调语

---

① PLAZA E, ONTANÓN S. Cooperative Multiagent Learning[G]//ALONSO E, KUDENKO D, KAZAKOV D. Adaptive Agents and Multi-Agent Systems. Berlin: Springer, 2003: 2.

② 合作策略包括互动协议和决策策略，互动协议界定主体之间信息交换的可接受模式和互动状态，决策策略则是内在的主体在其目标和利益影响下做出决策的个体过程。

言的重要性，他提出要通过在公共领域进行对话协商的方式，加深对彼此的理解，达成和谐共处的规范机制。在有语言交流存在的群体行动中，人们的观点可以产生碰撞，价值可以相互融合，并能够通过民主协商和公民辩论形成共同文化，促进彼此在对话中实现发展和共赢。

第四节　协同意向的形成

在群体行动中，不同主体能够通过言语交流行动转变心智的意向选择。在行动的不同层次中，促进群体由立意参量行动转入立意策略行动。然而，在群体的策略行动中，即便主体之间具有公共态度，如果不同主体仍然保持沉默算计，群体悖境依然不可避免。需要更进一步，探究主体在交流机制下达成协同行动的可能性。在群体行动中，不同个体会谨慎评估所要执行的行动的前在条件，当前在条件得到满足时，主体会执行行动。可以用"交流理性"来替代"沉默理性"，保证理性主体在给定情境中有唯一的最优选择。在此基础上，群体中的所有个体趋向一致，实现一个新的合作均衡，协同行动的意向成为可能。

一、互动认识论

从个体选择到群体选择，个体的意向态度演变为群体意向态度。在群体选择中，行动者之间的互动是一种博弈思维，其认知状态是一种互动认知。随着当代科学方法论的演进，对行动选择与认知互动的关注与日俱增。而今，博弈论已然从经济行为的分析工具演变为社会互动的整合理论。在群体互动和博弈中，各个主体之间的行动相互制约，各个主体根据意向的目标和掌握的信息来推断策略互动的过程和结果。因此，探寻群体悖境的走出路径，对群体博弈中的互动认知尤其是交流机制下的互动认知进行研究至关重要。

在有博弈参与的群体行动中，每个行动者对备选项的分析采用的是互动性推理。例如，"如果情境是 A，那么，行动者甲选择 a 策略是合理的"或者"如果行动者甲选择 a，那么，他可能认为行动者乙会选择 b"，都是主体对策略性互动的认知。理性具有主体性，也具有主体间性。主体之间的策略互动均以理性为前提，在对其他行动者的意向选择进行理性分析的基础上，行动者做出相应的策略选择。每个行动者实际的决策制定，都是针对其他参与者做出的最优回应。在非合作博弈中，纳什均衡是核心的概念。当博弈参与者都采取均衡行动并且博弈中的参与者相信彼此会采取均衡策略时，主体的行动选择具有稳定性和可预测性，主体的互动达到了一种平衡状态。但是，许多个体互动的博弈往往没有纯策略均衡，需要从纯策略扩充至混合策略。行动理论和博弈论的研究者意识到策略互动下的互动认知非常重要，对互动认知的研究也成为行动理论和博弈论的前沿问题。尤其是，对于混合策略下的交互认知进行澄清，是群体悖境消解的重要一步。

按照奥曼的观点，博弈中的风险和不确定性主要依赖于主体信息状态的主观未知性。基于言语行动的交流机制的引入，为群体悖境的风险避免提供了可能。在现实社会中，策略性互动几乎都存在信息不对称、不完全问题。行动者或者缺少对他人效用函数的认知，或者不了解前阶段博弈的进程，只能用概率来表示各种猜测。在交流机制下的信息流动中，个体的认知得到更新，其对情境的认知，会有新的条件概率。奥曼曾提出，可以用概率分配的状态空间来刻画主体的认知状态，界定出每个主体的知识信念，进而定义所有主体的公共信念。假使可以在公共信念基础上再引入交流互动，参与者可能就彼此的认知求同存异，进一步得到协同信念。

在"互动认识论"的建构中，奥曼用一个有概率分配的状态空间来确定行动者的认知状态，不同行动者的认知差异可以表示为状态空间的不同分割，每个分割都是状态空间的完全划分。状态空间的分割保证每个参与者的知识都是"合理的真信念"，行动者之间知识和信念的重叠性可以界定共同知识和共同信念。[①] 在此基础上，引入交互认知与交流机制来更新状态，不同主体的信念度得到协调，个体的信念概率发展为主体交互性认知概率。此时，这一概率是群体中所有个体之间的一致信念度。在此分析基础之上，奥曼提出了一个"相关均衡（correlated equilibrium）"的概念。在完美信息静态博弈的纳什均衡中，每个参与者都是在独立地进行选择。奥曼说明，如果参与人可以根据某个共同观测到的信号选择行动，就可能出现"相关均衡"。[②] 相关均衡可能是参与人事前磋商的结果，可以使所有参与者共同受益。当然，考虑每个人关于他人的信念，也是精炼贝叶斯均衡的重要任务，它实现了行动者的

---

① 任晓明，陈晓平. 决策、博弈与认知：归纳逻辑的理论与应用[M]. 北京：北京师范大学出版社，2014：266.

② 张维迎. 博弈论与信息经济学[M]. 上海：上海人民出版社，1996：125.

战略和信念相结合。参与者根据他所观察到的他人的行动选择来修正自己对行动认知的主观概率，并由此做出自己的选择。此外，序贯均衡也考虑对信念的限制。实际上，贝叶斯规则作为一种标准方法，其作用发挥离不开信息，而交流机制下的信息引入可以成为主体修正先验概率的前提。

二、交互认知下的合作均衡

在实际的群体行动中，主体可以发出言语行动，公开宣告、讨价还价、谋求协议等十分常见。即便是在序贯行动中，博弈主体也可以尝试进行交流，以避免纳什均衡。为替代序贯博弈中的纳什均衡，宾默尔曾试图引入混合策略均衡，以表明博弈并不必然结束于第一步。但是，宾默尔的理念并没有彻底解决问题，序贯行动的反直觉悖谬依然存在。根据逆向归纳法可知，动态博弈完美纳什均衡的实现，不需要博弈参与人之间的言语沟通。[1] 而实际上，可以用"交流理性"来取代"沉默理性"。通过言语行动引发的信息交换，主体能够向其他行动者传达自己的态度，更新其他主体的信念，也使自我对其他行动者心智意向的信念进行更新。在多主体的交互认知中，主体间决策与选择的因果独立性被打破，这就避免了纳什均衡的结果，得到了一个新的合作均衡。[2]

以艾伦和贝克参与的双人博弈行动为例，可以说明基于言语行动的合作均衡何以实现。现假设艾伦有纯策略集 $A=\{a_1, \cdots, a_m\}$，贝克有纯策略集 $B=\{b_1, \cdots, b_n\}$。u 代表艾伦的效用函数，v 代表贝克的效用函数。对于任何 $a_i \in A$ 和 $a_{*i} \in A$，且 $a_{*i} \neq a_i$，如果 $u(a_{*i})>u(a_i)$，那么，a_{*i} 是艾伦的最优选择。同理，可以定义贝克的最优选择。艾伦和贝克不仅有纯策略，还有混合策略。用 S 代表艾伦的混合策略集合，也就是 A 上的概率分布 s 的集合，T 代表贝克的混合策略集合，也就是 B 上的概率分布 t 的集合。如果混合策略组合$<s, t>$被选择，艾伦的期望效用是：

$$\sum_{i=1}^{m} \sum_{j=1}^{n} s(a_i) \cdot t(b_j) \cdot u(a_i, b_j)$$

同理，也可以得到贝克的期望效用。当且仅当艾伦和贝克都没有积极性

① 潘天群. 交流理性与逆向归纳法悖论的消解[J]. 自然辩证法研究，2005(12)：25-28.
② SPOHN W. From Nash to Dependency Equilibria[G]//BONANNO G, LÖWE B, HOEK W V D. Logic and the Foundations of Game and Decision Theory. Berlin：Springer，2010：135.

通过个体偏离来提升期望效用时，混合策略组合<s, t>是一个纳什均衡。也就是，如果对于艾伦的所有混合策略 $s' \in S$，有：

$$\sum_{i, j} s(a_i) \cdot t(b_j) \cdot u(a_i, b_j) \geqslant \sum_{i, j} s'(a_i) \cdot t(b_j) \cdot u(a_i, b_j)$$

相应的不等式对于贝克也成立。当且仅当艾伦和贝克通过个体偏离都会遭受利益损失时，<s, t>是一个严格纳什均衡，即：

$$\sum_{i, j} s(a_i) \cdot t(b_j) \cdot u(a_i, b_j) > \sum_{i, j} s'(a_i) \cdot t(b_j) \cdot u(a_i, b_j)$$

如果存在 (i, j) 可使 $s(a_i) = 1$, $t(b_j) = 1$，以上公式也是对艾伦和贝克的纯策略中存在严格纳什均衡的说明。①

在具有纯策略的双人行动中，主体理性是公共知识，艾伦和贝克按照既定关系独立做出选择，纯策略纳什均衡正是参与者的行动理性。在具有混合策略的双人行动中，艾伦和贝克进行策略选择的独立性并没有被打破。博弈的不同主体都在沉默地进行计算，在参量和策略的行动情境中，他们各自的选择之间不存在因果影响。因为没有言语行动的参与，公共理性在沉默中实现，从而导致群体悖境的出现。在非合作博弈行动中引入交流机制，主体之间的言语行动也成为公共知识，可以破除不同主体的因果独立性。因为有信息的交换和传递，主体在进行策略选择时便会思量通过交流互动所获知的新信息。在新的行动情境下，主体的选择概率呈现出贝叶斯特性。②

在言语行动基础上，艾伦的策略选择因贝克传递的新信息而发生改变，从而更新为 $p(b_j|a_i)$，对于 $a_i \in A$, $p(*|a_i)$ 是在 B 上的概率分布。同理，贝克的策略选择更新为 $q(a_i|b_j)$。在此基础上，艾伦的条件期望效用为：

$$\sum_i p(b_j \mid a_i) \cdot u(a_i, b_j)$$

同理，可以定义贝克的条件期望效用。如果某 a_i 使得艾伦的条件期望效用最大，则它是特定条件下艾伦的最佳选择。在没有言语行动参与的纯策略情境中，主体按照期望效用最大化或占优策略进行选择。即便在混合策略中，不同主体策略选择的概率也不存在条件制约。作为私人信息，主体如何

① SPOHN W. From Nash to Dependency Equilibria[G]//BONANNO G, LÖWE B, HOEK W V D. Logic and the Foundations of Game and Decision Theory. Berlin：Springer，2010：136.

② MATSUHISA T, STROKAN P. Bayesian Communication Leading to a Nash Equilibrium in Belief[G]//DENG X T, YE Y Y. Internet and Network Economics. Berlin：Springer，2005：300.

选择概率分布不为他人所知。在有言语行动参与的选择情境中，即便不同主体有混合策略，其心智意向与概率选择也可以演化为群体的公共知识。在此基础上，艾伦和贝克的条件概率可以形成相对 $A \times B$ 的联合概率 φ。对于艾伦的策略选择 $a_i \in A$，有 $\varphi(a_i) > 0$。若某个 a_i 能使艾伦的期望效用最大化，则 $\varphi(a_i) = 1$。此时，贝克也会得知艾伦会采取选择 a_i。同理，以上分析对贝克一样成立。这就表明，交流机制下的策略选择超越纳什均衡。

斯波恩认为，博弈双方的联合概率 φ 可以是一个依赖性均衡。假定艾伦和贝克之间有公共知识，如果对所有满足 $\varphi(a_i) > 0$ 的 i 以及所有的 $k = 1, \cdots, m$ 来说：

$$\sum_j \varphi(b_j \mid a_i) \cdot u(a_i, b_j) \geqslant \sum_j \varphi(b_j \mid a_k) \cdot u(a_k, b_j)$$

同样，对于所有满足 $\varphi(b_j) > 0$ 的 j 以及所有的 $l = 1, \cdots, n$ 来说，有：

$$\sum_i \varphi(a_i \mid b_j) \cdot v(a_i, b_j) \geqslant \sum_i \varphi(a_i \mid b_l) \cdot v(a_i, b_l)$$

φ 可以成为一个依赖性均衡点，根据联合概率 φ，艾伦和贝克实现协同的最大期望效用。如果在群体的策略选择中，不同主体都能够实施言语行动，主体经过沟通协商得到公共知识，群体意向可形成协同意向。所以，交流互动下的行动均衡可实现一种合作性均衡。如果 $A \times B$ 上的联合概率 φ 能够直接分解为 A 上的分布 s 和 B 上的分布 t，它亦是一个纳什均衡。

在一般的囚徒博弈情境中，坦白是基于完全理性的策略，不坦白是有限理性的抉择。但是，根植于完全理性的策略互动会导致群体悖境。如果在类似的群体行动情境中，主体之间可以理性交流协商，彼此的心智意向相互影响，他们的支付和效用函数会发生变化。沉默理性下的纳什均衡不复存在，取而代之以交流理性下的合作性均衡。在每个参与者的意向选择中，当且仅当自身意向合作行动时，其他参与者才会有选择合作的意向。即使公共合作只是一个弱帕累托最优依赖均衡，也不存在其他均衡能使群体获得更高条件期望效用。[1] 在新的行动情境中，如果群体行动中的主体完全理性，协同合作应是主体的最优选择，坦白只是在理性条件得不到满足或信任机制得不到保证时的无奈选择。在协同合作中，主体实现期望效用最大化，群体悖境得以化解。

---

① SPOHN W. From Nash to Dependency Equilibria[G]//BONANNO G, LÖWE B, HOEK W V D. Logic and the Foundations of Game and Decision Theory. Berlin: Springer, 2010: 141.

第五节　协同合作的实现

对于社会悖境的化解，需要跟踪现实，改变社会行动的情境。通过言语行动的交流机制，可以促进群体协同意向的实现，为社会悖境问题的化解创造可能。但是，协同合作的实现还需要现实保障，必须营建良好的社会制度环境，以保障社会行动的良性运作。在民主的制度环境中，每个社会成员都能够自由表达自己的价值偏好，并通过公开讨论来体认不同的价值观念，及时调整自己的偏好赋值。在和谐的主体互动中，形成科学一致的社会价值观，促进公共理性的实现。当然，这并不是一个自动的过程，制度创新、管理创新、文化创新等都是改变社会行动情境的现实条件。

一、协同合作的相关理论

在社会科学理论中，越来越多的研究者认识到悖境所引发的社会问题，致力于寻求解决问题的方式。而此问题的解决难度与社会规模呈正相关，一般来说，社会规模越大，解决问题的难度就越大。在实际行动中，要真正消除悖境，保证群体愿意协同合作，首先必须了解行动者的根本利益之所在。悖境及其相关社会问题产生的一个重要原因便是群体中个人的利己行动。按照张维迎的观点，合作问题在根本上是对主体的激励问题。[1] 这就表明，要由个体理性过渡至集体理性以争取协同合作带来的福利，离不开对个体选择的激励和引导。因此，在关于群体悖境的研究中，何以保障人们做出合作选择，是研究的重点内容。合作要求个人利益与集体利益的一致性，这就需要揭示个体选择的利己和利他原则与主体合作之间的关系。除主观的个体因素之外，客观的情境因素、文化因素、社会因素等也会对主体合作产生影响。只有首先澄清公共合作的实现环境，才能驱使群体行动的参与者在个体利益与群体利益的取舍中自主舍弃个体利益，自愿为群体利益而行动。

对合作行动及其相关问题的研究，形成了不同的理论观点。冯·诺依曼和摩根斯坦对合作决策进行研究，在理性人假设的基础之上提出了期望效用理论。期望效用理论是关于主体决策的一个模型，探讨在满足特定预设条件

---

[1]　张维迎. 博弈与社会[M]. 北京：北京大学出版社，2013：8.

的前提下，理性主体如何进行行动。期望效用最大化是主体行动的一个理性原则，在主体行动的结果实现充满不确定因素的前提下，行动者应该从备选项中选择能够给自身带来最大期望效用的选项。在囚徒困境中，共同的沉默是保证最大受益的策略，但是自私的参与者可能做出背信的选择。博弈主体分别就对方选择合作还是背信的可能性进行分析，计算和比较在其策略选择下自己可能获得的收益，最终选择了背信策略。在一次性的短期博弈中，因为期望效用最大的指导原则，博弈参与者只考虑眼前利益，不太可能考虑合作。如果将一次性博弈转化为长期博弈，参与者有足够的机会再次形成利益关系，合作可能成为最优的选择。

期望效用理论包含了一些理想假设，它预设行动者对行动和选择过程具有完全信息，能够掌握任一行动备选项的结果及其概率，推算出每个选项的有利和不利方面，并且能够比较推算结果，选择实现效用最大化的方案。但是，因为信息缺失、记忆偏差等因素的不确定性，主体的决策并不是标准化决策模型。因为决策与评价的非理性，人们并不总是按照理想化的决策模型做出决策。确定世界的理性选择会产生悖境，不确定世界下的理性选择更容易产生悖境，因为概率与风险的存在，悖境的产生更难避免。普劳斯认为期望效用理论是一个有用的标准化决策模型，却并不是一个很好的描述性模型。

期望效用模型的局限被揭示之后，一些学者对其进行了优化，试图能够提出一个更加准确地描述人们实际决策的模型。与研究理性个体如何行动不同，描述性模型研究实际中人们如何做出决策，前景理论就是替代期望效用理论的描述性决策模型之一。在前景理论中，西蒙利用"满意"替代"最优"，卡尼曼和特沃尔斯主张用"价值"替代"效用"。区别于效用的净财富视角，前景理论利用收益和损失去界定价值，并且认为，在实际的决策时，人们有规避损失的倾向，人们厌恶损失，尽量去避免发生损失。在不确定的情境下进行决策时，行动者会选择相对保守的立场，倾向于认同自己是一个合作者，而不是背信者。

前景理论总结了几个世纪以来人类决策行动方面的研究，是关于风险决策的综合性描述理论，为理解人们在现实世界中的决策行动提供了崭新视角。然而，前景理论作为一个能够更加准确地描述人们实际决策行动的模型，也会面临悖境的考验。因为在实际的行动中，无论是计算收益，还是规避损失，只要在行动选择中，结果不是根据某个单一的标准，就可能出现悖境。在面临多属性选择时，主体将其拥有的备选方案在各个标准上进行比较，就会面临悖境的境遇。

格雷厄姆·卢姆斯（Graham Loomes）、罗伯特·萨格登（Robert Sugden）和戴维·贝尔（David Bell）分别独立提出的后悔理论是前景理论之外的另一个选择。对于行动者规避风险的倾向，后悔理论的解释机理区别于前景理论，它在效用函数的基础上添置了"后悔"变量。新变量引入之后，后悔理论同样能对阿莱司悖论等行动问题做出相应的解释。① 后悔预期与前景理论并不矛盾，只要行动者体验过欣喜、后悔等情绪，在今后的决策情境中，行动者就可以预期这些情绪且把它们视为选择制定的参考因素。在面对不确定决策时，应该尽力避免触发情绪的因素。基于情绪因素的影响，人们可能改变心态去选择合作。

还有研究者从社会偏好的角度来探究关于合作决策的理论解释，提出了社会偏好模型。偏好是行动者在事件集合中意欲选择某事件的倾向。根据经典偏好理论的观点，偏好是不变的、确定的，行动者对集合中所有事件的偏好是完全的、有序的，不因其他事物的存在而变化，不会因引发方式的差异而改变。但事实上，主体的偏好选择可能产生偏差，甚至出现反转。行动者在决策中的偏好往往会受到之前决策的影响，在实在的决策情境中，随着对信息的加工处理，行动者的偏好因之改变。合作是一个动态的过程，在决策行动中，行动者想要合作的欲望、情绪态度、情境因素等都会影响合作的实现。在具体的情境中，因为"关联"因素的影响，行动者会做出相应的反应，某些时候，人们的选择在短期上呈现非理性，但从发展的动态来看，这一表面上缺乏理性的偏好正是理性的选择。

与以上理论关注个人何以参与合作行动不同，社会认同理论解释群体合作决策。社会认同是个人认识到自身归属于某一特定群体，并且了解身为其成员的情感体验和价值意义。在现实中，社会认同是个人归属的需要，人们总是期望得到积极的社会认同。社会认同能够促进特定群体成员之间展开合作行动，首先，社会认同最初表现为群体的身份认同，身份认同的归属感使得个体愿意加入群体行动中，并且愿意去维持一种积极的、连续的人际关系，而合作是建立和维持社会关系的一种方式，人们愿意参与到合作行动

① 斯科特·普劳斯. 决策与判断[M]. 施俊琦，王星，译. 北京：人民邮电出版社，2004：89.

中。其次，个体对群体的归属感促进群体偏好的形成，个体对群体的满意感有助于群体成员之间相互信任，个人对群体的认同感会减弱个人利己的动机，个体的贪欲成分较少，群体内成员愿意参与合作行动以实现收益的最大化和不平等的最小化。

此外，与工具理性的策略行动以及避免损失的价值选择不同，互惠理论从互惠的角度探讨合作的理论基础。人具有社会属性，这就意味着个体选择并非自身就可以决定，人们的选择行动受社会价值观、文化等多方面因素的影响。在个人参与的群体决策行动中，每个人需要思考自身应该采取何种行动，也要思考他人倾向于哪种行动。因为所有参与者的决策都不是先定的，每个个体的选择均受他人选择的影响。互惠理论认为，互惠性是主体选择的动机之一。不同于利己的策略选择，无私的参与者会选择利他、互惠与合作的行为。在可能产生悖境的博弈行动中，行动者意识到其他参与者会选择合作，他就愿意去参与合作。这也说明，在类悖论的行动情境中，每个行动者都思量其他参与者的选择对行动产生的影响，非合作的博弈可以演变为互惠。

二、协同合作的实现条件

在个体模式中，每个人都独自地判断自身行动的理由。在集体模式中，个体独立地对自身参与集体行动的理由进行判断，但是个体孤立的理性判断时常并不完善，而顺从公共理性可以保证个体理性的实现。[1] 问题是，如何使理性具备社会向度。群体悖境的存在说明，缺乏社会共识的私人自由行动常常不会得到福利的结果。要想化解悖境，就需要去改变主体行动的情境。在群体行动中，不同个体可以以某种方式相互对抗，也可以通力合作去达成某一个结果。公共合作的前提是达成社会共识，不仅个体与个体之间、群体与群体之间要达成共识，阶层与阶层之间也要达成共识。[2] 根据霍布斯的论断，存在着一种基本的人性，这种人性是以自我为中心的，一个由自私的公民所构成的社会在没有权威性政府的情况下不会导致集体的福利。霍布斯认为理性的方法是采纳一种体制来执行协议。斯密认为，"理性角色"理论提供了一种强大而富有创造力的机制（由"看不见的手"所调控的市场机制），在这

---

① GAUTHIER D. Public Reason[J]. Social Philosophy & Policy，1995(12)：19-42.

② 唐亚林，李瑞昌，朱春，等. 社会多元、社会矛盾与公共治理[M]. 上海：上海人民出版社，2015：129.

种机制中，对个人私利的追求将会导致集体的福利。① 这就说明，主体选择意向的转变受现实条件的制约，协同合作的实现也需要社会条件。

在关于囚徒困境的一般讨论中，博弈总是被假定是一次性的，个体均只考虑自身的利益，从而导致悖境的出现。在实在行动中，群体之间既有一次性短期博弈，也会有重复性长期博弈。在重复的博弈中，同样的博弈结构多次出现，参与者能够对博弈情境做出识别，合作成为每个理性参与者的最好选择。如果在当下的博弈中，行动者明确表态他会报复坦白者，主体的心智意向会更倾向于合作。与之相似，现实中有很多在博弈情境中协商达成合作的案例。例如，西方立宪会议中的论辩和讨价还价就是典型的范例。发言者做出有效性陈述，并在讨价还价的威胁和允诺中获得可信性，其目的正是达成合作一致的集体决策。②

交流与协商的信息传递能够改变行动者的认知情境，修正行动者的心智意向，调整行动者的策略选择，使得行动者形成协同合作的群体共识。埃尔斯特曾认为："给定某些条件，最初的非合作状态倾向于转变成一种最终的合作状态。"③正是因为言语行动的参与，协同行动成为群体选择的依赖性均衡。从动态认知的角度来分析，行动中的个体都是理性的，并且所有个体都知道每个个体是理性的，这是大家的公共知识，行动中的理性主体通过交流行动，重复剔除严格劣策略，这一过程可以看作重复宣告某种恰当的"理性"的断言过程。④ 在这一彼此深思与交流的动态过程中，群体中所有参与者的知识在逐步增加，而个体选择的候选项集合在不断收缩，从而促进主体实现集体的理性行事。

当然，除言语行动的信息传递机制外，依赖其他途径的信息传递也是合作实现的重要方式。这一点，在马克思的理论中就有体现。从博弈的视角来看，马克思也曾用占优策略来论证他的革命思想。革命与不革命相比，革命

---

① 安·卡德. 偏好、理性和民主理论[M]//罗伯特·西蒙. 社会政治哲学. 陈喜贵，译. 北京：中国人民大学出版社，2009：129.

② ELSTER J. Political Psychology [M]. Cambridge：Cambridge University Press, 1993：24.

③ 乔恩·埃尔斯特. 逻辑与社会[M]. 贾国恒，张建军，译. 南京：南京大学出版社，2015：205.

④ 对这一方面的具体逻辑分析，可以参见约翰·范本特姆(John van Benthem)的《博弈中的逻辑》(*Logic in Game*)。在国内的研究中，唐晓嘉和郭美云的《现代认知逻辑的理论与应用》也对博弈中的公开宣告逻辑和交流原则做出了详细论述。

是占优策略。全世界无产者联合起来，他们在革命中失去的只是锁链，赢得的却是整个世界。根据马克思的理念，工人之间的持续互动使得信息流动，个体的选择排序发生变化，工人不是面对囚徒困境博弈，而是形成确信博弈。在确信博弈中，普遍利己主义和全民团结都是均衡点，普遍合作是首选的利己行动。由此，无产阶级形成团结的一致意向。在其他领域，迈克尔·斯宾塞（Michael Spence）较早关注到信息传递下的合作问题。斯宾塞注意到了劳动力市场中的信息不对称问题，并且发现特定社会主体通过提高教育水平来提高信息传递能力。埃瑞克·波斯纳（Eric Posner）也注意到，实在中任何一个具有成本并且可以被观察到的行动都可以传递一种贴现信号，从而促进合作。

从逻辑行动主义方法论的视域出发，言语行动是主体的常见行动。与其他的信息传递方式相比，主体可以在博弈行动中直接宣告自己的策略，使得群体的支付得到提高。特别是，宣告或协商是避免搭便车的直接方式。在可能搭便车的群体行动中，集体行动如何可能，这一问题直接指向了反终极悖境。对此悖境的解决，布坎南考虑了惩罚的反制机制。除此之外，引导行动者选择协作也是解决问题的重要方式。在亨特看来，个体目标与集体利益之间矛盾的解决取决于所涉及的利益的特定本性和自觉目标由之形成的全过程。[①] 也就是说，只有集体行动中的参与者志愿分担责任，囚徒困境的行动情境才可能演化为确信博弈。协同意向实现的必要条件是参与者愿意为集体利益而行动，只有这一条件成立，不同主体之间才有交流和协商的可能性。为保证共同利益，群体协同行动，最终达致依赖性均衡。当然，交流机制发挥作用必须以信任机制作为保证。在群体行动中，信任是不同主体交流、合作的基础，应当贯穿人际互动的始终。[②] 只有当社会行动的真实性、正当性和真诚性要求同时得到满足时，交往合理性才有可能达成。[③]

面对社会行动中的难题，泰勒的策略诉求是重复博弈，埃尔斯特的解决理念是混合策略，哈贝马斯则诉诸商谈行动。他们共同的解题思路是参考他

---

① 伊安·亨特. 分析的和辩证的马克思主义[M]. 徐长福，刘宇，译. 重庆：重庆出版社，2010：249.

② 白丽英，吴文昕. 信任博弈的典型范式[J]. 福州大学学报，2022，36(1)：107-114.

③ 俞吾金，陈学明. 国外马克思主义哲学流派新编：西方马克思主义卷[M]. 上海：复旦大学出版社，2002：239.

人的策略，别人愿意参与合作，自身也应当参与合作。在群体行动中，当合作的支付大于非合作时，合作成为群体的最优选择。不同主体统一协商来确立交往合理性，并就协同行动达成协议，承诺在许可范围内合法行动。只有所有成员自觉践行约定，才可能实现群体共赢。这就表明，公共合作的实现还需要一定的社会规范来保证行动理性。社会成员的选择偏好无差别一致，这只是理想主义的立场和共识。康德哲学曾提出绝对律令的规则，如果将这些规则运用于主体行动，将不会产生谬误的结果。虽然这只是一个理想性理论，但它隐含着可以从个人道德律令出发去寻求共识。在社会中，个体之间的关系是多重的，这在一定程度上利于共识与合作的出现，这是社会关系的价值所在。然而，在复杂社会的实际互动中，持续的博弈并不固定于特定两个或多个主体之间，建立适宜的信任机制、调控机制和社会管理机制，甚至惩罚机制，都是化解群体悖境的现实条件。

机制设计要保证行动参与者能够真实地表达私人性信息，为行动共识与公共合作的实现提供保障。从活动的一般规律来看，公共合作的共识生产涉及参与者（利益相关者）、民主机制以及程序。这就意味着群体悖境的化解涉及诸多利益相关者，既有直接利益相关者，亦有非直接利益相关者，需要应急管理制度、社会稳定风险评估制度、社会整合制度、政治参与制度等阻断和化解悖境的系列制度。同时，也需要建立参与民主、票决民主和知识民主等多种民主形式。只有现实条件均得到满足，才能为公共合作的共识生产创造更多社会空间，为社会悖境的化解构造成熟的制度环境。[①] 在信息完全的前提下，协商的结果是帕累托最优。

本章小结

化解社会悖境，是对社会实在中类悖论问题进行研究的最终目的。可以从悖论消解的一般性方法论着手，寻求社会悖境的化解路向。按照悖论消解的理念，解悖就是对认知共同体的背景信念进行修正。心智行动的产品之间内含矛盾，说明心智行动本身存在悖境。本章第一节表明，对单一主体来

---

① 唐亚林，李瑞昌，朱春，等. 社会多元、社会矛盾与公共治理[M]. 上海：上海人民出版社，2015：129.

说，信念的修正和更新、修补置信盲点都是解决个体心智悖境的有力方式。个体心智行动层面的悖境得到解决，其客观行动层面的悖境可以得到相应解决。

在群体行动中，个体同时或序贯进行行动，因为影响个体选择的群体意向是参量理性和策略理性，个体选择进行合成，因为模态合成谬误，群体也难免遭遇悖境。为化解群体悖境，可以从影响群体行动的意向态度着手，转变参与者做出选择的博弈结构，实现群体的协同理性。本章第二节按照逻辑行动主义方法论的行动层次划分，分析群体悖境的矛盾症结，探索其化解理念。在实在的群体互动中，主体的三种行动总是相互联系、相互伴随、相互统一。但是在群体悖境的形成机制中，不同主体都是在沉默计算，缺少言语行动的参与。实际上，言语行动是主体的重要活动方式。因而，可以引入言语视角来探究悖境的消解。本章第三节说明，不同个体通过宣告、辩论、协商等言语行动，来修正行动的心智意向。立足言语行动，群体态度可以从参量的聚合态度、策略的群体态度转向共识的协同态度，心智意向达成共识，有利于促进群体理性行动的实现。

按照行动者模型的分层理念，通过言语行动的交流和主体的意向表达，群体持有的聚合或公共意向可以转变为协同意向。在协同态度指导下，个体倾向于公共合作。本章第四节表明，交流理性下的互动合作可以成为新的均衡策略，这是群体悖境得以化解的可能路径。斯波恩的"依赖性均衡"理念，能够为协同合作实现的可能性与可行性做出理论辩护。交流互动下的合作解可以成为集体行动的最优解，取代纳什均衡，交流理性下达到的依赖性均衡是一种合作均衡。本章第五节梳理协同合作的相关理论，探讨协同合作的实现条件。群体悖境的化解涉及多方面因素，需要行动主体转变信念进而改善行动，还需要优化实在的调控机制和约束机制。所以，群体悖境的化解是一个系统性工程。

第七章

社会悖境研究的现实启示

在关于社会悖境的研究中，矛盾、意向性、因果性、策略思维与自由等概念被关联起来，集中刻画了单一个体或多主体在理性的自由选择中可能遭遇的困境问题。在行动理论中，"自由"意味着主体能够以某种方式自主去进行选择。然而，在实在中，这是一个理想的要求，个体悖境和群体悖境的存在都是主体自由选择的阻力和障碍。一方面，在个体行动中，主体意向的行动目标会引发悖境，无目标、目标矛盾或目标形成中的问题都会阻碍个体的理性选择。或者是，当主体遭遇不熟悉的因果过程影响时，个体行动同样可能面临困境。另一方面，在群体行动中，假定所有参与者的偏好和目标一致，反终极悖境也会阻碍群体目标的实现。即便是在策略行动中，次优态和无解博弈的出现也会构成群体的行动障碍。此外，在群体的序贯行动中，相机行动悖境和连续行动悖境的存在，也会阻碍自由选择的目标实现。因此，对社会悖境及其引发的相关社会问题进行关注必要而且重要。研究社会悖境的逻辑机制和走出路径，具有重要的现实性启示。

第一节　社会良序对个体理性的要求

在实在的行动情境中，个体不可能达到绝对理性的程度，现实主体只是有界理性群体。因为个体理性的局限，主体的信念系统中可能出现不易被发现的隐性矛盾。主体在此心智意向指导下行动，不可避免会陷入个体悖境。所以，个体悖境的出现与个体在实在行动中理性能力的有限相关。实在行动对个体理性提出来的应然要求，与个体理性实然达到的程度之间存在着间隙。个体在两者的张力中，遭遇了行动悖境。揭示个体悖境的形成机制与化解路向，可以看到，社会的良序运作对个体理性能力的需求。

一、提升理性程度

在个体决策行动中，因为选择的自主化与多元化特征，行动者时常面临悖境的困扰。在悖谬的选择情境中，行动者被迫放弃一部分选择。因为行动悖境的存在，个体的选择结果往往事与愿违。在行动的维度上，个体悖境与个体纯粹思想域中的隐性矛盾既相互联系又相互区别。悖境不同于悖论，但又与悖论密不可分。正因为个体在心智意向中既相信或期望 φ 又相信或期望 $\neg \varphi$，导致个体实在的心智选择出现悖谬情境。因此，心智行动悖境的消解与行动主体思想域中的心智矛盾的消解合而为一。化解心智悖境，就要诉诸个体理性能力的提高。

许多社会科学理论的核心假设都将人看作完全理性的个体，这个假设在对个体选择和决策的分析中尤其明显。按照传统的"理性-经济人"模型，个体在选择行动中，既具有"理性"能力，也有追求最大限度利益的"经济"特征，能够在对所处情境做出透彻认知的情况下，计算出哪个选项是最佳选择。在选择行动中，完全理性必须满足三个条件：首先，按照理性的要求，主体要在全部的候选行动中进行选择；其次，行动主体对每个候选项的后果都具备完全的知识，能够进行清晰的预见；再者，行动主体对行动后果的价值预见也是完整的、准确的。在西蒙看来，"理性-经济人"只能处理相对稳定和与竞争性均衡相差不大的经济行为，不能有效处理不确定和不完全竞争情况下的决策行为。事实上，完全理性的三个条件不能得到满足。人们不可能得到所有的行动候选项，对行动后果的认知也总是零碎的，对价值的预见也经常是不精准的。

在西蒙之前，人们关于主体行动理性的认知一直存在两个极端。一个极端是西格蒙德·弗洛伊德(Sigmund Freud)试图把主体的全部认知活动都归因于情感的支配，而在另一边，经济学家"经济人"假设认为人类具有无所不知的理性。西蒙则对两个极端都提出了质疑，一方面，他强调情感不能支配人的全部认知和行动。另一方面，他认为在"经济人"假设下，主体的偏好完整且一致，并且拥有无限计算能力能够准确地判断最优方案，而单一个体不可能达到这样的完全理性。所以，西蒙提出用"管理人"来取代"经济人"，认为"具有有限理性的人-管理人"才是现实行动者。西蒙开创的决策研究新领域，把研究者的目光从"个体完全理性"转向"个体有限理性"，从"个体应当如何"转向"个体实际如何"。

在个体实际的认知与决策中，个体的知识确实是有限的，不可能掌握全部的信息，个体的能力有限，识别问题的精准性受到限制。所以，人们通常的决策行动并不是考虑所有选择，而只是考虑其中的部分选择。对于不同的选择，个体也不可能同时对它们做出评判，而是循序地进行比较。在错综复杂的现实社会中，个体都是在有限理性的条件下决策，不可能得到最优的结果。完全理性个体寻求"最优解"，有限理性个体只能寻求"满意解"。在实现近期目标的意义上，有限理性决策具有工具价值，能够节省个体的经济成本和心智成本，获得具有生态合理性的满意性结果。然而，在实现更高和长远目标的意义上，有限理性便显出不足。由于决策环境充满不确定性和复杂性，个体的价值取向与多元目标并非始终如一，主体在实际行动中时常陷入悖境。个体寻求"最优解"的意图得不到实现，寻求"满意解"却得到不满意的结果。在现实社会中，作为有限理性主体，应该找到完全理性和有限理性的价值均衡点，在"最近发展区"的目标上积极进取。这就要求主体尽可能地限制和克服有限理性，提升理性决策的能力。只有个体的理性能力得到提高，个体才能够在行动中规避陷阱。

对参与行动的个体而言，何以在众多的候选项中判断出最好的行动过程，这是一个重要的问题。按照西蒙的观点，讨论可能是消除有限理性影响的一种方式。伯纳德·曼宁（Bernard Manin）也将有限理性视为支持协商的理由之一。在他们看来，面对复杂的问题，每个人都希望通过讨论将其有限的能力集中起来，从而增加做出好的选择的概率。通过交流，个体可以得知之前没有想到的可能性，得到分布知识，获取"附加"价值。通过交流，个体也可能会考虑一些原本自身不会考虑到的问题或可能性，获得"倍增"价值。[①]通过讨论与交流，主体获得新的信息，能够有效克服决策偏差，提升意向与结果的正相关度，从而避免行动悖境。

二、培养高阶认知

根据西蒙的理论，个体对信息的记忆能力、处理能力均有限，完全理性个体在现实中并不可能，现实个体只能是有限理性。完全理性意味着个体可以在当下和长远利益之间进行精确计算，但现实个体往往因毅力不够，抵挡

---

① 詹姆斯·费伦. 作为讨论的协商［G］//乔恩·埃尔斯特. 协商民主：挑战与反思. 周艳辉，译. 北京：中央编译出版社，2009：51.

不住当下利益的诱惑，有限毅力的提出也是对完全理性假设的批判。此外，有限自利也是对完全理性的挑战。有限自利包含很多含义，一种含义是利他行为，一种是情绪化行为。① 特别是，情绪化行为的存在对理性假设构成了质疑。所以，现实中的人确实不像理论假设的那么理性，甚至是如埃尔斯特等理性选择理论最初的坚定支持者，最终也不得不承认自己高估了理性选择的解释力。对社会悖境的研究中所预设的理性人假设自身存在不可避免的理论缺陷，理性选择不是解释社会的万能钥匙。但是，理性人假设限制了人的情绪等影响主体行动能力的因素，在无须考虑主体非理性因素变量的前提下，更易于理解制度、文化等因素对走出社会悖境的重要性。保障社会的良性运作、促进人们的公正合作、推进人类的和谐进步不能旨在抑制主体理性，而要诉诸提升文化的感染力和影响力、增强制度的约束力和协调力，使得相互合作变成理性人的最优选择。

有限理性个体无法达到理性决策模型要求的水平，因而理性决策模型常有脱离实际的风险。但是，即便人们能够按照理性决策模型进行决策，也未必能获得预期的效果，同样会面临悖境的考验。对主体的心智行动及其产品而言，悖境在于选择或行动的困境，悖论在于置信或认知的矛盾，两者既相互区别又相互联系。为化解悖论和悖境，行动者可以对自身置信和期望的合理性进行批判性反思。认知和行动主体立足既有事实和新信息，进行合理怀疑与置信，从而转变悖论性认知方式、调整悖谬性行动。所以，悖论和悖境的化解对主体的思维能力、认知能力、执行能力都有较高的要求。尽管在实际的认知和行动中，个体不是绝对理性，但也不可能长期非理性。从长远看，人们需要在实践中习得理性。换句话说，主体应尽力提升自身的理性化程度，涵养科学思维能力，培育理性认知能力，提升合理执行能力。

主体的认知有低阶和高阶之分，两者都是对主体认知能力的一种断定。在主体理性行动需要具备的能力中，高阶认知是最重要的能力之一。在认知心理学领域，本杰明·布鲁姆(Benjamin Bloom)曾对认知进行划分，他认为记忆、理解和应用等属于认知的低阶层次，分析、评估和综合等是认知的高阶层次。尼古拉斯·卡西马蒂斯(Nicholas Cassimatisa)有相似的看法，他提出高阶认知包含推理、解决问题、语言交流和学习的能力。② 梅尔文·莱文

---

① 张维迎. 博弈与社会[M]. 北京：北京大学出版社，2013：21.

② CASSIMATIS N, BELLO P, LANGLEY P. Ability, Breadth, and Parsimony in Computational Models of Higher-Order Cognition[J]. Cognitive Science, 2008(32)：1304-1322.

（Melvin Levine）认为，高阶认知是通向复杂思维的路径，它使主体克服智力上的复杂挑战，整合多样化的理念和事实，克服疑难问题，并为答案并不即刻明显的困境寻求有效的、创造性的解决方法。① 综上可知，低级认知处理的信息与感觉、知觉等相关，高阶认知则以高阶思维为核心。特定的认知和行动情境要求主体必须具备高层次的认知技能，这对判断和解决复杂问题十分有益。

从逻辑思维科学层面讲，高阶认知的核心能力是反思和推理能力。正如张建军所言："在高阶认知所包含的各种综合能力中，最核心的是'基于合理推理的问题求解'能力，其他都应是派生的。"②在此基础上，王习胜做出了一个更全面的概括："高阶能力主要指创新能力、批判性思维能力、推理能力、合理决策能力、问题求解能力等。"③在主体行动中，个体和群体都可能产生认知和置信矛盾，心智行动层面的悖境与其直接相关，客观行动层面的悖境也是因其而引起。所以，要化解悖境，个体必须具备能够发现和处理认知和置信矛盾的问题求解能力。从一定程度来讲，高阶认知伴随着主体发现悖境、认识悖境、化解悖境的全过程。

在博弈论领域，高阶认知描述行动者对其他参与者所掌握的信息情况进行认识和判断的过程。例如，在空城计中，"诸葛亮生平谨慎"是司马懿对诸葛亮的认知，诸葛亮知道司马懿掌握这一信息便是一种高阶认知，双方在此基础上研究解决问题的方法。在高阶认知的基础上，可以界定理性共识的阶次。在行动的初始阶段，所有参与者都是理性的，但个体不知道他人是否理性。进一步，参与者知道他人也都是理性的，理性共识由零阶上升为一阶。更进一步，在一阶基础上，所有参与者又知道其他参与者知道自己是理性的，得到二阶理性共识。依次类推，无穷上升。理性共识是一种理性的境况，在实在中，参与人达不到理性共识的要求，这种分析结果与现实的偏离也是悖境出现的重要原因。

在主体的选择和决策行动中，主体理性能力的局限会引发个体悖境。个

---

① LEVINE M. Higher Order Cognition, Developmental Variations and Learning Disorders [M]. Cambridge: Educators Publishing Service, 1999: 217-260.

② 张建军，王习胜. 逻辑悖论、高阶认知与逻辑行动主义方法论[J]. 安徽师范大学学报，2015, 43(6): 661-670.

③ 张建军，王习胜. 逻辑悖论、高阶认知与逻辑行动主义方法论[J]. 安徽师范大学学报，2015, 43(6): 661-670.

体的理性化程度越低，其行动可能遭遇的困境的悖谬度就越高。高阶认知指向行动者的推理能力、决策能力和创造能力，是对主体解决现实问题的能力的一种断定。正是因为高阶认知能力，行动者对所掌握的信息和知识具备内省能力。在此基础上，人们才可以重复剔除严格劣策略不断地缩小博弈模型，直至剔除所有的严格劣策略。随着模型不断缩小，行动参与者彼此对"参与者是理性的"的知识不断增加，最终选择协同行动。所以，有效避免个体悖境，需要提升个体的思维和认知能力，尤其需要加强对高阶思维和高阶认知的培养。个体理性能力得以提升，才可能对具体行动情境中的意向选择进行合理分析，从而降低个体悖境出现的可能性。

第二节　社会良序对群体理性的呼唤

群体悖境与个体悖境的形成机制不同，在群体行动中，多主体的行动选择取决于他人的决策制定。为了对他人的策略做出最优应对，个体要对他人的心智意向进行预测，在此基础上进行参量或策略行动。因而，群体悖境的解决可以看作一个协调问题。张维迎认为，解决预测最为直接的办法就是相互之间的沟通和交流。① 例如，人们可以利用语言或手势等沟通方式来传递信息，通过信息与知识的交换，协调彼此的行动。在博弈行动中，为了正确预测对方的选择，行动者需要对行动规范、对方特性有所认知，甚至还要掌握对方如何看待己方的认识等高阶知识。在影响主体行动的其他因素保持恒定的情况下，促进主体的心智意向发生改变，诉诸言语行动的协商和交流机制是直接的方法。这就说明，社会良序不仅需要个体理性，更对大众的理性能力提出了要求。

一、公共理性

以赛亚·柏林（Issiah Berlin）认为，主体的自由有两种类型，一种可称之为消极自由，另一种为积极自由。消极自由是主体"不做"的自由，主体可以拒绝他人的强迫，有不按他人意愿来行事的自由。积极自由是主体"去做"的

---

① 张维迎. 博弈与社会[M]. 北京：北京大学出版社，2013：4.

自由，自己决定自己的选择，让行动更有意义和价值。① 通常情况下，这两种自由总是伴随在一起。主体无法摆脱自身不想去做的事情，便不会有"去做"的自由。但是，这并不意味着两种自由总会相伴出现。更遗憾的是，个体自由选择行动还会出现悖境。个体按照自身意愿去做的自由，因为模态合成谬误，却得到非意图的结果，集体的自由不能得到实现，这是一种悖境。

布坎南曾提出理性限定是个体的属性，在他看来，没有其他的理由把理性赋予集合性概念，社会应该放弃传递性条件。阿罗的观点则与之相反，在他看来，社会选择中的公共理性并不是从个体属性到社会属性的不合法移植，公共理性是真正的民主体制的重要特征。② 公共理性是重要的，也是必需的。首先，公共理性作为一种实践理性，既源自个体理性，又涉及公共的大众化。个体理性影响公共理性的实现，公共理性体现个体参与公共事务的理性能力。其次，公共理性是道德能力的一种体现。在群体行动中，如果以群体利益为目标，行动个体就不能单纯着眼于个体利益的最大化，必须立足群体利益的最大化来思考自己的行动选择，以保障公共理性的实现。公共理性与个体道德相互关联，公共理性提升个体道德能力，个体道德有助于促进公共理性成为可能。面对社会的不确定风险，公共理性和公共道德可以发挥作用，避免普遍搭便车行为，推进理性的危机处理和风险应对。

然而，公共理性时常得不到保障。在群体行动中，群体出于实现某一个目标而进行的行动，或是为了实现群体之间的公平，或是为了群体成员的共同利益。从整体上来看，群体在给定议题集的基础上行动，每个成员针对议题集中的候选项进行排序或者判断，得到偏好序或者判断集。③ 个体根据偏好序或者判断集，按照一定的规则进行决策。在保证其他情境因素不变的前提下，个体的偏好序可以成为唯一的自变量。此时，以群体中个体选择组合为输入，输出的集体选择结果却不一定是群体的原本的意向目标。这就说明，在这个群体行动中，指导群体决策的意向态度并不是协同态度，而只是聚合或公共态度。

---

① 巴里·施瓦茨.选择的悖论：用心理学解续人的经济行为[M].梁嘉歆,黄子威,彭珊怡,译.杭州：浙江人民出版社,2013：3.

② 肯尼斯·阿罗.社会选择与个人价值[M].丁建峰,译.上海：上海人民出版社,2020：134.

③ 蒋军利.决策、理性与博弈——理性决策的基本问题研究[M].重庆：西南师范大学出版社,2020：114.

对于多主体参量和策略性的非合作互动，哈曼·韦德(Harmen de Weerd)等人认为，可以通过建模来模拟主体的心智意向，以把握他人行动选择的规律，使得自己在行动决策中保持优势。① 根据韦德的观点，可以使用数学模型理解意向主体在竞争中的选择。博弈初始，主体的心智意向还没有内容，是零阶的。下一步，主体便会预测他人的可能性选择，此时主体的心智意向是一阶的。伴随着心智意向的进阶，主体调整着自身的应对策略。例如，标准的石头-剪刀-布模型(RPS)就是上述意向行动情境的刻画，一阶心智主体会预测对方该出哪种策略，进而有针对性地进行应对。

从整体上看，在 RPS 及其相似模型表征的博弈行动中，对于参与者的每一次选择，主体有唯一最优策略。然而，针对当下的具体某一次选择，行动者不能精准把握，即便他可以预测到参与者所有可能的决策，并就每一种决策可能都部署了应对策略。行动普型和行动殊型的张力，也是悖境出现的重要原因。在悖境的形成机制中，主体行动的依据是建立在假定基础之上的关系，因为缺少言语行动，所有参与者都是在"沉思地计算"。② 即便是对于参与者的每一步可能选择，个体都有制胜的谋略，但也可能在特定的博弈殊型中失利，多主体的意向目标不能被满足。当然，在群体行动中，关于个体真实偏好的信息处于完全封闭状态也是一种理想化假设，人们可以通过交流机制或背景信息推测他人可能具有的偏好关系。

公共理性是社会和谐良序的必然要求，群体悖境的存在却说明，个体理性并非公共理性实现的充分条件。个人是否愿意参与群体的选择行动，需要考虑个人意愿对群体选择结果的影响能力，如果影响甚微，理性个体不会愿意参与群体行动，摒弃参与群体行动的动机并且封闭群体选择的信息是个体的理性选择。然而，从社会整体的视域出发，如果此类理性的无知大规模存在，个体理性选择的合成反而导致公共选择的非理性。群体决策的合理性将备受质疑，规模决策效应的影响也会遭受抑制。如果群体决策的最终结果需要群体中的所有参与者达成一致，每个参与者的策略选择都对群体决策的结果产生实质性影响。在此决策情境条件下，个体持有参与行动的积极性，愿

---

① WEERD H D, VERBRUGGE R, VERHEIJ B. Higher-Order Social Cognition in Rock-Paper-Scissors: A Simulation(Extended Abstract)[G]//International Conference on Autonomous Agents & Multiagent Systems-Volume, 2012: 1195-1196.

② 潘天群. 交流理性与逆向归纳法悖论的消解[J]. 自然辩证法研究, 2005(12): 25-28.

意参与至群体决策之中。然而，价值标准、追求目标等都是影响个体决策的主观因素，基于个体认知的差异，公共理性难以实现。何以实现公共理性，何以制定以实现集体性目标为目的的集体决策规则，是必须解决的问题。

二、协商理性

构成集体的每个个体都是理性的，个体所形成的整体却可能表现出群体的非理性。在群体行动中，搭便车等策略行动是很普遍的存在。诸多阻碍社会发展的难题，都可归因于个体或群体悖境。公共理性的实现是解决悖境问题的重要保障，可以说，群体悖境的消解问题与公共理性的形成问题浑然一体。探讨群体悖境的逻辑与化解路向发现，交流理性是改变群体行动情境的重要方式。在决策心理学领域，交流理性能够增强群体成员达成一致的倾向，这种现象被称为"群体极化"。[①] 詹姆斯·斯托纳(James Stoner)最早关注这一现象，他设计心理实验模拟两难情境，情境中的主人公需要在冒险行为和保守行为之间进行选择。在该实验中，被试者首先需要决定当概率达到多少时，他们将建议主人公选择冒险行为。然后被试者组成一个群体，进行情境讨论，并就情境的概率选择达成一致意见。斯托纳发现，被试者在参与群体讨论之后，与之前相比，更偏好于冒险行为，他将这一变化称为"风险转移(risky shift)"。这一研究范式有不同的变体，但研究结果相当一致。群体讨论通常使人们更支持冒险行为。但是，也有研究者发现，当被试者最初的倾向是保守行为时，群体讨论也可以引起"保守转移(cautious shift)"。因此，对这一现象更加精准的描述词汇为"选择转移(choice shift)"。与选择转移研究一样，群体极化研究也延伸到了冒险以外的问题。研究发现，经过群体交流和讨论，人们更容易达成相同倾向。

在社会政治领域，通过平等的交流、讨论和协商来实现公共决策的观念是协商民主的体现。因为哈贝马斯的影响，协商民主的核心是致力于偏好的改变，而不是偏好的聚合。正是基于这种理念，在现实矛盾理论的化解路向中，埃尔斯特对交流理性进行了系统的研究，其思想理论的发展，逐步从理性选择转向心理机制，成为协商民主的积极倡导者。而今，协商民主已然成为热门话题，当代学者迪戈·甘贝塔(Diego Gambetta)、詹姆斯·费伦(James

---

① 斯科特·普劳斯. 决策与判断[M]. 施俊琦，王星，译. 北京：人民邮电出版社，2004：183.

Phelan)等人都对其进行了讨论。协商民主是主体实践的重要内容，对话、磋商、交流、论辩等都是民主协商的不同形式。从主体行动的视域来看，其各种形式都聚焦于主体的言语行动。运用交流理性来化解群体悖境的理念与协商民主追求理性政治的理念相契合，问题的核心都指向了群体的理性决策。协商民主要求集体决策以民主对话为基础，并以信任机制为保障，这就打破了群体互动非合作的博弈状态，保证了集体理性的实现。

从发生学维度来看，协商民主的理念可追溯至公元前 5 世纪的雅典时期。① 在雅典式的直接民主中，协商不是行动的绊脚石，而是明智决策的前提。普通公民是公共事务的公正评判者，他们通过讨论来促进决策。在民主决策问题上，柏拉图倡导精英决策，亚里士多德对此观点进行了完型转化，诉诸大众理性。因此，协商民主的兴起不是一种创新，而是一种复归，其诉求是"回到亚里士多德"。根据亚里士多德的理念，理性决策的前提应该是自然法则。社会大众将自然法则的共识作为民主协商的根据，在彼此尊重的基础上，实现理性与非理性、个体与共同体、自由和秩序的统一。雅典式民主中断约 2000 年之后，代议制民主逐渐兴起，穆勒是"经由讨论的统治"最早的倡议者。穆勒试图遵循直接民主的理念，在他看来，协商是必要的，但其制度设计偏离了直接民主的本质。在代议制民主的决策程序中，协商的前提是利益驱使的先在立场，而不是公认的自然法则，其目标是实现利益均衡。

约翰·罗尔斯(John Rawls)和哈贝马斯等人揭示了代议制民主"反亚里士多德"的本质，重新设计民主协商应当遵守的理性规则。罗尔斯的"反思的平衡"和哈贝马斯"理性的对话情境"指向了一个共同内核，只有行动者就目标进行协商的政治选择才具有合法性。埃尔斯特遵循罗尔斯等人的理念，揭示资本主义民主即是利益均衡，并用囚徒困境来分析经济统治阶级之间的成员关系。② 在实在的群体行动中，主体总是会面临悖境的困扰。由自由、平等和理性的主体在协商基础上做出的集体决策模式，可以成为化解群体悖境的主要方式。协商民主对代议制民主的利益聚合机制和利益代表机制进行批判，对个体与群体、局部与整体的利益关系进行和谐处理。以民主协商为基础，群体可以实现最优选择。

---

① 乔恩·埃尔斯特. 协商民主：挑战与反思[M]. 周艳辉，译. 北京：中央编译出版社，2009：导言.

② 乔恩·埃尔斯特. 理解马克思[M]. 何怀远，译. 北京：中国人民大学出版社，2008：12.

　　根据乔治·瓦拉德斯(Jorge Valadez)的观点，协商民主是一种民主治理形式，平等、自由的公民以公共利益为取向，在对话和讨论中达成共识，通过公共协商制定决策。① 群体决策的偏好由公共协商形成，并可以通过公共协商得到转变，这就打破了群体悖境的桎梏。也就是，主体在协商理性的基础上来实现社会的理性。当然，协商理性的实现诉诸大众理性。社会理性作为理性的种概念，是一种社会群体之间的合作理性。② 对这一理念的实践，在近代哲学家霍布斯、洛克等人推动直接民主重获新生的理论阐释中就有涉及。在霍布斯看来，自然状态的失衡与私人判断之间的冲突有关，要解决失衡问题，就要制定标准以约束私人理性服从公共理性。当代的协商民主，也是对多元文化社会所面临的深层次问题的一种回应。所以，从传统范式向商谈范式转变，是社会理性和社会发展的要求。③

　　而今，中国经济由高速增长阶段转向高质量发展阶段，新发展理念中的协调发展、共享发展问题，在很大程度上也是必须解决好社会悖境的问题。新时代社会需要正确处理效率与公平之间的关系，缩小城乡区域之间的差距，在高质量的发展中实现各方利益关系的动态平衡。从整体维度上看，群体的公共利益并非个体私人利益的直接聚合，社会悖境正是两者之间张力的集中体现。在关于主体行动的描述中，集体理性往往和帕累托最优、社会最优联系在一起。只有提升集体理性的水平，设计科学的发展理念，才能不断趋向帕累托最优的边界。因而，对社会悖境的相关属性开展研究，对认知和解决社会发展的相关问题具有启发性意义。

　　现阶段，社会发展的多元化趋势日益明显。社会由多个相互独立的主体构成，个人、法人、组织等相互联系又相互区别，共同组成了复杂多变的现代社会。当今时代，社会呈现出的多元化特征可能导致主体价值的多元化、利益需求的多元化、社会结构的多元化以及社会矛盾的多元化。在多元化的复合进程下，因有效的利益分配与整合机制的缺乏，悖境的存在不可避免。

　　社会的理性化运作不仅诉诸个体理性，更需求公共理性的提升。社会共识的生产机制需要主体从个体理性过渡至公共理性，并诉诸两者的良性互动。因为系统信任危机与人际信任危机的存在，公共事务可能走向"公地悲

① 陈剩勇，何包钢. 协商民主的发展[M]. 北京：中国社会科学出版社，2006：前言.
② 王习胜，张建军. 逻辑的社会功能[M]. 北京：北京大学出版社，2010：224.
③ 俞吾金，陈学明. 国外马克思主义哲学流派新编：西方马克思主义卷[M]. 上海：复旦大学出版社，2002：251.

剧"。面对社会多元和社会悖境的共生性，必须寻求其共解性。提升大众理性能力，推进多元利益主体实现理性对话，通过协商理性凝聚共识，从而实现多元利益主体与多元利益需求的共存共荣。即便是在群体博弈的情境中，当下的个人理性行动不一定是集体理性的，但在无限重复或以沟通协商为媒介的互动中，竞争转为合作的情况可能成立。正是因此，协商民主是共识生产的重要机制。立足群体的理性共识，主体对社会运行的"成本"和"收益"进行合理权衡，从而避免群体悖境。

本章小结

在现实社会中，社会主体并非完全理性，只是有限理性。在有限理性的条件下，因为决策偏差的存在，主体可能陷入悖境。根据西蒙的理念，讨论和协商是消除有限理性影响的一种方式。然而，不仅是有限理性个体，即便是完全理性个体，因为情境与决策因素的复杂性，主体也会面对悖境的风险。本章第一节说明，社会良序对个体理性提出了要求，以高阶认知提升主体科学决策的能力，是促进社会理性化的微观机制。群体悖境的形式机理与个体悖境不同，基于群体的参量选择或策略选择，主体在同时行动和序贯行动中都可能面临悖境。群体悖境的解决可以诉诸协调的交流机制。这就说明，社会良序不仅需要个体理性，更对大众的理性能力提出了要求。本章第二节说明，公共理性和协商理性是群体共识生产的必要条件。只有主体秉持理性的态度参与群体行动，在实践中突出"理性把握"，尊重事实、讲理崇信、民主协商，群体才可能实现最优选择。关于社会悖境的研究具有重要意义，为当下类悖境问题的解决提供了方法论启示。

结　语

　　悖境是社会发展的障碍和桎梏，实在中诸多难题的处理，本质就是在寻求如何突破悖境。社会的和谐度在不断弥合分歧、化解悖境、控制冲突、增进合作的过程中得到提高。换句话说，只有降低社会的悖境度，才能提升社会的和谐度。本书从主体决策背后的意向态度出发，分析社会悖境的生成机理，探求社会共识的生产机制，寻找社会悖境的解决之道。

　　在社会实践活动中，个体并非独立地行动。经济行为的一个重要主题在于通过交换获益，而交换必定依赖他人。社会生活最鲜明的特征之一，就是个体与他人之间交流与合作的存在。一个良序和谐的社会的运行，必须有能力解决和化解利益的冲突。以长远和集体利益为目标，主体可以超越自我，推动社会的良序发展。而要实现利益的平衡，离不开人们的通力协作，为己利他应该成为主体行动的准则。市场、家庭、政府，都可以担负起某些协同合作的任务，成为有力的合作组织。在对社会合作的形成机制进行研究的理论中，社会选择理论是其中之一。

　　然而，通过对个人偏好集合成为社会偏好、个人选择集合成为社会选择的过程进行分析，阿罗却得到了一个矛盾，即社会的偏好序列在逻辑上与每个个体对可能社会经济结构的特定偏好序列相矛盾。人们都有关心社会的态度，但是人们对社会备选项的偏好并不相同。根据阿罗的观点，构建社会福利函数存在着困难，个人主义假设会导致分歧的社会态度。必须在已知社会所有成员的个人偏好序列的情况下，通过一定程序把各种各样的个人偏好次序归纳成为单一的社会偏好序列，才能从社会的偏好次序中确定最优社会位置。阿罗不仅以"线性定理"的形式揭示了社会悖境出现的可能性，而且为社会悖境的化解提供了思路，需要为个体偏好序列归纳成单一社会偏好次序提供一定的程序。

　　理性选择理论提供了一种将微观分析与宏观分析相结合的社会理论，提高了对社会问题进行解析的精准性。一些理论家认为，理性选择理论描述了一种理想的选择情境，对个人的非理性因素难以确定，使用的范围较狭窄，只有在特定条件下才能从经验角度对某些社会现象做出解释。他们指出该理论不合理地限制了实际的决策行动，悖境的存在就是一种证明。事实上，理性决策并不只是单纯地专注于机械化的决策过程，效用的提出可以提供一种方法，让主体能够在决策时判断出最重要的选项。在博弈的理性选择中，兼备经济人和工具理性特征的联合理性具有先验性和单向性。正是因为联合理性的双重限定，主体在促进协调行动上无能为力，出于模态合成谬误，主体陷入悖境之中。

依靠逻辑分析方法，同时结合经济学、社会学、心理学等相关理论详细分析主体的行动选择，达到解决悖境的目的，可以为现实生活中备受悖境困扰的行动者的策略选择提供参考，从而避免社会悖境，促进多方共赢。社会悖境的解决，需要致力于情境的改变，也要诉诸社会的因素。对于一个多元主体的社会，判断社会秩序的和谐程度，不应停留在有没有利益差别和利益冲突层面上，而应关注这个社会是否具有完善的利益协调机制并能将这种利益差别和冲突控制在"秩序范围之内"①。正是因此，菲利普·泰特洛克（Philip Tetlock）研究指出，社会因素在人们的决策和判断中起着关键作用，对于主体的决策和判断，要把社会和组织的因素考虑进去。

现如今，人们对理性认知的视野在不断扩展，不再局限于完全理性，逐步延展至有限理性和非理性。当然，这并不意味着可以弃置理性，而是要重新审视和理解理性。事实上，主体实践的目标就是要不断趋向理性。随着主体活动频率的加快和活动范围的扩大，主体的决策和行动对社会本身的影响力也大大增加，因为人为的不确定性致使困境出现。利益主体的多元化和个人主义的蔓延，导致不同利益主体之间的矛盾随之增加，悖境随之出现。对于此类悖谬情境的解决，既诉诸主体的理性机制，也诉诸社会因素的约束机制。

现代社会是一个充满矛盾和风险的社会，伴随着现代化的进程，中西方国家都面临矛盾和风险带来的新挑战。在西方国家，资本主义现代化的过程以资本为主导，其发展以征服自然为目标，使人成为自然和社会的主宰。然

---

① 唐亚林，李瑞昌，朱春，等．社会多元、社会矛盾与公共治理［M］．上海：上海人民出版社，2015：129.

而，结果是人与自然不能和谐共生，人与社会不能协调发展，各方都为此付出代价，这是主体行动的非意图后果导致的悖境。在人与自然的关系方面，因为"人类中心主义"的极端化，自然生态招致破坏，人的生存环境也面临威胁，人与自然的斗争，演化为人自我毁灭的斗争。在人与社会的关系方面，人欲的激发和资源的匮乏所引发的对资源控制权力的争夺，导致主体的价值尺度出现扭曲，伦理准则发生变形，人与社会的关系不断恶化。①

　　资本逻辑主导下的现代化进程，社会矛盾层出不穷。因为一度追逐利益增长，凸显物质的地位，反而使得主体的精神困境暴露无遗。物质欲望的恶性膨胀与有限满足之间的分裂导致个人主义猖獗、利己主义横行、工具理性崛起，作为西方现代化精神表征的现代性陷入危机，物质文明与精神文明逐渐撕裂。因为资本逻辑的浸染和支配，美望的丧失、欲望的膨胀、恶望的上升使主体沦为自身欲望的客体，致使资本主义世界物欲主义、消费主义大行其道，价值失序、社会失范丑象横生。直至今日，西方文明锻造下的现代人和现代社会依然面临被"分裂"的危险，从而导致一系列社会悖境。

　　中国社会对西方现代化取得的巨大社会进步和付出的社会代价进行正反两方面总结，坚持以人民为中心，积极推进人与自然和谐共生、人与社会和谐共赢，努力把自然和社会风险控制在最低限度，共建人类生态命运共同体。目前，中国社会正在经历空前广泛的变革，这种变革在为发展进步带来巨大活力的同时，也带来各种矛盾和问题。这就需要对各种失衡的利益关系进行协调和整合，理顺社会群体的利益关系，重建社会共同体。社会的良序发展依赖人们的合作，唯有协同合作，才能实现共赢。要保障社会走向更加有序，应该对主体行动可能导致的社会悖境现象进行研究，并持续深入，促进逻辑科学与现实社会的持续互动。这样，既能为理论研究拓展新的学理空间，也能为思维科学赋能社会治理开辟可能的路径。

---

① 张兆曙. 非常规行动及其后果：一种社会变迁理论的新视域[M]. 北京：中国人民大学出版社，2009：总序.

参考文献

中文专著：

[1]陈波．思维魔方：让哲学家和数学家纠结的悖论[M]．北京：北京大学出版社，2014．

[2]陈波．悖论研究[M]．北京：北京大学出版社，2017．

[3]范如国，韩民春．博弈论[M]．武汉：武汉大学出版社，2006．

[4]范如国．博弈论[M]．武汉：武汉大学出版社，2011．

[5]弓肇祥．认知逻辑新发展[M]．北京：北京大学出版社，2004．

[6]贾国恒．情境语义学研究[M]．北京：中国社会科学出版社，2012．

[7]蒋军利．决策、理性与博弈——理性决策的基本问题研究[M]．重庆：西南师范大学出版社，2020．

[8]刘大椿．分殊科学哲学史[M]．北京：中央编译出版社，2017．

[9]刘景钊．意向性：心智关指世界的能力[M]．北京：中国社会科学出版社，2005．

[10]刘少杰．社会学理性选择理论研究[M]．北京：中国人民大学出版社，2012．

[11]刘奋荣．动态偏好逻辑[M]．北京：科学出版社，2010．

[12]潘天群．社会决策的逻辑结构研究[M]．北京：中国社会科学出版社，2003．

[13]潘天群．合作之道：博弈中的共赢方法论[M]．北京：北京大学出版社，2010．

[14]潘天群．博弈生存：社会现象的博弈论解读[M]．南京：凤凰出版社，2010．

[15]潘天群．博弈论与社会科学方法论[M]．南京：南京大学出版

社，2015．

[16]钱广荣．道德悖论现象研究[M]．芜湖：安徽师范大学出版社，2013．

[17]任晓明，陈晓平．决策、博弈与认知：归纳逻辑的理论与应用[M]．北京：北京师范大学出版社，2014．

[18]唐晓嘉．认知的逻辑分析[M]．重庆：西南师范大学出版社，2003．

[19]唐晓嘉，郭美云．现代认知逻辑的理论与应用[M]．北京：科学出版社，2010．

[20]唐亚林，李瑞昌，朱春，等．社会多元、社会矛盾与公共治理[M]．上海：上海人民出版社，2015．

[21]王习胜，张建军．逻辑的社会功能[M]．北京：北京大学出版社，2010．

[22]王习胜．泛悖论与科学理论创新机制研究[M]．北京：北京师范大学出版社，2014．

[23]吴树仙．意向性与决策：可能的融合[M]．北京：清华大学出版社，2012．

[24]俞吾金，陈学明．国外马克思主义哲学流派新编：西方马克思主义卷[M]．上海：复旦大学出版社，2002．

[25]张建军．逻辑悖论研究引论[M]．北京：人民出版社，2014．

[26]张建军．当代逻辑哲学前沿问题研究[M]．北京：人民出版社，2014．

[27]张维迎．博弈与社会[M]．北京：北京大学出版社，2013．

[28]张维迎．博弈论与信息经济学[M]．上海：上海人民出版社，1996．

[29]张兆曙．非常规行动及其后果：一种社会变迁理论的新视域[M]．北京：中国人民大学出版社，2009．

[30]周昌乐．认知逻辑导论[M]．北京：清华大学出版社，2001．

[31]朱富强．博弈思维和社会困局[M]．北京：经济管理出版社，2017．

中文文集：

[1]陈剩勇，何包钢．协商民主的发展[G]．北京：中国社会科学出版社，2006．

[2]张建军，黄展骥．矛盾与悖论新论[G]．石家庄：河北教育出版

社，1998.

[3]张建军．在逻辑与哲学之间[G]．北京：中国社会科学出版社，2013.

中文论文：

[1]白丽英，吴文昕．信任博弈的典型范式[J]．福州大学学报，2022，36(1).

[2]刘奋荣．基于命题的信念偏好逻辑[J]．哲学研究，2010(3).

[3]刘奋荣．信念偏好逻辑：从单主体到多主体[J]．学术研究，2010(5).

[4]刘张华．可及关系的哲学分析[J]．东方论坛，2011(1).

[5]马剑虹，刘满霞．社会两难行为理性特点的实验分析[J]．心理科学，2006(2).

[6]潘天群．意向性、心智模态与心智逻辑[J]．浙江大学学报，2010，40(6).

[7]潘天群．博弈论中理性人假设的困境[J]．经济学家，2003(4).

[8]潘天群．交流理性与逆向归纳法悖论的消解[J]．自然辩证法研究，2005(12).

[9]齐艳红．辩证法：在"拒斥"与"拯救"之间[J]．学术交流，2011(3).

[10]王习胜．道德悖论研究的价值与意义[J]．道德与文明，2008(6).

[11]王习胜．道德悖论的消解路向[J]．安徽师范大学学报，2008(3).

[12]王习胜．"悖论"概念的几个层面[J]．安徽师范大学学报，2009，37(4).

[13]王艳．"悖理""悖境"与"悖情"：道德悖论的情境理论解读[J]．江海学刊，2015(1).

[14]俞吾金．埃尔斯特的《理解马克思》述评[J]．云南大学学报，2002(2).

[15]袁永锋，张建军．信念修正视域下的悖论研究初探[J]．逻辑学研究，2019，12(2).

[16]曾庆福，张建军．埃尔斯特"现实矛盾"思想解析[J]．河南社会科学，2009，17(5).

[17]曾庆福．埃尔斯特"社会矛盾"思想解析[J]．河南社会科学，2012，

20(10).

[18]曾庆福. 博弈论中的辩证思维思想[J]. 河南社会科学, 2014, 22
(7).

[19]曾庆福. 埃尔斯特模态合成谬误思想解析[J]. 河南社会科学,
2011, 19(6).

[20]张建军. 广义逻辑悖论研究及其社会文化功能论纲[J]. 哲学动态,
2005(11).

[21]张建军, 王习胜. 逻辑悖论、高阶认知与逻辑行动主义方法论[J].
安徽师范大学学报, 2015, 43(6).

[22]朱富强. 否定性理性与辩证法思维特质[J]. 财经问题研究, 2021
(1).

[23]朱富强. 构建协作策略的博弈思维[J]. 经济纵横, 2019(4).

[24]朱富强. 社会协调的行为机理及其实验证据[J]. 上海财经大学学
报, 2018, 20(3).

博士论文:
[1]陈晓华. 逻辑全知问题研究[D]. 南京:南京大学, 2008.
[2]黄妍. 论集体意向的本性[D]. 武汉:武汉大学, 2011.
[3]胡华敏. 两难情景中合作行为的社会理性研究[D]. 杭州:浙江大
学, 2008.
[4]李莉. 合理行动悖论研究[D]. 南京:南京大学, 2010.
[5]马永娟. 基于博弈实验的合作行为研究[D]. 昆明:云南财经大
学, 2022.
[6]雒自新. 认知悖论研究[D]. 南京:南京大学, 2010.
[7]曾庆福. 必然、可能与矛盾:乔恩·埃尔斯特《逻辑与社会》解析
[D]. 南京:南京大学, 2010.
[8]张巍. 集体意向与合作行动[D]. 武汉:武汉大学, 2010.

译作:
[1]迈克尔·阿林厄姆. 选择理论[M]. 陆赟, 译. 南京:译林出版
社, 2013.
[2]肯尼斯·阿罗. 社会选择与个体价值[M]. 丁建峰, 译. 上海:格致

出版社, 上海人民出版社, 2020.

[3]乔恩·埃尔斯特. 理解马克思[M]. 何怀远, 译. 北京: 中国人民大学出版社, 2008.

[4]乔恩·埃尔斯特. 逻辑与社会[M]. 贾国恒, 张建军, 译. 北京: 南京大学出版社, 2015.

[5]乔恩·埃尔斯特. 社会黏合剂: 社会秩序的研究[M]. 高鹏程, 译. 北京: 中国人民大学出版社, 2009.

[6]曼瑟尔·奥尔森. 集体行动的逻辑[M]. 陈郁, 译. 上海: 上海三联书店, 上海人民出版社, 1995.

[7]肯·宾默尔. 理性决策[M]. 李娜, 译. 上海: 上海人民出版社, 2016.

[8]詹姆斯·博曼, 威廉·雷吉. 协商民主: 论理性与政治[M]. 陈家刚, 译. 北京: 中央编译出版社, 2006.

[9]约翰·范本特姆. 逻辑、信息和互动[M]. 刘奋荣, 余俊伟, 译. 北京: 科学出版社, 2008.

[10]约翰·海曼. 行动、知识与意志[M]. 张桔, 译. 上海: 上海译文出版社, 2019.

[11]雷德·海斯蒂, 罗宾·道斯. 不确定世界的理性选择[M]. 谢晓非, 李纾, 译. 北京: 人民邮电出版社, 2013.

[12]黑格尔. 精神现象学[M]. 贺麟, 王玖兴, 译. 北京: 商务印书馆, 1976.

[13]伊安·亨特. 分析的和辩证的马克思主义[M]. 徐长福, 刘宇, 译. 重庆: 重庆出版社, 2010.

[14]安东尼·吉登斯. 社会的构成[M]. 李康, 译. 北京: 生活·读书·新知三联书店, 1998.

[15]赫伯特·金迪斯. 理性的边界[M]. 董志强, 译. 上海: 上海人民出版社, 2010.

[16]杰拉德·科恩. 卡尔·马克思的历史理论: 一个辩护[M]. 段忠桥, 译. 北京: 高等教育出版社, 2008.

[17]欧文·柯匹, 卡尔·科恩. 逻辑学导论[M]. 张建军, 潘天群, 顿新国, 等, 译. 北京: 中国人民大学出版社, 2007.

[18]罗伯特·孔斯. 信念悖论与策略合理性[M]. 张建军, 译. 北京:

中国人民大学出版社, 2020.

[19]尼古拉斯·雷歇尔. 悖论：根源、范围及其消解[M]. 赵震, 徐绍清, 译. 北京：中国人民大学出版社, 2021.

[20]皮埃尔·马利. 信仰、欲望与行动[M]. 许铁兵, 钟震宇, 译. 北京：中国社会科学出版社, 2015.

[21]丹尼斯·缪勒. 公共选择理论[M]. 韩旭, 杨春学, 译. 北京：中国社会科学出版社, 2010.

[22]塔尔科特·帕森斯. 社会行动的结构[M]. 张明德, 夏遇南, 彭刚, 译. 南京：译林出版社, 2003.

[23]斯科特·普劳斯. 决策与判断[M]. 施俊琦, 王星, 译. 北京：人民邮电出版社, 2004.

[24]保罗·萨缪尔森, 威廉·诺德豪斯. 经济学[M]. 萧琛, 译. 北京：人民邮电出版社, 2008.

[25]让-保罗·萨特. 存在与虚无[M]. 陈宣良, 译. 北京：生活·读书·新知三联书店, 1997.

[26]理查德·塞恩斯伯里. 悖论[M]. 刘叶涛, 骆自新, 冯立荣, 译. 北京：中国人民大学出版社, 2020.

[27]巴里·施瓦茨. 选择的悖论：用心理学解释人的经济行为[M]. 梁嘉歆, 黄子威, 彭珊怡, 译. 杭州：浙江人民出版社, 2013.

[28]赫伯特·西蒙. 现代决策理论的基石[M]. 杨砾, 徐立, 译. 北京：北京经济学院出版社, 1989.

[29]亚里士多德. 政治学[M]. 高书文, 译. 北京：中国社会科学出版社, 2009.

英文文集：

[1]乔恩·埃尔斯特. 协商民主：挑战与反思[G]. 周艳辉, 译. 北京：中央编译出版社, 2009.

[2]罗·格勒尔. 哲学逻辑[G]. 张清宇, 译. 北京：中国人民大学出版社, 2008.

[3]罗伯特·斯坦顿. 认知科学中的当代争论[G]. 杨小爱, 译. 北京：科学出版社, 2015.

[4]斯蒂芬·特纳, 保罗·罗思. 社会科学哲学[G]. 杨富斌, 译. 北

京：中国人民大学出版社，2009.

[5]罗伯特·西蒙. 社会政治哲学[G]. 陈喜贵，译. 北京：中国人民大学出版社，2009.

[6]罗伯特·韦尔，凯·尼尔森. 分析马克思主义新论[G]. 鲁克俭，王来金，杨洁，等，译. 北京：中国人民大学出版社，2002.

英文专著：

[1]AUSTIN J. How to Do Things with Words[M]. Oxford：Oxford University Press，1962.

[2]BARWISE J. The Situation in Logic[M]. Stanford：CSLI Publication，1989.

[3]BALLMER T，BRENNENSTUHL W. Speech Act Classification：A Study in the Lexical Analysis of English Speech Activity Verbs[M]. Berlin：Springer-Verlag，1981.

[4]BRENNER J. Logic in Reality[M]. Berlin：Springer，2008.

[5]COOPER J. Cognitive Dissonance：50 Years of a Classic Theory[M]. New York：Sage Publications Ltd. ，2008.

[6]EIJCK J V，VERBRUGGE R. Discourses on Social Software[M]. Amsterdam：Amsterdam University Press，2009.

[7]ELSTER J. Political Psychology[M]. Cambridge：Cambridge University Press，1993.

[8] ELSTER J. Explain Social Behavior [M]. Cambridge：Cambridge University Press，2007.

[9]ELSTER J. Explaining Technical Change[M]. Cambridge：Cambridge University Press，1983.

[10] FESTINGER L. A Theory of Cognitive Dissonance [M]. New York：Stanford University Press，1957.

[11] FESTINGER L. Conflict，Decision and Dissonance [M]. Tavistock Press，1964.

[12] FONSECA E G D. Belief in Action：Economic Philosophy and Social Change[M]. Cambridge：Cambridge University Press，1991.

[13]GILBERT M. On Social Facts[M]. New York：Routledge Press，1989.

［14］GRATHOFF R. The Structure of Social Inconsistencies［M］. Netherlands，1970.

［15］HAACK S. Philosophy of logics［M］. Cambridge：Cambridge University Press，1978.

［16］HADDADI A. Communication and Cooperation in Agent System［M］. Berlin：Springer，1995.

［17］HINTIKKA J. Knowledge and Belief［M］. New York：Cornell University Press，1962.

［18］KOONS R. Paradoxes of Belief and Strategic Rationality［M］. Cambridge：Cambridge University Press，1992.

［19］LAGIER D. The Paradoxes of Action［M］. Berlin：Springer，2003.

［20］LEVINE M. Higher Order Cognition，Developmental Variations and Learning Disorders［M］. Cambridge：Educators Publishing Service，1999.

［21］MOOIJ M. Human and Mediator Communication around the World［M］. Berlin：Springer，2014.

［22］PETERSON M. Non - Bayesian Decision Theory［M］. Berlin：Springer，2008.

［23］PÖRN I. Action Theory and Social Science［M］. D. Reidel Publishing Company，1977.

［24］TUOMELA R. A Theory of Social Action［M］. D. Reidel Publishing Company，1984.

英文文集：

［1］ALONSO E，KUDENKO D，KAZAKOV D. Adaptive Agents and Multi-Agent Systems［G］. Berlin：Springer，2003.

［2］BACHARACH M，VARET L G，MONGIN P，et al. Epistemic Logic and the Theory of Games and Decisions［G］. Kluwer Academic Publishers，1997.

［3］BENZ A，JÄGER G，ROOIJ R V. Game Theory and Pragmatics［G］. London：Palgrave Macmillan London，2005.

［4］BONANNO G，LÖWE B，HOEK W V D. Logic and the Foundations of Game and Decision Theory［G］. Berlin：Springer，2010.

［5］CHEN Q，TORRONI P，VILLATA S，et al. Principle and Practice of

Multi-Agent Systems[G]. 2015.

[6]COHEN M, NAGEL T, SCANLON T. Marx, Justice, and History[G]. Princeton: Princeton University Press, 1980.

[7]DEMAZEAN Y, MULLER J P(eds.). Decentralized AI[G]. North-Holland, 1992.

[8]DENG X T, YE Y Y. Internet and Network Economics[G]. Berlin: Springer, 2005.

[9]DITMARSCH H V, LANG J, JU S. Logic, Rationality, and Interaction [G]. Third International Conference on Logic, 2011.

[10]EIJCK J V, VERBRUGGE R. Games, Actions and Social Software[G]. Berlin: Springer, 2012.

[11] ELSTER J. Rational Choice [G]. New York: New York University Press, 1986.

[12] GÄRDENFORS P. Belief Revision [G]. Cambridge: Cambridge University Press, 1992.

[13]HINTIKKA G H, TUOMELA R. Contemporary Action Theory Volume 1: Individual Action[G]. Berlin: Springer Netherlands, 1997.

[14]HINTIKKA G H, TUOMELA R. Contemporary Action Theory Volume 2: Social Action[G]. Kluwer Academic Publishers, 1997.

[15]LAKEMEYER G, NEBEL B. Foundations of Knowledge Representation and Reasoning[G]. Berlin: Lecture Notes in AL Springer Verlag, 1994.

[16] SOTERIOU M. Mental Action [G]. Oxford: Oxford University Press, 2009.

[17]VARDI M. Proceedings of the 2nd Conference on Theoretical Aspects of Reasoning about Knowledge[G]. Morgan Kaufmann Publishers Inc. , 1988.

[18] WILLIAMS M, ROTT H. Frontiers in Belief Revision [G]. Berlin: Springer, 2001.

英文期刊:

[1] BASU K. The Role of Norms and Law in Economics: An Essay on Political Economy[J]. Working Paper, Department of Economics, Cornell University, 1998.

[2] BROYLES J. The Fallacies of Composition and Division[J]. Philosophy & Rhetoric, 1975, 8(2).

[3] CASSIMATIS N, BELLO P, LANGLEY P. Ability, Breadth, and Parsimony in Computational Models of Higher-Order Cognition[J]. Cognitive Science, 2008(32).

[4] CHAN T. Moore's Paradox is not Just Another Pragmatic Paradox[J]. Synthese, 2010, 173(3).

[5] COSTA N D, FRENCH S. Belief, Contradiction and the Logic of Self-Deception[J]. American Philosophical Quarterly, 1990, 27(3).

[6] DARLEY J, LETANÉ B. Bystander Intervention in Emergencies: Diffusion of Responsibility[J]. Journal of Personality and Social Psychology, 1968, 8(4).

[7] DUNG P. On the Acceptability of Arguments and Its Fundamental Role in Nonmonotonic Reasoning, Logic Programming and N-Person Games[J]. Artificial Intelligence, 1995(77).

[8] EDGINGTON E. On the Possibility of Rational 'Inconsistent' Beliefs[J]. Mind, 1968(308).

[9] ELSTER J. Marxism, Functionalism and Game Theory[J]. Theory and Society, 1982, 11(4).

[10] ELSTER J. Rationality, Morality, and Collective Action[J]. Ethics, 1985, 96(1).

[11] ELSTER J. The Possibility of Rational Politics[J]. Crítica: Revista Hispanoamericana de Filosofía, 1986, 18.

[12] FALLIS D. Collective Epistemic Goals[J]. Social Epistemology, 2007, 21(3).

[13] FREDERICK D. Popper, Rationality and the Possibility of Social Science [J], Theoria, 2013, 28(76).

[14] GAUTHIER D. Public Reason[J]. Social Philosophy & Policy, 1995 (12).

[15] HARDIN G. The Tragedy of the Commons[J]. Science, 1968, 162 (3859).

[16] HARTOGH G D. The Rationality of Conditional Cooperation [J].

Erkenntnis, 1993, 38(3).

[17] HINTIKKA J. Impossible Possible Worlds Vindicated[J]. Journal of Philosophical Logic, 1975(4).

[18] HOEK W V D, PAULY M. Modal Logic for Games and Information[J]. Studies in Logic & Practical Reasoning, 2007, 3(7).

[19] JACQUETTE D. Contradictions[J]. Philosophy & Rhetoric, 1992, 25 (4).

[20] KRIEGEL U. Moore's Paradox and the Structure of Conscious Belief[J]. Erkenntnis, 2004, 61(1).

[21] LEVESQUE H. A Logic of Implicit and Explicit Belief[J]. Proceedings of the National Conference on Artificial Intelligence, 1984.

[22] LINSKY B. Factives, Blindspots and Some Paradoxes[J]. Analysis, 1986, 46(1).

[23] LIST C. Three Kinds of Collective Attitudes[J]. Erkenntnis, 2014, 79 (9).

[24] MAHER P. The Irrelevance of Belief to Rational Action[J]. Erkenntnis, 1986, 24.

[25] MOEEIS S, SHIN H S. Approximate Common Knowledge and Co-ordination: Recent Lessons from Game Theory[J]. Journal of Logic, Language, and Information, 1997, 6.

[26] MÓRA M D C, LOPES G, COELHO H, et al. Modelling Dynamic Aspects of Intentions[J]. Lecture Notes in Computer Science, 1997, 1323.

[27] OLIVER P. Formal Models of Collective Action[J]. Annual Review of Sociology, 2003, 19(4).

[28] PACUIT E, PARIKH R, COGAN E. The Logic of Knowledge Based Obligation[J]. Synthese, 2006(31).

[29] PARIJS P V. Perverse Effects and Social Contradictions: Analytical Vindication of Dialectics[J]. The British Journal of Sociology, 1982, 33(4).

[30] PRIEST G. Contradiction, Belief and Rationality[J]. Proceedings of the Aristotelian Society, 1985(86).

[31] QUINTON A. The Presidential Address: Social Objects[J]. Proceedings of the Aristotelian Society, 1975(76).

[32]RALEIGH T. Belief Norms and Blindspots[J]. The Southern Journal of Philosophy, 2013, 51(2).

[33] SORENSEN R. Conditional Blindspots and the Knowledge Squeeze: A Solution to the Prediction Paradox[J]. Australasian Journal of Philosophy, 1984, 62(2).

[34] TAYLOR C. Formal Theory in Social Science[J]. Inquiry, 1980, 23 (2).

[35]TUOMELA R. Cooperation as Joint Action[J]. Analyse & Kritik, 2010 (2).

[36] WILLIAMS J. Inconsistency and Contradiction [J]. Mind, 1981, 90 (360).

[37] WILSON T. Review: Social Theory and Modern Logic: Reflections on Elster's Logic and Society[J]. Acta Sociologica, 1982, 25(4).

[38]WRENN C. A Puzzle about Desire[J]. Erkenntnis, 2010, 73(2).